外国经典推荐书目举要

陈梓华 编

西藏人民出版社

图书在版编目(CIP)数据

外国经典推荐书目举要 / 陈梓华编. -- 拉萨 : 西藏人民出版社, 2022.9
(虎丘书院文库/ 王余光,邱冠华主编. 第三辑)
ISBN 978-7-223-07184-0

Ⅰ. ①外… Ⅱ. ①陈… Ⅲ. ①推荐书目－中国 Ⅳ. ①Z835
中国版本图书馆CIP数据核字(2022)第098544号

外国经典推荐书目举要

总 主 编	王余光 邱冠华
编　　者	陈梓华
责任编辑	李海平 杜佳蕾
封面设计	格次
出版发行	西藏人民出版社(拉萨市林廓北路20号)
印　　刷	苏州彩易达包装制品有限公司
开　　本	890×1240 1/32
印　　张	14.875
字　　数	246千
版　　次	2024年8月第1版
印　　次	2024年8月第1次印刷
印　　数	2000册
书　　号	ISBN 978-7-223-07184-0
定　　价	56.00元

《虎丘书院文库》总序

在多方的共同努力下，《虎丘书院文库》第三辑又将与读者见面了。回顾《文库》走过的历程，从2014年底开始筹划《虎丘书院文库》的编撰事宜，迄今已有三辑15册先后问世，从第一辑《经典的力量》，第二辑《传承的力量》，再到今天的第三辑，在虎丘书院投资人的鼎力支持下，《虎丘书院文库》已经形成了一定的规模和品牌效应。通过《文库》的编撰，虎丘书院与作者团队在“促进经典共读，传承中华文明”方面的构想正在逐步得以实现。我们相信，随着第三辑的正式出版，《虎丘书院文库》会越办越好，能够更加广泛地激发人们对中华传统经典的兴趣，进而主动参与到《文库》建设中来，形成一批经典阅读的优秀成果，为虎丘书院的发展以及构建全民阅读的书香社会做出贡献，这也是我们策划这套书的初衷。

苏州古城，向称人文渊薮。据学者考证，自南宋和靖书院以来，书院林立，仅清一代就建成各类书院53座。书院推动了苏州的教育，培养了大量人才，繁荣了苏州的文化。虎丘山麓，钟灵毓秀，自古以来便是文人雅集、诗歌酬唱之所，有着悠久的历史底蕴和文化积累。2012年，虎丘书院正式设立，以传承苏州文脉、弘扬国学经典为己任，以培训、讲座、故事、图书借阅等多种形式向市民提供免费服务，同时，书院投资人邀请笔者为书院的学术研究出点力，有感于他回馈乡邦的热忱，笔者欣然从命，这是《文库》编撰之缘起。

虎丘书院设立的初衷，一方面是为了延续虎丘地区千载以来的文脉传承，恢复虎丘山麓的历史文化风貌。另一方面，也是更为重要的，是希望通过书院的建设和相关工作的开展，弘扬和传承中华文化，以重振国学为宗旨，支持学者、爱好者从事国学方面的学习和研究，开展国学教育、国学交流等公益文化事业。书院建成以来，已经举办了一系列针对不同受众群体的研习活动，如面向学龄儿童的《弟子规》诵读班和“知心姐姐故事会”、面向大众的《黄帝内经》讲习班和“红学研习班”、面向较高文化层次人群的易经、太极文化研修班等。在学习和授课的过程中，我们经常得到这样的反馈，那些对传统文化、古代经典感兴趣的人们，常常面临阅读方面的困惑。读什么？怎么读？是在交流过程中最常被提出的问题。正是鉴于这种情况，虎丘书院投资人与笔者一起策划出版《虎丘书院文库》，分批分层次地推出一批中外经典导读书籍，为好学者研读中外经典著作提供帮助。

二

虎丘书院建设和运行的投资者，是苏州当地的一家民营企业。企业建设书院、开展公益服务，甚至不愿被人知晓企业的名称，常常被人质疑企业举办书院的目的，以及传承国学经典与企业经营之间的关系。

人的本质是一切社会关系的总和，不论是独立的个人，还是机构或企业，在生存和发展的过程中会与社会环境互相影响。企业投资开办虎丘书院是希冀通过履行社会责任，营造良好的社会环境，社会环境越好，越有利于企业的生存和发展。而所谓的社会环境，其根源来自于这个国家、民族所有的传统文化，也就是说，历史总是在不经意间，以各种各样的方式影响着现在。所以，不了解历史，不能领会传统文化的精髓，也就难以正确地处理今天所面临的现实事务。古往今来，先贤们已经从多个角度阐释过这个道理，“疑今者察之古，不知来者视之往”（《管子·形势》），强调了要古为今鉴；“死亡的历史会复活，过去的历史会变成现在”（克罗齐），阐明了历史与当下的辩证关系；“回顾得越远，可能前瞻得越远”（丘吉尔），提出了回顾历史的现实价值。

可见，一个民族、国家的传统和历史，并不只存在于书本纸张之上，而是在我们日常的一言一行中发挥着作用。甚至具体到商业运作上来说，传统经典的作用也是不能被忽视的。早在先秦典籍之中，古人就已经总结出了许多国家治理和事务管理的有效经验，时至今日也没有过时，展卷细读，仍可从中感受华夏先民的智慧之光。比如，《周易·系辞》说“天之所助者，顺也；人之所助者，信也”，强调为人处世必须顺应大道，诚实守信。《孙子兵法·虚实》中说：“兵无常势，水无常形，能因敌变化而取胜者，谓之神。”告诉我们在商战经营中要审时度势，正确地做出决定。类似的经验之谈在古代典籍中俯拾皆是，对于生产、经营都有很高的指导价值。

上面谈到了历史经验和传统文化对现实生活的价值和意义，那么，作为一个普通人，我们应该如何了解和领悟历史之美呢？最简单、也最有效的方法，莫过于阅读传统经典。流传至今的古代经典著作，经过了数千年历史的考验，是古人智慧的结晶，而阅读则是沟通古今的桥梁。在今天这样一个信息爆炸的时代，为什么还要阅读传统经典？笔者认为，至少有以下三个方面的原因。

首先，中国古代有着非常悠久的阅读历史，并且形成了经典崇拜的阅读传统。在物质资源还不丰富的古代，古人读书往往要通过手抄默诵的手段，书籍得来不易，读书人都格外珍惜，因此留下了许多勤学苦读的动人故事。除了书籍本身的贵重，书已经成为了古代读书人生活中不可缺少的部分，明代的一位学者就曾说过：“可无衣、可无食，不可以无书”。古人爱书、读书，甚至到了嗜书如命的地步，除了追求广罗善本、插架琳琅，还十分重视总结各种读书经验和读书方法，对于我们今天阅读传统经典具有广泛地指导意义。在阅读内容方面，自古以来，中国人就十分强调阅读经典,《隋书·经籍志》说:“夫经籍也者,机神之妙旨,圣哲之能事,所以经天地,纬阴阳,正纪纲,弘道德,显仁足以利物,藏用足以独善”。足见经典在古人心中的分量。而后的历朝历代,虽然经典的定义在随着时代发生变化,但经典一直是人们读书的基本选择。

其次,阅读经典是完善个人修养,提高教养的重要方式。“修身、齐家、治国、平天下”,是中国古人追求的完美的人生进境。修养自身,是为人处世的第一步。而阅读则是提高个人修养,培养教养所必不可少的手段。1923年,梁启超先生在《治国学杂话》中就提出,中国的学人有必要读一些传统经典。1925年,《京报副刊》组织了一场“青年爱读书”“青年必读书”各十部的征求活动,收到了当时最为著名的70余位学者的响应,开列了相关书单。可见,阅读经典的作用得到了学者们的一致认可。而我们为什么要重视经典阅读?除了文化传承的意义而外,经典凝结了数千年来中国人的人生经验,囊括了为人处世的方方面面,通过阅读前人的经验,可以让现在的人们在人生的道路上少走弯路,可以培养我们健全的人格,善良的心灵。

第三,传统经典可以为我们提供处理人际关系、社会事务的各种方法和经验。经典是前人知识的宝库,正如苏轼在《李氏山房藏书记》中所说:“用之而不弊、取之而不竭,贤不肖之所得各因其才,仁智之所见各随其分,才分不同而求无不获者,惟书乎!”今天我们在社会生活中遇到的种种问题,求诸经典,往往能够得到令人耳目一新的答案。古代典籍,本身也源自于古人对生活和实践经验的总结。这些经验和教训对于处理今天的社会事务也是同样适用的。

三

前面我们总结了经典阅读的作用和价值,在当今的社会环境下,人们并非没有认识到传统经典的价值,而是苦于没有好的阅读方法和阅读指导。针对这种情况,2014年底,虎丘书院投资人与笔者协商,希望编撰一套为国学爱好者提供传统经典阅读方面指导和建议的丛书。根据笔者多年从事中国传统经典阅读教学和经典阅读推广工作的经验,由于古代汉语教育的缺失,当今的读者,特别是青少年读者在阅读传统经典方面普遍存在语言障碍。因此,我们策划的这套《虎丘书院文库》,涵盖了推荐书目、原典注释、全本导读等系列书系,在选题策划和组织撰写的过程中,充分考虑读者对象的实际需求,引入分级阅读的理念,争取建立一套立体的、全方位的传统经典释读体系,将《文库》打造成为本领域的著名品牌。

2016年春节后,《虎丘书院文库》第一辑《传承的力量》出版。该书由虎丘书院投资人委托北京大学王余光和苏州图书馆邱冠华组织团队编撰完成。《传承的力量》一套五本,是古代经典名著的选注本。分主题从先秦至清代的典籍中,选择最能代表传统文化精髓的名篇，寻章择句，确定选文；在此基础上，提供注释和翻译。在内容方面，选取了与为人处世关系最为密切的五个主题：修身立德、读书治学、治家教子、安身处世、为官从政，各成一册。每个分编下，又细分出六至八个小类，译文以“信”为主，兼顾“达、雅”。每册正文前有编译者撰写的导言，介绍本编内容、选文出处、分类情况等。

第一辑推出后，取得了较好的反响。2016年初，按照《虎丘书院文库》的整体策划，启动了第二辑的编撰工作，仍由王余光和邱冠华担任主编。第二辑《经典的力量》，采用全本导读的形式。从中国古代瀚如烟海的经典著作中，分主题选择了100本得到人们广泛认可，流传时间长，影响巨大的作品，为之撰写导读，分为：《中国思想与宗教经典导读》《中国政治与文化经典导读》《中国艺术与科技经典导读》《中国史学经典导读》《中国文学经典导读》五册，每册收书20种。

第二辑正式出版后，在王余光、邱冠华先生的总体策划下，第三辑的编撰工作随即启动。考虑到前两辑以选本、要籍导读为主，收书数量有限，不便读者根据兴趣进行拓展阅读。第三辑以推荐书目为主，广泛收集了20世纪以来中外经典推荐书目，并对其分类整理，汇为一编，希望对读者全面了解中外经典，扩大阅读量，提升阅读能力有所裨益。儿童时期是阅读习惯形成的关键阶段，儿童阅读推荐书目也是近年来广受家庭、社会关注的一类书目，在对近年来权威机构、知名专家发布的儿童推荐书目进行调研整理的基础上，按照年龄段，对各阶段适读书目进行了汇总。推荐书目的内容，往往折射阅读行为与习惯的时代变迁，一定时期内人们关于传统经典的认知、社会观念、人文思潮都会对此类书目产生重要影响，而作为一种导读书目，经典推荐书目的内容又反过来受到读者阅读能力、习惯的制约。因此，从提高书目编制技术，使其更好地服务于全民阅读工作的角度，我们需要对阅读的历史、阅读的时代变迁、阅读文化等问题展开深入研究。从全民阅读文化战略的角度，图书馆是阅读推广工作的主阵地、主力军，而经典阅读推广又是图书馆阅读推广的重中之重，如何借助图书馆的平台和资源优势，整合各方力量，更好地开展经典阅读推广工作，也是理论和实践界的共同使命。上述问题是本科研团队长期关注的话题，为了给书目编制、经典阅读推广工作提供理论支撑，我们将近10年来本团队相关方面的论著进行了汇编整理，以飨读者。

按照上述编撰思路，《虎丘书院文库》第三辑由以下五册构成:《中国经典推荐书目举要》《外国经典推荐书目举要》《少儿适读书目举要》《中国阅读文化新论》《图书馆与经典阅读推广》。由于作者水平有限，疏漏之处在所难免，衷心地希望读者朋友多提宝贵意见，帮助我们不断完善。

最后，在本辑即将面世之际，笔者谨代表作者团队向虎丘书院投资人一直以来的信任和支持致以谢忱。同时,特别感谢西藏人民出版社对经典阅读推广工作的热情,该社藏文编辑部主任才让多杰先生,为本书的顺利出版付出了大量的心血。全民阅读工作的推进和书香社会的建设,离不开社会各界的共同努力,在此一并表示谢意。

中华民族是一个尊重历史、崇尚古训的民族,传统经典在中国人的生活中占据了不可替代的位置。阅读经典可以使人明理,可以培养我们知人阅世的能力,是滋养内心的养料,是让我们心灵强大的源泉,这是阅读的力量,也是经典传承的意义。

是为序。

王余光 邱冠华

2022年10月12日

目　录

前言

古今中外人们均重视经典阅读的价值，在英语词汇中，经典的表述方式有三种：Sutra、Classic、Canon。Sutra和Canon带有宗教性质，多用来代指宗教经典著作。Classic蕴含“古典”的含义，指具有典范性和权威性的著作，不仅表示其价值，更包含时间的维度。对于中国人来说，经典是力量的象征，经典或阅读经典具有重要的象征意义。“经也者，恒久之至道，不刊之鸿教也。(《文心雕龙·宗经》)”，专指那些神圣的，可以作为依据的重要文献。而阅读经籍，则可以“经天地、纬阴阳、正纪纲、弘道德，显仁足以利物，藏用足以独善(《隋书·经籍志》)”，通晓天地万物的学问，进而达到修己及人，经世致用的目的，因此“学之者将殖焉，不学者将落焉”。从词源来看，无论中外，人们对于经典“神圣性”的认识是一致的。

中国人注重传统经典的阅读，或许源于中国悠久的传统所赋予我们与生俱来的情感。而在西方，一个人不管从事什么行业，在他经受的家庭、社会、学校教育中，起码诵读、学习过荷马史诗，柏拉图或亚里斯多德等希腊哲学，西塞罗等罗马政论，莎士比亚文学作品等，这都是视为理所当然的，是他们人文修养的基本功（郭齐勇《人文教育从经典导读出发》）。迈尔斯曾说过，“（书）始终是经久而常新，字里行间依然跳跃着当年的思想和宏论，仿佛先哲就在眼前。”在几千年的历史发展过程中，西方同样涌现出一批不朽的经典作品，其中所提供的那种最原发性的、人类探求真善美的最初理解与对人生终极问题的思考等，无疑也是留给读者的宝贵财富和精神食粮。

经典著作浩如烟海，对从未接触国外经典的读者或初学者来说，要选择适合的入门书籍具有较大的难度，而推荐书目是一种重要的指导经典阅读的方法，不仅可以为读者指引阅读的方向，还可以让读者对某个领域的书籍有初步的了解。早在19世纪，牛津和剑桥大学就曾在其名著课程上列出过简短的名著书单。到20世纪初的时候，哥伦比亚大学就创设了“文学人文”和“当代文明”两门本科生必修课。前者致力于提供一个欧洲文学名著的标准选目，后者提供一个哲学和社会理论名著选目。这两个目录包含了大量的西方传统经典。校方认为“它们（经典）应该成为教养的一部分（《伟大的书》）”。此后虽争议不断，但是直到今天，许多大学如哈佛、斯坦福、普林斯顿、耶鲁等仍然开设这类课程。而在国内，以胡适先生的《一个最低限度的国学书目》为开端，百年来也涌现出形形色色的各个学者和文化机构开列的推荐书目。民国时期的徐志摩、林语堂、周建人等学者就开列过以外国书籍为主的推荐书目，以帮助当时的青年学子了解外国经典，进而为其阅读提供指导。1949后，在相当长的一段历史时期内，受意识形态的影响，国人能够接触到的外国经典，以苏联作家的红色经典为主。外国推荐书目工作也因此陷入停滞。改革开放以来到90年代初期，出版业的复苏释放了社会阅读需求，出版单位和报刊杂志等媒体编制了大批推荐书目。90年代以后，推荐书目的主体呈现多元化，内容也更加的广泛。

21世纪既是互联网时代也是全球化的时代，跨文化交流是新时代的常态，民众了解西方文化的需求变得强烈和迫切，而阅读西方经典无疑是最直接和有效的方式。同时，在倡导全民阅读的大环境下，民众对经典阅读的需求也被激发，除了中国传统经典，西方经典也是其中重要的组成部分。为了充分发挥推荐书目在阅读指导和经典阅读推广中的重要作用，促进相关领域的研究，我们拟延续《中外推荐书目一百种》的工作，将20世纪以来重要的外国经典推荐书目汇为一编，在为读者阅读经典提供指引的同时，为相关领域的研究提供资料支撑，促进书目编制和推荐书目工作水平提升，以期更好地服务于全民阅读工作。

与近百年前相比，今天的中国，社会环境发生了根本性变革。特别是近20年来，随着信息技术的进步，一个媒介融合的新时代已经到来，推荐书目的主体、对象、推荐内容也随之发生了深刻变化：推荐主体日益多元，分众阅读的观念深入人心，新媒体传播手段广泛应用，家庭阅读受到特别重视。从推荐者角度来说，知识传播的扁平化、去中心化趋势日趋明显，在全民阅读工作持续推进的背景下，社会力量参与阅读推广成为新“时尚”。从载体形态的角度，传统纸质版的推荐书目，越来越多地被数字化文本取代，与之相应的是以微博、微信、知乎、豆瓣、抖音等新媒体平台为主的传播渠道。从推荐对象的角度，细分读者群体，根据不同读者群的阅读能力、阅读需求进行针对性推荐的书目越来越受到欢迎。

为了更好地反映这种趋势，给读者阅读经典提供指引，我们首先对外国经典推荐书目的概念进行界定：外国经典推荐书目，就是面向读者群体开列的、由外国经典著作构成的阅读书单，其可以是专门书目，也可以是从综合性书目中截取的外国经典部分，资料收集的时间断限为20世纪以来。按照上述定义，我们通过线上、线下两种渠道，广泛收集各类外国经典推荐书目出版物，以及发布在微博、微信、各类型门户网站上的数字推荐书目，并对收集来的书目进行了规范化处理，使之符合本书对外国经典推荐书目的界定。最后，从推荐学者的角度将书目分为国内学者推荐和国外学者推荐，并按出版的时间顺序对书目进行排列，让读者可以了解中西方学者推荐书目中的差异以及推荐书目随时间推移产生的变化。每种书目前均撰写了简单的书目提要，帮助读者更好地了解书目的主要内容和适用对象。需要说明的是，由于本书体例所限，这里的书目仅收录其中外国著作的部分，即一种书目如果同时推荐了中外著作，我们只节录其中的外国部分。

推荐书目作为经典阅读推广中历史最悠久、使用最广泛的一种方式，一直受到推荐者和读者的重视。本书收录的仅是20世纪来影响较大、受众面较广的部分书目，受资料收集条件的限制，难免有挂一漏万之处，诚请读者批评指正。

如本书主编王余光教授所言，我们阅读传统经典，不仅是为了获取知识，也是为了一个悠久文化的传承与发展。这或许是寻求一个完善、独立的自我与品格的最好途径。希望本书的编撰可以给读者阅读国外经典名著带来一些实际的帮助，实现自我品格的提升，也能够对经典阅读推广工作稍有裨益，并让经典的力量代代相传、历久弥新！

一、国内学者推荐

1.朱光潜喜爱的中外图书(节选)

朱光潜(1897~1986),著名学者。早年赴英法留学,获法国文学博士学位。回国后历任北京大学、四川大学、武汉大学教授。著有《西方美学史》、《文艺心理学》等,译有柏拉图《文艺对话集》等。在1920年代,朱光潜在《给青年的十二封信·谈读书》中,对青年谈他喜爱的中外图书,开列了以下图书。这里选列其中的外文著作部分。

济慈的诗集/(英国)济慈

雪莱的诗集/(英国)雪莱

柯尔律治的诗集/(英国)柯尔律治

布朗宁的诗集/(英国)布朗宁

索福克勒斯的七悲剧/(古希腊)索福克勒斯

哈姆莱特/(英国)莎士比亚

李尔王/(英国)莎士比亚

奥瑟罗/(英国)莎士比亚

浮士德/(德国)歌德

易卜生的戏剧集/(挪威)易卜生

处女地/(俄国)屠格涅夫

父与子/(俄国)屠格涅夫

罪与罚/(俄国)陀思妥耶夫斯基

包法利夫人/(法国)福楼拜

莫泊桑的小说集/(法国)莫泊桑

小泉八云关于日本的著作/(日本)小泉八云

2. 影响梁实秋的四本外文书

梁实秋(1903～1987),原籍浙江,生于北京。1923年清华学校毕业后赴美,入哈佛大学研读英美文学批评。1926年回国执教,1949年东渡台湾。译有《莎士比亚全集》40卷,著有《雅舍小品》等。

隽语与箴言/(德国)叔本华

对文明的反叛/(美国)斯陶达

英雄与英雄崇拜/(英国)卡莱尔

沉思录/(古罗马)玛克斯·奥瑞利斯(即马可·奥勒留)

3. 家庭书目(节选)

《家庭书目》,亮轩编,发表在1976年1月台湾《书评书目》上。编者希望通过这个书目,作为家庭读书与藏书的参考,并能够"冷却一部分的电视机跟麻将牌"。编者称,这不是一张标准书单,只有每个人自己为自己定,而且随时修正,才可能有所谓的"标准书单"。原书目收录图书94种,因一些书未标明著者或出版者,我们从中选录了60种。这里列出的是其中的外国著作。

禅学入门/(日本)铃木大拙

新旧约全书即圣经

人类的故事/(美国)房龙

西洋哲学史话/(美国)威尔杜兰

方法导论/(法国)笛卡儿

改变历史的书/(美国)唐斯博士

二十世纪智慧人物的信念/爱因斯坦

开放的婚姻/(美国)欧尼尔

泰戈尔诗集/(印度)泰戈尔

湖滨散记/(美国)梭罗

培根论文集/(英国)培根

罗素论文集/(英国)罗素

沉思录//(古罗马)奥瑞利阿斯

裸猿//(英国)摩利斯

唐·吉诃德/(西班牙)塞万提斯

星星王子/(日本)石之森意太郎

伊索寓言/(古希腊)伊索

安徒生童话/(丹麦)安徒生

爱的教育/(意大利)亚米契斯

4.现代妇女适读书目(节选)

《现代妇女适读书目》,冯笑眉编,载隐地、胡建雄合编《好书书目》,台湾尔雅出版社1983年版。

编者曾在台湾邀请不同身份、背景、年龄的学有专长或知名人士,提供他们认为现代妇女适宜阅读的书。推荐者以女性为主,共有20位。此为外文部分。

歌剧欣赏解说全集(辛永秀荐)

超级巨星/约瑟夫·盖尔密斯(汪莹荐)

飞鸟集/(印度)泰戈尔(林海音荐)

伊索寓言/(古希腊)伊索(陈恒嘉荐)

忆当年/(美国)露丝·甘乃迪(陈扬琳荐)

爱的艺术/(美国)佛洛姆(赵可式荐)

开放的婚姻/(美国)欧尼尔(刘慕沙荐)

5. 中外文学书目答问(节选)

《中外文学书目答问》,上下两册,季羡林主编,乔默,江溶编。北京:中国青年出版社,1986年4月。

季羡林(1911~2009),梵文学家、翻译家,北京大学东方语言文学系教授。著有《罗摩衍那初探》,译有《沙恭达罗》、《罗摩衍那》等。

《中外文学书目答目》是一本为初学者指点自学门径,辅导青年文学爱好者及大、中学生阅读中外古今文学作品和文学理论著作的普及读物。本书推荐了266种文学图书,大多为世界名著或重要作家有代表性的优秀作品,其中包括中国古典文学部分106种,中国现、当代文学部分35种,文学理论部分25种,西方文学部分53种,东方文学部分20种,俄苏文学部分27种。这里列出的是外国文学部分。

推荐者:

季羡林(北京大学教授)

杨周翰(北京大学教授)

李赋宁(北京大学教授)

郭麟阁(北京大学教授)

赵萝蕤(北京大学教授)

陈占元(北京大学教授)

李明滨(北京大学教授)

岳凤麟(北京大学教授)

褚斌杰(北京大学教授)

倪其心(北京大学教授)

赵齐平(北京大学教授)

孙玉石(北京大学教授)

张钟(北京大学教授)

张少康(北京大学教授)

希腊神话/(德国)斯威布

伊利亚特/(古希腊)荷马著;傅东华译

奥德赛/(古希腊)荷马著;杨宪益译

伊索寓言/(古希腊)伊索著;周启明译

埃斯库罗斯悲剧二种/(古希腊)埃斯库罗斯著;罗念生译

索福克勒斯悲剧二种/(古希腊)索福克勒斯著;罗念生译

欧里庇得斯悲剧二种/(古希腊)欧里庇得斯著;罗念生译

神曲/(意大利)但丁著;王维克译

巨人传/(法国)拉伯雷著;鲍文蔚译

堂吉诃德/(西班牙)塞万提斯

莎士比亚戏剧集/(英国)莎士比亚著;朱生豪译

失乐园/(英国)弥尔顿著;傅东华译

皇家猎宫/(英国)司各特著;高殿森译

熙德/(法国)高乃依著;齐放译

伪君子/(法国)莫里哀著;赵少侯译

吝啬鬼/(法国)莫里哀著;李健吾译

鲁滨孙漂流记/(英国)笛福著;方园译

拉摩的侄儿/(法国)狄德罗著;江天骥译

爱米丽雅·迦绿蒂/(德国)高特荷德·埃夫拉姆·莱辛著;章商孙译

少年维特的烦恼/(德国)歌德著;杨武能译

浮士德/(德国)歌德

强盗/(德国)席勒著;杨文震,常文译

阴谋与爱情/(德国)席勒著;廖辅叔译

拜伦抒情诗选/(英国)拜伦著;梁真译

恰尔德·哈罗德游记/(英国)拜伦著;杨熙龄译

雪莱抒情诗选/(英国)雪莱著;查良铮译

解放了的普罗米修斯/(英国)雪莱著;邵询美译

海涅诗选/(德国)亨利希·海涅著;冯至译

德国,一个冬天的童话/(德国)亨利希·海涅著;冯至译

巴黎圣母院/(法国)维克多·雨果著;陈敬容译

悲惨世界/(法国)维克多·雨果著;李丹译

红与黑/(法国)司汤达著;罗玉君译

帕尔马修道院/(法国)司汤达著;郝运译

高老头/(法国)巴尔扎克著;傅雷译

幻灭/(法国)巴尔扎克著;傅雷译

包法利夫人/(法国)居斯塔夫·福楼拜著;李健吾译

萌芽/(法国)左拉著;黎柯译

莫泊桑中短篇小说选/(法国)莫泊桑著;李青崖译

约翰·克利斯多夫/(法国)罗曼·罗兰著;傅雷译

大卫·科柏菲尔/(英国)狄更斯著;董秋斯译

艰难时世/(英国)狄更斯著;全增嘏,胡文淑译

简·爱/(英国)夏落蒂·勃朗特著;祝庆英译

名利场/(英国)萨克雷著;杨必译

肖伯纳戏剧集/(英国)肖伯纳著;潘家洵等译

德伯家的苔丝:一个纯洁的女人/(英国)哈代著;张谷若译

有产业的人/(英国)高尔斯华绥著;周煦良译

安徒生童话全集/(丹麦)安徒生著;叶君健译

裴多菲诗选/(匈牙利)裴多菲著;孙用译

玩偶之家/(挪威)易卜生著;潘家洵译

马克·吐温短篇小说选/(美国)马克·吐温著;张友松译

草叶集选/(美国)惠特曼著;楚图南译

嘉丽妹妹/(美国)德莱塞著;裘柱常,石灵译

老人与海/(美国)海明威著;海观译

欧洲文学史(上、下卷)/杨周翰、吴达元、赵萝蕤主编

克雷洛夫寓言/(俄国)克雷洛夫著;吴岩译或梦海译

普希金抒情诗集/(俄国)普希金著;查良铮译

叶甫盖尼·奥涅金/(俄国)普希金著;吕荧译

当代英雄/(俄国)莱蒙托夫著;翟松年译或草婴译

钦差大臣/(俄国)果戈理著;芳信译

死魂灵/(俄国)果戈理著;鲁迅译

谁之罪?/(俄国)赫尔岑著;楼适夷译

猎人笔记/(俄国)屠格涅夫著;丰子恺译

父与子/(俄国)屠格涅夫著;巴金译

怎么办?/(俄国)车尔尼雪夫斯基著;蒋路译

奥勃洛摩夫/(俄国)冈察洛夫著;齐蜀夫译

大雷雨/(俄国)奥斯特罗夫斯基著;芳信译

谁在俄罗斯能过好日子/(俄国)涅克拉索夫著;飞白译

哥罗夫廖夫老爷们/(俄国)谢德林著;杨仲德译

穷人/(俄国)陀思妥耶夫斯基著;文颖译

罪与罚/(俄国)陀思妥耶夫斯基著;岳麟译

战争与和平/(俄国)列夫·托尔斯泰著;董秋斯译或高植译

安娜·卡列尼娜/(俄国)列夫·托尔斯泰著;周扬、谢素台译

复活/(俄国)列夫·托尔斯泰著;汝龙译

契诃夫小说选/(俄国)契诃夫著;汝龙译

母亲/(俄苏)高尔基著;夏衍译

列宁/(俄苏)马雅可夫斯基著;余振译或汪飞白译

好！/(俄苏)马雅可夫斯基著;余振译或汪飞白译

铁流/(苏联)绥拉菲莫维支著;曹靖华译

钢铁是怎样炼成的/(苏联)尼·阿·奥斯特洛夫斯基著;梅益译

静静的顿河/(苏联)肖洛霍夫著;金人译

青年近卫军/(苏联)法捷耶夫著;水夫译

罗摩衍那/(印度)蚁垤著;季羡林译

五卷书/季羡林译

沙恭达罗/(印度)迦梨陀娑著;季羡林译

小泥车/(印度)首陀罗迦著;吴晓铃译

吉檀迦利/(印度)泰戈尔著;谢冰心译或郑振铎译

戈拉/(印度)泰戈尔著;黄星圻译

戈丹/(印度)普列姆昌德著;严绍端译

源氏物语/(日本)紫式部著;丰子恺译

我是猫/(日本)夏目漱石著;胡雪,由其译

破戒/(日本)岛崎藤村著;柯毅文,陈德文译

日本狂言选/申非译

黑岛传治短篇小说选/(日本)黑岛传治著;李芒译

为党生活的人/(日本)小林多喜二著;卞立强译

蔷薇园/(波斯)萨迪著;水建馥译

鲁拜集/(波斯)欧玛尔·海亚姆著;郭沫若译

一千零一夜/纳训译

卡里来与笛木乃/(阿拉伯)伊本·穆加发;林兴华译

春香传/冰蔚,张友鸾译

故乡/(朝鲜)李箕永著;李根全,关山译

错误的教育/(印尼)阿布都尔·慕依斯著;陈霞如译

没有地址的信·艺术与社会生活/(俄国)普列汉诺夫

高尔基论文学

别林斯基论文学/(苏联)别列金娜选编;梁真译

6.影响巫昌祯最大的三本书

巫昌祯,婚姻法学家。著有《婚姻法论》、《家庭社会学》等。巫昌祯曾谈到有3本书对其影响最大。(见《北京日报》1987年11月6日读书版)

钢铁是怎样炼成的/(苏联)尼古拉·奥斯特洛夫斯基

家庭、私有制和国家的起源/(德国)恩格斯

高老头/(法国)巴尔扎克

7.影响庞朴最大的两本外文书(节选)

庞朴,哲学家,著有《公孙龙子研究》、《帛书五行篇研究》等。他在《北京日报》(1988年1月8日)读书版谈到有3本书对他影响最大。这里列出的是其中的两本外文书。

小逻辑/(德国)黑格尔

论一元论历史观的发展问题/(俄国)普列汉诺夫

8.影响刘绍棠最大的书(节选)

刘绍棠,作家,著有《运河的桨声》、《蒲柳人家》等。他曾谈到有3本书对他影响最大。这里列出的是其中唯一的外文书。(见《北京日报》1988年4月1日读书版)

静静的顿河/(苏联)肖洛霍

9.江西大学生1988年喜爱的五种外文书

1988年,对江西省27所高校学生的一次广泛的读书调查表明:《简爱》等5种书是最受大学生欢迎的。

简爱/(英国)夏洛蒂·勃朗特

钢铁是怎样炼成的/(苏联)尼古拉·奥斯特洛夫斯基

红与黑/(法国)司汤达

情爱论/(保加利亚)瓦西耶夫

复活/(俄国)列夫·托尔斯泰

10.给我影响最大的一本书(节选)

《开卷有益——给我影响最大的一本书》,上海教育出版社编辑出版,1990年3月。

该书是出版社约请的三十余位学者、作家和知名人士所写的文章的结集,文章的主题是“给我影响最大的一本书”,后附作者简介及被荐书简介。文章的作者大多是老一辈学人,编者认为,他们“大半辈子在茫茫书海中浮沉,他们的读书心得和实践验证,应该是一种可贵的精神财富,值得青年人参考和借鉴。”(《开卷有益·致读者》)

苦难的历程/(俄)托尔斯泰(朱雯荐)

牛虻/(爱尔兰)艾·丽·伏尼契(李俍民荐)

威克菲牧师传/(英)哥尔斯密(吴景荣荐)

杜勃罗留波夫选集/(俄)杜勃罗留波夫(辛未艾荐)

约翰·克利斯朵夫/(法)罗曼·罗兰(陈村荐)

伊索寓言/(古希腊)伊索(杨岂深荐)

自传/(美)富兰克林(范存忠荐)

西行漫记/(美)斯诺(胡华荐)

普希金抒情诗/(俄国)普希金(赵丽宏荐)

爱的教育/(意大利)亚米契斯(徐开垒荐)

十万个为什么/(苏)伊林(郭风荐)

十万个为什么/(苏)伊林(叶永烈荐)

简明牛津英语词典(葛传荐)

11.大学生必读名著导读(节选)

《大学生必读名著导读》,关键主编,海洋出版社1990年。

该书所收必读名著限在1949年以后出版的著作,分人生修养、哲学、社会科学、历史学、传记、文学、文艺理论与艺术、科学八类,书后附有大学部分主要专业推荐阅读书目、大学生常用工具书名录、大学生常阅报刊名录。这里仅收“科学”一类。

自然辨证法/(德国)恩格斯

普通科学学导论/(苏)多勃罗夫著;王兴成等译

社会主义和科学/(苏)C.P.米库林斯基,(捷)P.里赫塔主编;

史宪忠等译

科学社会学——理论和方法论问题/(保)尼科·雅赫尔著;顾镜清译

十七世纪英国的科学、技术与社会/(美)罗伯特·金·默顿著;范岱年等译

科学的社会功能/(英)J.D.贝尔纳著;陈体芳译

小科学,大科学/(美)德里克·普赖斯著,宋剑耕等译

科学研究的艺术/(美)W.I.B.贝弗里奇著;陈捷译

全球竞争及对策——美国高技术的未来/(美)詹姆斯·W·鲍特金等著;李进等译

科学史——及其与哲学和宗教的关系/(英)W.C.丹皮尔著;李珩译

中国科学技术史/(英)李约瑟著;《中国科学技术史》翻译小组译

自然科学基础知识/(美)I.阿西莫夫著;王涛等译

发明的故事/(英)德博诺编;蒋太培译

创造是精确的科学/(苏)T.C.阿里特舒列尔著;魏相等译

人有人的用处/(美)维纳著;陈步译

从混沌到有序——人与自然的新对话/(比)伊·普里戈金等著;曾庆宏等译

进化——广义综合理论/(美)E.拉兹洛著;闵家胤译

古今数学思想/(美)莫里斯·克莱因著;北京大学数学系数学史翻译组译

数学——它的内容、方法和意义/(苏)亚历山大洛夫等著;孙小礼等译

简明统计学/(英)H.T.海斯莱特著;暴奉贤等译

概率论浅说/(苏)B.B.格涅坚科等著;李佑义译

伟大的科学实验/(英)罗姆·哈勒著;廖启端译

从X射线到夸克/(美)埃米里奥·赛格雷著;夏孝勇等译

最初三分钟/(美)S·温伯格著;冼鼎钧译

现代宇宙学的观念和理论/(印)J.辛格著;马星垣等译

化学·人类·社会/(美)M.M.琼斯等著;张榕森等译

生物学思想的发展/(美)艾默斯特·玛耶著;刘珺珺等译

生物学与人类的发展/(美)P.亨德莱主编;上海生物化学所等译

了解你的基因/(美)奥布里·米伦斯基著;杨昇鸿等译

人工智能原理/(美)N.J.尼尔森著;石纯一等译

只有一个地球——对一个小小行星的关怀和维护/巴巴拉·沃德等主编;国外公害资料编译组译

地理学思想史/(美)普雷斯顿·詹姆斯著;李旭旦译

地理学:它的历史、性质和方法/(德)阿尔夫雷德·赫特纳著;王兰生译

现代自然地理学/(美)A.N.斯特拉勒等著;《现代自然地理学》翻译组译

12.影响台湾四十年的书(节选)

台湾《中国时报》“开卷专刊”在1990年举办了“我们都是看这些书长大的——票选四十年来影响我们最深的书籍”的评选活动,位居前40名的入选书目中的外文书目依次是:

冰点/(日本)三浦绫子

天地一沙鸥/(美国)李察·巴哈

爱、生活与学习/(美国)李奥·巴士卡力

小叮当(即哆啦A梦)/(日本)藤子不二雄

反败为胜/(美国)艾科卡

塔里的女人/无名氏

人生的光明面/(美国)皮尔

13.四本容易启发悟性的书(节选)

刘梦溪推荐。刘梦溪,中国艺术研究院研究员。

该书目载于《中国图书评论》1990年第4期“名家推荐”栏。

原为十本，这里只列其中的外文书籍四本。

一个孤独的散步者的遐想/(法国)卢梭

爱因斯坦文集(第三卷)/(美国)爱因斯坦

荣格心理学入门/(日本)河合华雄

官场病/(英国)帕金森

14.《文汇读书周报》1990年读者最喜爱的书(节选)

1990年岁末，上海《文汇读书周报》编辑部就1990年“究竟哪本书最能打动读者”的议题发起征文。对来稿进行统计，有9本书名列榜首。这里只列了其中的外文著作三本。

毛泽东传/(美国)R·特里尔著；刘路新等译

乱世佳人(即《飘》)/(美国)玛格丽特·米切尔

追忆逝水年华/(法国)普鲁斯特

15.影响历史进程的100本书(节选)

苏浙生编著，上海：文汇出版社，1992年10月。

入选的100本书“主要是那些对人类追求真理有永恒贡献的

巨著，是那些对历史重大事件或多数人的思想产生过深远影响的伟著。”

大藏经/（古印度）释迦牟尼

论自然/（古希腊）赫拉克利特

历史/（古希腊）希罗多德

伯罗奔尼撒战争史/（古希腊）修昔底德

理想国/（古希腊）柏拉图

工具论/（古希腊）亚里士多德

罗马史/（德国）特奥多尔·蒙森

圣经

古兰经/（阿拉伯）穆罕默德

神学大全/（意大利）托马斯·阿奎那

马可·波罗游记/（意大利）马可·波罗

罗马法

君主论/（意大利）尼科罗·马基雅维利

乌托邦/（英国）莫尔

新工具/（英国）培根

大教学论/（捷克）夸美纽斯

哲学通信/（法国）伏尔泰

法的精神/（法国）孟德斯鸠

社会契约论/(法国)卢梭

国富论/(英国)亚当·斯密

常识/(英国)潘恩

百科全书/(法国)狄德罗

纯粹理性批判/(德国)伊曼努尔康德

人口论/(英国)马尔萨斯

拿破仑法典/(法国)拿破仑

政治经济学及赋税原理/(英国)大卫·李嘉图

哲学全书/(德国)黑格尔

作为意志和表象的世界/(德国)叔本华

新基督教/圣西门

新世界/(法国)傅立叶

战争论/(普鲁士)克劳塞维茨

基督教的本质/(德国)路德维希·费尔巴哈

共产党宣言/(德国)卡尔·马克思,弗里德里希·恩格斯

不服从论/(美国)索罗(即梭罗)

文明论概略/福泽谕吉

反杜林论/(德国)恩格斯

制海权对历史的影响/(美国)马汉

资本论/(德国)马克思

权力意志/(德国)尼采

历史的地理枢纽/(英国)麦金德

科学管理原理/(美国)泰勒(即泰罗)

国家与革命/(俄国)列宁

经验与自然/(美国)杜威

我的奋斗/(德国)希特勒

就业、利息和货币通论/(英国)凯恩斯

教育学/(俄国)凯洛夫

存在与虚无/(法国)萨特

爱欲与文明/(美国)马尔库塞

几何原本/(古希腊)欧几里得

天体运行论/(波兰)哥白尼

心血运动论/(英国)哈维

数学原理(即自然哲学的数学原理)/(英国)牛顿

物种起源/(英国)达尔文

梦的释义/(奥地利)弗洛伊德

相对论/(德国)爱因斯坦

控制论/(美国)维纳

荷马史诗/(古希腊)荷马

沙恭达罗/(印度)迦梨陀娑

伊索寓言/(古希腊)伊索

源氏物语/(日本)紫式部

神曲/（意大利）但丁

十日谈/（意大利）薄伽丘

一千零一夜

哈姆莱特/（英国）莎士比亚

堂吉诃德/（西班牙）塞万提斯

鲁滨逊漂流记/（英国）笛福

红与黑/（法国）司汤达

叶甫盖尼·奥涅金/（俄国）普希金

浮士德/（德国）歌德

高老头/（法国）巴尔扎克

汤姆叔叔的小屋/（美国）斯托夫人

草叶集/（美国）惠特曼

悲惨世界/（法国）雨果

怎么办/（俄国）车尔尼雪夫斯基

战争与和平/（俄国）列夫·托尔斯泰

玩偶之家/（挪威）易卜生

牛虻/（爱尔兰）艾·丽·伏尼契

母亲/（俄苏）高尔基

约翰·克利斯朵夫/（法国）罗曼·罗兰

变形记/（奥地利）卡夫卡

钢铁是怎样炼成的/（苏联）尼古拉·奥斯特洛夫斯基

老人与海/(美国)海明威

百年孤独/(哥伦比亚)加西亚·马尔克斯

根/(美国)亚历克斯·哈雷

16.汉译世界名著导读(节选)

徐雁、王余光编,南京大学出版社,1993年5月。

《中国读书大辞典》在“汉译世界名著导读”部分推荐了201部名著。

伊利亚特/(古希腊)荷马

普罗米修斯/(古希腊)埃斯库罗斯

美狄亚/(古希腊)欧里庇得斯著;罗念生译

俄狄浦斯王/(古希腊)索福克勒斯

历史/(古希腊)希罗多德

伯罗奔尼撒战争史/(古希腊)修昔底德

长征记/(古希腊)色诺芬

理想国/(古希腊)柏拉图

柏拉图文艺对话集/(古希腊)柏拉图

形而上学/(古希腊)亚里士多德

政治学/(古希腊)亚里士多德

诗学/(古希腊)亚里士多德

罗摩衍那/(印度)蚁垤仙人

高卢战纪/(古罗马)凯撒

物性论/(古罗马)卢克莱修

诗艺/(古罗马)贺拉斯

编年史/(古罗马)塔西佗

罗马史/(古罗马)阿庇安

亚历山大远征记/(古罗马)阿里安

忏悔录/(古罗马)圣·奥古斯丁

法兰克人史/(法国)格雷戈里

源氏物语/(日本)紫式部

马可·波罗游记/(意大利)马可·波罗

史集/(波斯)拉施特

神曲/(意大利)但丁

十日谈/(意大利)薄伽丘

乌托邦/(英国)莫尔

佛罗伦萨史/(意大利)尼科洛·马基雅维里

天体运行论/(波兰)N·哥白尼

威尼斯商人/(英国)莎士比亚

论原因、本原与太一/(意大利)布鲁诺

哈姆莱特/(英国)莎士比亚

新工具/(英国)培根

关于托勒密和哥白尼两大世界体系的对话/(意大利)伽利略

哲学原理/(法国)笛卡尔

利维坦/(英国)霍布斯

诗的艺术/(法国)布瓦洛·得卜勒奥

伦理学/(荷兰)贝内迪克特·斯宾诺莎

自然哲学的数学原理/(英国)牛顿

政府论/(英国)洛克

人类理解论/(英国)洛克

新科学/(意)维柯

遗书/(法国)让·梅叶

人是机器/(法国)拉·梅特里

论法的精神/(法国)孟德斯鸠

狄德罗哲学选集/(法国)狄德罗

关于美的根源及其本质的哲学探讨/(法国)狄德罗

社会契约论/(法国)卢梭

爱弥儿/(法国)卢梭

拉奥孔/(德国)莱辛

汉堡剧评/(德国)莱辛

路易十四年代/(法国)伏尔泰

国民财富的性质和原因的研究/(英国)亚当·斯密

美育书简/(德国)席勒

阴谋与爱情/(德国)席勒著;廖辅叔译

人类理解研究/(英国)休谟

自然的体系,或论物理世界和精神世界的法则/(法国)霍尔巴赫

纯粹理性批判/(德国)康德

实践理性批判/(德国)康德

判断力批判/(德国)康德

全部知识学的基础/(德国)费希特

论文学/(法国)斯达尔夫人

政治经济学概论/(法国)萨伊

精神现象学/(德国)黑格尔

小逻辑/(德国)黑格尔

美学/(德)黑格尔著;朱光潜译

历史哲学/(德国)黑格尔

新社会观,或论人类性格的形成/(英国)欧文

政治经济学及赋税原理/(英国)大卫·李嘉图

唐璜/(英国)拜伦

作为意志和表象的世界/(德国)叔本华

政治经济学新原理/(法国)西斯蒙第

论实业体系/(法国)圣西门

拉辛与莎士比亚/(法国)司汤达

红与黑/(法国)司汤达

法国革命史/(法国)米涅

经济的和协作的新世界/(法国)傅立叶

叶甫盖尼·奥涅金/(俄国)普希金

浮士德/(德国)歌德

战争论/(普鲁士)克劳塞维茨

欧也妮·葛朗台/(法国)巴尔扎克

高老头/(法国)巴尔扎克

歌德谈话录/(德国)歌德著;爱克曼辑录

战争艺术概论/(瑞士)若米尼

基督教的本质/(德国)路德维希·费尔巴哈

死魂灵/(俄国)果戈理

简·爱/(英国)夏洛蒂·勃朗特

共产党宣言/(德国)马克思,恩格斯

德意志意识形态/(德国)马克思,恩格斯

1844年经济学哲学手稿/(德国)马克思

哥达纲领批判/(德国)马克思

资本论/(德国)马克思

反杜林论/(德国)恩格斯

家庭、私有制和国家的起源/(德国)恩格斯

路德维希·费尔巴哈和德国古典哲学的终结/(德国)恩格斯

艺术与现实的审美关系/(俄国)车尔尼雪夫斯基

怎么办？/(俄国)车尔尼雪夫斯基

包法利夫人/(法国)福楼拜

物种起源/(英国)达尔文

人类的由来/(英国)达尔文

双城记/(英国)查尔斯·狄更斯

意大利文艺复兴时期的文化/(瑞士)布克哈特

古代法/(英国)梅因

悲惨世界/(法国)雨果

战争与和平/(俄国)列夫·托尔斯泰

复活/(俄国)列夫·托尔斯泰

罪与罚/(俄国)陀思妥耶夫斯基

艺术哲学/(法国)丹纳

悲剧的诞生/(德国)弗里德里希·尼采

纯粹经济学要义或社会财富理论/(法国)莱昂·瓦尔拉斯

古代社会/(美国)摩尔根

宗教的起源与发展/(英国)麦克斯·缪勒

玩偶之家/(挪威)易卜生

哈克贝里·芬历险记/(美国)马克·吐温

经济学原理/(英国)马歇尔

美学史/(英国)伯纳德·鲍桑葵

艺术的起源/(德国)格罗塞

华伦夫人的职业/(爱尔兰)萧伯纳

财富的分配/(美国)克拉克

美感/(西班牙)桑塔耶纳

宇宙之谜/(德国)海克尔

没有地址的信/(俄国)普列汉诺夫著

国民经济学讲义/(瑞典)克尼特·维克塞尔

作为表现的科学和一般语言学的美学/(意大利)克罗齐

沉船/(印度)泰戈尔

约翰·克利斯朵夫/(法国)罗曼·罗兰

奥本海国际法/(德国)奥本海

美学与艺术理论/(德国)玛克斯·德索

母亲/(苏联)高尔基

实用主义:一些旧思想方法的新名称/(美国)威廉·詹姆斯

新教伦理与资本主义精神/(德国)马克斯·韦伯

唯物主义和经验批判主义/(苏联)列宁

国家与革命/(苏联)列宁

科学管理原理/(美国)泰罗

精神分析引论/(奥地利)弗洛伊德

图腾与禁忌/(奥地利)弗洛伊德

新史学/(美国)詹姆斯·鲁滨孙

十九世纪历史与历史学家/G.P.古奇

艺术/(英国)贝尔

普通语言学教程/(瑞士)索绪尔

历史学的理论和实际/(意大利)贝奈戴托·克罗齐

狭义与广义相对论浅说/(德国)爱因斯坦

历史和阶级意识/(匈牙利)卢卡奇

逻辑哲学论/(奥地利)维特根斯坦

存在与时间/(德国)海德格尔

罗马帝国社会经济史/M.罗斯托夫采夫

原始艺术/(美国)博厄斯

静静的顿河/(苏联)肖洛霍夫

走向科学的美学/(美国)托·门罗

科学史及其与哲学和宗教的关系/(英国)丹皮尔

陀思妥耶夫斯基诗学问题/(苏联)巴赫金

永别了,武器/(美国)海明威

语言论/(美国)布龙菲尔德

钢铁是怎样炼成的/(苏联)尼古拉·奥斯特洛夫斯基

历史研究/(英国)汤因比

就业、利息和货币通论/(英国)凯恩斯

科学史和新人文主义/(美国)乔治·萨顿

价值和资本/(英国)希克斯

科学的社会功能/(英国)贝尔纳

历史著作史/(美国)汤普森

文学理论/(美国)雷内·韦勒克、奥·沃伦

存在与虚无/(法国)萨特

人论:人类文化哲学导引/(德国)卡西尔

历史的观念/(英国)柯林武德

经济政策和充分就业/(美国)阿尔文·哈维·汉森

经济学/(美国)保罗·A.萨缪尔森

人类知识:其范围与限度/(英国)罗素

文化的科学:人类与文明的研究/(美国)莱斯利·怀特

镜与灯:浪漫主义文论及批评传统/(美国)M.H.艾布拉姆斯

艺术史/(法国)热尔曼·巴赞

情感与形式/(美国)苏珊·卡纳斯·朗格

艺术与视知觉/(美)鲁·阿恩海姆

中国科学技术史/(英)李约瑟

句法结构/(美国)诺姆·乔姆斯基

真理与方法/(德国)伽达默尔

艺术与幻觉/(英国)恩斯特·冈布里奇

社会主义经济的运行问题/(波兰)弗拉基米尔·布鲁斯

现代知识论/(美国)托马斯·E.希尔

逻辑学的发展/(英国)威·涅尔,玛·涅尔

科学革命的结构/(美国)库恩

猜想与反驳:科学知识的增长/(英国)波普尔

审美特性/(匈牙利)卢卡奇

社会主义经济增长理论导论/(波兰)卡莱茨基

发生认识论原理/(瑞士)皮亚杰

走向接受美学/(德国)汉斯·罗伯特·姚斯

第三条道路:马克思列宁主义理论与现代工业社会(捷克)/奥塔·希克

动态经济学/(英国)罗伊·普布斯·哈罗德

新史学/(法国)雅克·勒高夫

马克思和世界文学/(英国)希格伯特·萨尔蒙·柏拉威尔

科学界的精英/(美国)朱克曼

增长与波动/(美国)威廉·阿瑟·刘易斯

短缺经济学/(匈牙利)亚诺什·科尔纳

审美过程研究——阅读活动:审美响应理论/(德国)沃尔夫冈·伊泽尔

当代史学主要趋势/(英国)巴勒克拉夫

文化唯物主义/(美国)马文·哈里斯

社会学理论/(美国)道·保·约翰逊

传播学概论/(美国)威尔伯·施拉姆

美学与哲学/(法国)米·杜夫海纳

一日长于百年/(苏联)艾特玛托夫

大趋势:改变我们生活的十个新方向/(美国)奈斯比特

历史学的范畴和方法/(苏联)米·阿·巴尔格

17.外国文学经典书目(节选)

《古今中外文学经典》,姜洪海主编。大连:大连出版社,1994年1月。

本书是为当代青少年跨进文学世界导游而作,它的作者是多年从事中学教育的教师和社会教育工作者。本书收录200余部作品,分为中国文学部分和外国文学部分,为每篇“经典”都安排了两方面的内容:“精节略述”和“作品评析”。

该书的“外国文学部分”书目如下:

伊利亚特/(古希腊)荷马

奥德修记/(古希腊)荷马

罗摩衍那/(印度)蚁垤

俄狄浦斯王/(古希腊)索福克勒斯

沙恭达罗/(印度)迦梨陀娑

《一千零一夜》之“阿里巴巴和四十个强盗”

蔷薇园/(波斯)萨迪

神曲/(意大利)但丁

巨人传/(法国)拉伯雷

哈姆莱特/(英国)莎士比亚

堂吉诃德/(西班牙)塞万提斯

熙德/(法国)高乃依

伪君子/(法国)莫里哀

失乐园/(英国)弥尔顿

鲁滨逊漂流记/(英国)笛福

格列佛游记/(英国)斯威夫特

汤姆·琼斯/(英国)菲尔丁

老实人/(法国)伏尔泰

少年维特之烦恼/(德国)歌德

阴谋与爱情/(德国)席勒

修女/(法国)狄德罗

恰尔德·哈洛尔德游记/(英国)拜伦

解放了的普罗密修斯/(英国)雪莱

红与黑/(法国)司汤达

巴黎圣母院/(法国)雨果

叶甫盖尼·奥涅金/(俄国)普希金

高老头/(法国)巴尔扎克

海的女儿/(丹麦)安徒生

当代英雄/(俄国)莱蒙托夫

死魂灵/(俄国)果戈理

德国,一个冬天的童话/(德国)海涅

嘉尔曼/(法国)梅里美

安吉堡的磨工/(法国)乔治·桑

简·爱/(英国)夏洛蒂·勃朗特

玛丽·巴顿/(英国)盖斯凯尔夫人

名利场/(英国)萨克雷

民族之歌/(匈牙利)裴多菲

奥勃洛摩夫/(俄国)冈察洛夫

红字/(美国)霍桑

大卫·科波菲尔/(英国)狄更斯

汤姆叔叔的小屋/(美国)斯托夫人

包法利夫人/(法国)福楼拜

大雷雨/(俄国)亚·奥斯特罗夫斯基

被侮辱与被损害的/(俄国)陀思妥耶夫斯基

父与子/(俄国)屠格涅夫

怎么办/(俄国)车尔尼雪夫斯基

《草叶集》之“啊,船长,我的船长哟!”/(美国)惠特曼

格兰特船长的女儿/(法国)凡尔纳

斯巴达克思/(意大利)乔万尼奥里

谁在俄罗斯能过好日子/(俄国)涅克拉索夫

羊脂球/(法国)莫泊桑

戈洛夫寥夫老爷们/(俄国)谢德林

萌芽/(法国)左拉

玩偶之家/(挪威)易卜生

哈克贝利·费恩历险记/(美国)马克·吐温

德伯家的苔丝/(英国)托马斯·哈代

第六病室/(俄国)契诃夫

复活/(俄国)列夫·托尔斯泰

十字军骑士/(波兰)显克微支

布登勃洛克一家/(德国)托马斯·曼

我是猫/(日本)夏目漱石

麦琪的礼物/(美国)欧·亨利

约翰·克利斯朵夫/(法国)罗曼·罗兰

母亲/(苏联)高尔基

福尔赛世家/(英国)约翰·高尔斯华绥

骑鹅历险记/(瑞典)拉格洛芙

青鸟/(比利时)梅特林克

戈拉/(印度)泰戈尔

马丁·伊登/(美国)杰克·伦敦

火线/(法国)巴比塞

大地的成长/(挪威)汉姆生

臣仆/(德国)亨利希·曼

万能机器人/(捷克)卡·恰佩克

苦难的历程/(苏联)阿·托尔斯泰

圣女贞德/(爱尔兰)萧伯纳

恰巴耶夫/(苏联)富尔曼诺夫

铁流/(苏联)绥拉菲莫维奇

美国的悲剧/(美国)德莱塞

犁与星/(英国)旭恩·奥凯西

毁灭/(苏联)法捷耶夫

静静的顿河/(苏联)肖洛霍夫

没有太阳的街/(日本)德永直

蟹工船/(日本)小林多喜二

独立的人们/(冰岛)拉克司奈斯

钢铁是怎样炼成的/(苏联)奥斯特洛夫斯基

同情的罪/(奥地利)茨威格

愤怒的葡萄/(美国)斯坦培克

德里纳河上的桥/(南斯拉夫)安德里奇

局外人/(法国)加缪

总统先生/(危地马拉)阿斯图里亚斯

雪国/(日本)川端康成

推销员之死/（美国）阿瑟·米勒

老人与海/（美国）海明威

老妇还乡/（瑞士）迪伦马特

卢布林的魔术师/（美国）辛格

赫索格/（美国）索尔·贝娄

白鹦鹉/（澳大利亚）怀特

艰难岁月/（法国）罗布莱斯

丧失了名誉的卡塔琳娜·布卢姆/（德国）伯尔

一日长于百年/（苏联）艾特玛托夫

18.世界100名著排行榜（节选）

《世界100名著排行榜》，胡艳红等编著。北京：中国经济出版社，1994年1月。

本书编者“依据一定的标准”（未说明是什么标准），将古今中外名著作了个排行，并对这100部曾对人类进程产生过深远影响和重大作用的名著进行了介绍。至于排行的标准，正如《编后记》中写到的“它仅仅代表编著此套丛书的诸君（也许能代表绝大多数读者）的观点”。本书公布的“世界100名著排行榜”（外文著作部分）次序如下：

资本论/马克思

圣经

数学原理/牛顿

古兰经/穆罕默德

大藏经/释迦牟尼

独立宣言/杰弗逊

相对论/爱因斯坦

拿破仑法典/拿破仑

国富论/斯密

我的奋斗/希特勒

人口论/马尔萨斯

常识/潘恩

天体运行论/歌白尼

君主论/马基雅弗利

反杜林论/恩格斯

几何原本/欧几里德

物种起源/达尔文

控制论/维纳

百科全书/狄德罗

汤姆叔叔的小屋/斯托夫人

血液循环论/哈维

哲学原理/笛卡尔

政府论/洛克

梦的解析/弗洛伊德

科学管理原理/泰罗

海军战略论/马汉

存在与虚无/萨特

就业、利息与货币通论/凯恩斯

战争论/克劳塞维茨

战争与和平法/格劳秀斯

地缘政治论/麦金德

路易十四时代/伏尔泰

政治经济学及赋税原理/李嘉图

乌托邦/莫尔

新教伦理与资本主义精神/韦伯

神曲/但丁

荷马史诗/荷马

海陆的起源/魏格纳

增长的极限/梅多斯

社会契约论/卢梭

利维坦/(英国)霍布斯

权力意志/尼采

摩奴法论/摩奴

论法的精神/孟德斯鸠

沙恭达罗/迦梨陀娑

政治学/亚里士多德

不服从论/索罗(即梭罗)

保卫马克思/阿尔都赛

我们关于外部世界的知识/罗素

作为意志和表象的世界/叔本华

民族主义/泰戈尔

太阳城/康帕内拉

一千零一夜

关于两大世界体系的对话/伽俐略

论个人在历史上的作用问题/普列汉诺夫

来自竞争的繁荣/艾哈德

经济成长的阶段/罗斯托

论原因、本原与太一/布鲁诺

国际法/奥本海

进化论与伦理学/赫胥黎

神学大全/阿奎那

第三次浪潮/托夫勒

马可·波罗游记/(意大利)马可·波罗

精神现象学/黑格尔

教育论:智育、德育、体育/斯宾塞

忏悔录/奥古斯丁

从混沌到有序/普里戈金

文明论概略/福泽谕吉

辩证唯物主义与历史唯物主义/斯大林

各国的经济增长/库兹涅茨

英雄与英雄崇拜/卡莱尔

人在宇宙中的地位/舍勒

战争与和平/托尔斯泰

爱欲与文明/马尔库塞

歌德谈话录/歌德

资本主义、社会主义和民主主义/熊彼特

科学的社会功能/贝尔纳

人论/卡西尔

逃避自由/弗罗姆

生活与美学/车尔尼雪夫斯基

历史/希罗多德

有闲阶级论/凡勃伦

后工业社会的来临/贝尔

理想国/柏拉图

社会革命/考茨基

高卢战记/凯撒

经验与自然/杜威

社会选择和个人价值/阿罗

古代社会/摩尔根

经济计划原理/刘易斯

纯粹理性批判/康德

发生认识论原理/皮亚杰

大趋势:改变我们生活的十个方向/(美国)奈斯比特

19.二百部世界名著展评(节选)

《200部世界名著展评》,杨政编著。重庆:重庆大学出版社,1994年7月。

作者挑选的这张书单,主要是文、史、哲等社会科学著作。包括童话·神话·寓言、奇幻·冒险、诗歌、历史·人物传记、科学著作、小说、戏剧、哲学和其他等9类,涵盖了人类几千年的文明,是一笔巨大的人类精神财富。

伊索寓言/(古希腊)伊索

圣经(新旧约全书)

希腊神话和传说/(德国)斯威布

一千零一夜(天方夜谭)

童话/(丹麦)安徒生

罗摩衍那/(印度)蚁垤仙人

诸世纪/(法国)诺斯特拉达姆斯

在已知和未知世界中奇妙的漫游/(法国)儒勒·凡尔纳

福尔摩斯探案全集/(英国)柯南道尔

众神之车:历史上的未解之谜/(瑞士)厄里希·丰·丹尼肯

伊利昂记/(古希腊)荷马

奥德修记/(古希腊)荷马

埃涅阿斯记/(古罗马)维吉尔

神曲/(意大利)但丁

失乐园/(英国)弥尔顿

恰尔德·哈洛尔德游记/(英国)拜伦

审判的幻景/(英国)拜伦

唐璜/(英国)拜伦

叶甫盖尼·奥涅金/(俄国)普希金

抒情诗集/(俄国)普希金

吉檀伽利/(印度)泰戈尔

先知/(黎巴嫩)纪伯伦

忏悔录/(古罗马)圣·奥古斯丁

忏悔录/(法国)卢梭

罗马帝国衰亡史/(英国)爱德华·吉本

我生活的故事/(美国)海伦·凯勒

世界史/(美国)海斯,穆恩,韦兰

第三帝国的兴亡:纳粹德国史/(美国)威廉·夏伊勒

光荣与梦想:1932～1972年美国实录/(美国)威廉·曼彻斯特

源氏物语/(日本)紫式部

雪国/(日本)川端康成

古都/(日本)川端康成

十日谈/(意大利)薄伽丘

堂吉诃德/(西班牙)塞万提斯

巨人传/(法国)拉伯雷

老实人或乐观主义者/(法国)伏尔泰

红与黑/(法国)斯丹达尔(即司汤达)

高老头/(法国)巴尔扎克

欧也妮·葛朗台/(法国)巴尔扎克

基督山伯爵/(法国)大仲马

悲惨世界/(法国)雨果

包法利夫人/(法国)福楼拜

中短篇小说集/(法国)莫泊桑

追忆逝水年华/(法国)普鲁斯特

约翰·克利斯朵夫/(法国)罗曼·罗兰

夜航/(法国)圣埃克絮佩里

人的大地/(法国)圣埃克絮佩里

坎特伯雷故事集/(英国)乔叟

鲁滨逊漂流记/(英国)笛福

呼啸山庄/(英国)艾米莉·勃朗特

简·爱/(英国)夏洛特·勃朗特

大卫·科波菲尔/(英国)狄更斯

恋爱中的女人/(英国)劳伦斯

查苔莱夫人的情人/(英国)劳伦斯

牛虻/(爱尔兰)艾·丽·伏尼契

人生的枷锁/(英国)毛姆

月亮与六便士/(英国)毛姆

尤利西斯/(爱尔兰)詹姆斯·乔伊斯

城堡/(奥地利)卡夫卡

布登勃洛克一家/(德国)托马斯·曼

魔山/(德国)托马斯·曼

西线无战事/(德国)雷马克

当代英雄/(俄国)莱蒙托夫

死魂灵/(俄国)果戈理

钦差大臣/(俄国)果戈理

父与子/(俄国)屠格涅夫

猎人笔记/(俄国)屠格涅夫

奥勃洛摩夫/(俄国)冈察洛夫

罪与罚/(俄国)陀思妥耶夫斯基

卡拉玛卓夫兄弟/(俄国)陀思妥耶夫斯基

怎么办/(俄国)车尔尼雪夫斯基

战争与和平/(俄国)托尔斯泰

安娜·卡列尼娜/(俄国)托尔斯泰

中短篇小说集/(俄国)契诃夫

童年/(俄苏)高尔基

在人间/(俄苏)高尔基

我的大学/(俄苏)高尔基

钢铁是怎样炼成的/(苏联)尼古拉·奥斯特洛夫斯基

静静的顿河/(苏联)肖洛霍夫

日瓦戈医生/(苏联)帕斯捷尔纳克

伊凡·杰尼索维奇的一天/(苏联)亚历山大·索尔仁尼琴

古拉格群岛/(苏联)亚历山大·索尔仁尼琴

白鲸/(美国)麦尔维尔

哈克贝利·芬历险记/(美国)马克·吐温

短篇小说集/(美国)海明威

喧哗与骚动/(美国)福克纳

赫索格/(美国)索尔·贝娄

第二十二条军规/(美国)约瑟夫·赫勒

百年孤独/(哥伦比亚)加西亚·马尔克斯

莎士比亚全集/(英国)莎士比亚

戏剧选/(英国)萧伯纳

浮士德/(德国)歌德

戏剧选集/(法国)莫里哀

戏剧选/(挪威)易卜生

对话录/(古希腊)柏拉图

工具论/(古希腊)亚里斯多德

政治学/(古希腊)亚里斯多德

诗学/(古希腊)亚里斯多德

神学大全/(意大利)托马斯·阿奎那

乌托邦/(英国)莫尔

论文集/(英国)弗兰西斯·培根

新工具/(英国)弗兰西斯·培根

论物体/(英国)霍布斯

利维坦/(英国)霍布斯

人类理解论/(英国)洛克

人类知识原理/(英国)贝克莱

人性论/(英国)休谟

人类理解研究/(英国)休谟

人类的知识:其范围与限度/(英国)罗素

方法论(附《几何学》)/(英国)笛卡儿

存在与虚无/(法国)萨特

词语/(法国)萨特

时间与自由意志/(法国)柏格森

创造进化论/(法国)柏格森

伦理学/(荷兰)斯宾诺莎

人类理解新论/(德国)莱布尼茨

纯粹理性批判/(德国)康德

实践理性批判/(德国)康德

判断力批判/(德国)康德

逻辑学/(德国)黑格尔

精神现象学/(德国)黑格尔

美学/(德国)黑格尔

作为意志和表象的世界/(德国)叔本华

查拉图斯特拉如是说/(德国)尼采

权力意志:重估一切价值的尝试/(德国)尼采

实用主义:一些旧方法的新名称/(美国)威廉·詹姆斯

爱欲与文明/(美国)马尔库塞

人性的弱点/(美国)戴尔·卡耐基

人/(意大利)奥里亚娜·法拉奇

天文学大成/(古希腊)托勒密

几何学原理/(古希腊)欧几里得

阿基米德文集/(古希腊)阿基米德

略论圆锥曲线/(法国)帕斯卡

几何学精神/(法国)帕斯卡

第二性/(法国)西蒙·波娃

自然科学的数学原理/(英国)牛顿

光学/(英国)牛顿

国富论/(英国)亚当·斯密

人口原理/(英国)马尔萨斯

物种起源/(英国)达尔文

进化论与伦理学/(爱尔兰)赫胥黎

科学史:及其与哲学和宗教的关系/(英国)丹皮尔

算术探究/(德)高斯

资本论/(德国)马克思

共产党宣言/(德国)卡尔·马克思,弗里德里希·恩格斯

梦的解析/(奥地利)弗洛伊德

狭义相对论/(美国)爱因斯坦

文集/(美国)爱因斯坦

实验心理学史/(美国)波林

动机与个性/(美国)马斯洛

科学革命的结构/(美国)库恩

自然科学基础知识/(美国)阿西摩夫

第三次浪潮/(美国)阿尔温·托夫勒

发生认识论原理/(瑞士)皮亚杰

20.影响世界的100本书

《影响世界的100本书》,邓蜀生等主编,广西人民出版社,1995年9月。

这一百本书包括政治学24本,历史学11本,哲学15本,经济学7本,文学作品26本,科技及工具书14本。

理想国/(古希腊)柏拉图

政治学/(古希腊)亚里士多德

摩奴法典/(印度)摩奴

法学总论/(古罗马)查士丁尼

君主论/(意大利)尼科罗·马基雅维利

乌托邦/(英)莫尔

新工具/(英国)培根

政府论/(英)洛克

论法的精神/(法)孟德斯鸠

社会契约论/(法)卢梭

常识/(美)潘恩

论实业体系/(法国)圣西门

人类思想和实践中的革命/(英国)欧文

经济的和协作的新世界/(法国)傅立叶

拿破仑法典/(法)拿破仑等

战争论/(德)克劳塞维茨

论美国的民主/(法)托克维尔

共产党宣言/(德国)卡尔·马克思,弗里德里希·恩格斯

文明论概略/(日)福泽谕吉

奥本海国际法/(德)奥本海

海上实力对历史的影响/(美)马汉

国家与革命/(苏联)列宁

制空权/(意)杜黑

我的奋斗/(德国)希特勒

历史/(古希腊)希罗多德

伯罗奔尼撒战争史/(古希腊)修昔底德

长征记/(古希腊)色诺芬

编年史/(古罗马)塔西佗

罗马史/(古罗马)阿庇安

马可·波罗游记/(意大利)马可·波罗

新科学/(意)维柯

法国革命史/(法)米涅

教皇史/(德)兰克

新史学/(美)鲁滨孙

世界史纲/(英)威尔斯

历史研究/(英)汤因比

形而上学/(古希腊)亚里士多德

物性论/(古罗马)卢克莱修

哲学辞典/(法)伏尔泰

人性论/(英)休谟

百科全书/(法)狄德罗

未来形而上学导论/(德国)康德

精神现象学/(德国)黑格尔

作为意志和表象的世界/(德)叔本华

基督教的本质/(德)费尔巴哈

反杜林论/(德国)恩格斯

查拉图斯特拉如是说/(德国)尼采

精神分析引论/(奥地利)弗洛伊德

新教伦理与资本主义精神/(德)韦伯

西方哲学史/(英)罗素

存在与时间/(德国)海德格尔

圣经/耶稣

古兰经/(阿拉伯)穆罕默德

国民财富的性质和原因的研究/(英)亚当·斯密

政治经济学及赋税原理/(英)李嘉图

政治经济学原理/(英)约翰·穆勒

资本论/(德国)马克思

人口原理/(英)马尔萨斯

就业利息和货币通论/(英)凯恩斯

经济学/(美)萨缪尔森

伊利亚特/(古希腊)荷马

一千零一夜/(阿拉伯)纳训译

伊索寓言/(古希腊)伊索

神曲/(意大利)但丁

十日谈/(意大利)薄伽丘

堂吉诃德/(西班牙)塞万提斯

哈姆雷特/(英国)莎士比亚

伪君子/(法)莫里哀

鲁滨逊漂流记/(英)笛福

少年维特之烦恼/(德)歌德

解放了的普罗米修斯/(英)雪莱

欧也妮·葛朗台/(法国)巴尔扎克

悲惨世界/(法)雨果

钦差大臣/(俄苏)果戈里

双城记/(英)查尔斯·狄更斯

父与子/(俄苏)屠格涅夫

战争与和平/(俄)托尔斯泰

茶花女/(法国)小仲马

玩偶之家/(挪威)易卜生

汤姆·索亚历险记/(美)马克·吐温

三姊妹/(俄国)契诃夫

汤姆叔叔的小屋/(美)斯托夫人

母亲/(苏联)高尔基

愤怒的葡萄/(美)斯坦贝克

钟为谁鸣/(美国)海明威

飘/(美)米切尔

几何原本/(古希腊)欧几里德

天体运行论/(波兰)哥白尼

两种新科学/(意大利)伽利略

心血运动论/(英)威廉·哈维

物种起源/(英国)达尔文

古代社会/(美)路易斯·亨利·摩尔根

自然哲学的数学原理/(英)牛顿

植物杂交的实验/(奥)孟德尔

狭义与广义相对论浅说/(美国)爱因斯坦

大陆和海洋的形成/(德国)魏格纳

实验心理学史/(美)波林

中国科学技术史/(英)李约瑟

语言论/(美)布龙菲尔德

不列颠百科全书

21.影响中国近代社会的一百种译作

邹振环著,北京:中国对外翻译出版公司,1996年1月。

本书通过选入的100种译作展示了译本对中国近代社会的影响和西书中译发展的大致脉络。

交友论/利玛窦

坤舆万国全图/利玛窦

几何原本/欧几里德

同文算指/利玛窦,李之藻编译

泰西水法/(意大利)熊三拔口述;徐光启编译

远西奇器图说/王征编译

名理探/傅泛际,李之藻译

穷理学/(葡萄牙)傅泛际译

泰西人身说概/(比利时)维萨里著;(瑞士)邓玉函编译

火攻挈要/(德国)汤若望编译

英吉利国新出种痘奇书/皮尔逊著;斯当顿译

圣经

四洲志/(英国)慕瑞著;林则徐译

博物新编/(英国)合信编译

代数学/(英国)棣么甘著;李善兰、伟烈亚力译

谈天/约翰·赫歇尔著;李善兰、伟烈亚力译

重学/威廉·惠威尔著;李善兰,艾约瑟译

万国公法/瓦特尔著;(英)伯驾、袁德辉译

造洋饭书/(美国)高第丕夫人编译

化学鉴原/大卫·阿梅尔维尔斯著;徐寿,傅兰雅译

化学鉴原续篇/Charles. Bloxam著;徐寿、傅兰雅译

化学鉴原补编/Charles. Bloxam著;徐寿、傅兰雅译

昕夕闲谈/佚名著;蠡勺居士译

地学浅释/(英国)赖尔著;华蘅芳,玛高温译

脱影奇观/德贞编译

普法战纪/王韬编译

新工具/培根

琉球地理志/姚文栋编译

佐治刍言/傅兰雅口译,应祖锡笔述

心灵学/约瑟·海文著;颜永京译

百年一觉(即回顾)/爱德华·贝拉米著;李提摩太节译

泰西新史揽要/罗伯特·麦肯齐著;李提摩太,蔡尔康译

治心免病法/乌特亨利著;傅兰雅译

光学揭要/赫士,朱葆琛编译

文学兴国策/林乐知,任廷旭译

天演论/赫胥黎著;严复译

巴黎茶花女遗事(即茶花女)/小仲马著;林琴南,王子仁译

佳人奇遇/(日)柴四郎著;梁启超译

经国美谈/(日)矢野龙溪著;周逵译

民约论(即社会契约论)/卢梭

法意(即论法的精神)/孟德斯鸠著;严复译

黑奴吁天录(即汤姆叔叔的小屋)/(美国)斯托夫人著;林纾、魏易译

物竞论/(日)加藤弘之著;杨荫杭译

哀希腊/拜伦

社会学/(日)岸本能武太著;章太炎译

原富(即论国家的财富的性质和原因)/亚当·斯密著;严复译

十五小豪杰/儒勒·凡尔纳著;梁启超、罗孝高译

群学肄言(即社会学研究)/斯宾塞著;严复译

悲惨世界/(法国)雨果

近世社会主义/(日)福井准造著;赵必振译

社会主义神髓/(日)幸德秋水

自由血(《近世无政府主义》的意译本)/(日)烟山专太郎著;金一译

迦茵小传/(英)哈葛德著;林琴南,魏易译

血史(原名《世界著名暗杀案》)/(美国)佛兰斯士专逊著;梁启勋、程斗译

鲁滨孙漂流记/(英国)笛福

进步与贫困/(美国)亨利·乔治

撒克逊劫后英雄略(即艾凡赫)/(英)司各特著;林纾、魏易译

穆勒名学/穆勒著;严复译

痴汉骑马歌/威廉·科柏著;辜鸿铭译

妖怪学讲义录/(日)井上圆了著;蔡元培译

拊掌录(即见闻札记)/华盛顿·欧文著;林纾、魏易节译

日本法规大全/(日)伊藤博文主持制定

侠隐记、续侠隐记(即《三个火枪手》、《二十年后》)/(法国)大仲马著;伍建光译

不如归/(日)德富芦花著;林纾、魏易译

苦儿流浪记(又译《苦儿努力记》)/(法)艾克多·马洛

伦理学原理/(德国)泡尔生著;蔡元培译

科学管理原理/泰罗

威廉·退尔/(德)席勒著;马君武译

福尔摩斯侦探案全集/(英国)柯南道尔

马赛曲/(法)里尔

玩偶之家/(挪威)易卜生

杜威的演讲录/杜威

达尔文物种原始/达尔文著;马君武译

创化论/柏格森著;张东荪译

共产党宣言/卡尔·马克思,弗里德里希·恩格斯

互助论/(俄)克鲁泡特金

茵梦湖/(德)施笃姆

阿丽思漫游奇境记/卡洛尔

相对论浅释/爱因斯坦著;夏元瑮译

少年维特之烦恼/(德国)歌德

莎乐美/(英)奥斯卡·王尔德

查拉图斯特拉如是说/尼采

苦闷的象征/(日)厨川白村

爱的教育/亚米契斯

浮士德/(德国)歌德

忏悔录/(法国)卢梭

毁灭/法捷耶夫

精神分析引论/西格蒙德·弗洛伊德

哲学的故事/(美)杜兰特

交感巫术(《金枝》的节译本)/(英)詹姆斯·乔治·弗雷泽著;李安宅译

自然哲学之数学原理/牛顿著;郑太朴译

大地/赛珍珠

李尔王/(英国)莎士比亚

约翰·克利斯朵夫/(法国)罗曼·罗兰

资本论/马克思

西行漫记/斯诺

震憾世界的十天/(美)约翰·里德

钢铁是怎样炼成的/(苏联)尼古拉·奥斯特洛夫斯基

天下一家/(美)温德尔·威尔基

柏拉图巴曼尼得斯篇/柏拉图著;陈康译

性心理学/(英)霭理士著;潘光旦译

恶之花/(法)查理·波德莱尔

苏联共产党(布)历史简要读本/(苏联)联共(布)中央特设委员会编写

22. 大学生文化素质教育百部名著导读(节选)

《大学生文化素质教育百部名著导读》,武汉大学出版社,1997年8月。

本书是国内高校第一部综合性的名著导读类教材,由武汉大学近40名教授推荐撰稿,共推荐了古今中外名著100部。这里列出了外国名著的部分。

主要推荐者:

杨祖陶(武汉大学教授)

陆耀东(武汉大学教授)

易竹贤(武汉大学教授)

郭齐勇(武汉大学教授)

邓晓芒(武汉大学教授)

陈家宽(武汉大学教授)

孙党伯(武汉大学教授)

陈美兰(武汉大学教授)

龙泉明(武汉大学教授)

冯天瑜(武汉大学教授)

陈勇(武汉大学教授)

梅荣政(武汉大学教授)

王余光(武汉大学教授)

共产党宣言/(德国)卡尔·马克思,弗里德里希·恩格斯

资本论(第一卷)/(德国)马克思

社会主义从空想到科学的发展/(德国)恩格斯

家庭、私有制和国家的起源/(德国)恩格斯

帝国主义论/(苏联)列宁

国家与革命/(苏联)列宁

论一元论历史观之发展/(俄国)普列汉诺夫

论个人在历史上的作用问题/(俄国)普列汉诺夫

理想国/(古希腊)柏拉图

政治学/(古希腊)亚里士多德

形而上学/(古希腊)亚里士多德

政治学:谁得到什么? 何时和如何得到? /(美国)拉斯韦尔

社会契约论/(法国)卢梭

纯粹理性批判/(德国)康德

小逻辑/(德国)黑格尔

论法的精神/(法国)孟德斯鸠

人性论/(英国)休谟

利维坦/(英国)霍布斯

美学/(德)黑格尔著;朱光潜译

物种起源/(英国)达尔文

古代社会/(美国)摩尔根

现代政治分析/(美国)达尔

政治学说史/(美国)萨拜因

新工具/(英国)培根

新教伦理与资本主义精神/(德国)马克斯·韦伯

正义论/(美国)罗尔斯

历史研究/(英国)汤因比

神曲/(意大利)但丁

堂吉诃德/(西班牙)塞万提斯

红与黑/(法国)斯丹达尔(又译司汤达)

高老头/(法国)巴尔扎克

罗密欧与朱丽叶/(英国)莎士比亚

简·爱/(英国)夏洛特·勃朗特

牛虻/(爱尔兰)艾·丽·伏尼契

浮士德/(德国)歌德

普希金抒情诗选集/(俄国)普希金

安娜·卡列尼娜/(俄国)托尔斯泰

母亲/(俄苏)高尔基

钢铁是怎样炼成的/(苏联)尼古拉·奥斯特洛夫斯基

马克思传/(德)弗·梅林

老人与海/(美国)海明威

荒野的呼唤/(美国)杰克·伦敦

罪与罚/(俄国)陀思妥耶夫斯基

卡夫卡小说选/(奥地利)卡夫卡

荒原/(美)托·史·艾略特

百年孤独/(哥伦比亚)加西亚·马尔克斯

23.《青年必读书手册》推荐的首选书(节选)

《青年必读书手册》,方洲主编。北京:中国青年出版社,1997年11月。

本书包括四个部分的内容:

1. 首选书:中国文学与世界文学部分的经典著作

2. 常备书:若干职业与行业的入门书、工具书

3. 必读书:若干学科与门类的经典著作

4. 候选书

首选书包括中国传统文化、中国文学和世界文学首选书三部分。这里节选的是世界文学书目。

圣经故事

伊利亚特/(古希腊)荷马

奥德修纪/(古希腊)荷马

堂吉诃德/(西班牙)塞万提斯

莎士比亚戏剧集/(英国)莎士比亚

鲁滨逊漂流记/(英国)笛福

大卫·科波菲尔/(英国)狄更斯

简·爱/(英国)夏洛特·勃朗特

呼啸山庄/(英国)艾米莉·勃朗特

福尔摩斯探案集/(英国)柯南道尔

忏悔录/(法国)卢梭

红与黑/(法国)司汤达

巴黎圣母院/(法国)维克多·雨果

欧也妮·葛朗台/(法国)巴尔扎克

基度山伯爵/(法国)大仲马

包法利夫人/(法国)福楼拜

莫泊桑中短篇小说选/(法国)莫泊桑

少年维特之烦恼/(德国)歌德

西线无战事/(德国)雷马克

卡夫卡小说选/(奥地利)卡夫卡

生命中不能承受之轻/米兰·昆德拉

死魂灵/(俄国)果戈理

爱之路/(俄国)屠格涅夫

罪与罚/(俄国)陀思妥耶夫斯基

安娜·卡列尼娜/(俄国)托尔斯泰

契诃夫中短篇小说集/(俄)契诃夫

童年/(苏联)高尔基

静静的顿河/(苏联)肖洛霍夫

哈克贝利·费恩历险记/(美国)马克·吐温

草叶集/(美国)惠特曼

永别了,武器/(美国)海明威

喧哗与骚动/(美国)福克纳

飘/(美国)米切尔

教父/(美国)马里奥·普佐

荆棘鸟/(澳大利亚)科林·麦卡洛

百年孤独/(哥伦比亚)加西亚·马尔克斯

一千零一夜

雪国/(日本)川端康成

泰戈尔诗选/(印度)泰戈尔

24.《青年必读书手册》推荐的必读书（节选）

《青年必读书手册》在“青年必读书推荐”部分，向读者推荐了“处世与修养”等16个学科或类别的130部书。此处列出其中的外文著作部分。

论人生/（英国）培根

蒙田随笔/（法国）蒙田

道德箴言录/（法国）拉罗什福科

我生活的故事/（美国）海伦·凯勒

富兰克林自传/（美国）富兰克林

钢铁是怎样炼成的/（苏联）尼古拉·奥斯特洛夫斯基

人性的弱点/（美国）戴尔·卡耐基

语言的突破/（美国）戴尔·卡耐基

荷马史诗/（古希腊）荷马

一千零一夜

神曲/（意大利）但丁

堂吉诃德/（西班牙）塞万提斯

莎士比亚戏剧集/（英国）莎士比亚

鲁滨逊漂流记/(英国)笛福

傲慢与偏见/(英国)简·奥斯丁

大卫·科波菲尔/(英国)狄更斯

简·爱/(英国)夏洛蒂·勃朗特

呼啸山庄/(英国)艾米莉·勃朗特

少年维特之烦恼/(德国)歌德

城堡/(奥地利)卡夫卡

生命中不能承受之轻/(捷克)米兰·昆德拉

红与黑/(法国)司汤达

悲惨世界/(法国)雨果

欧也妮·葛朗台/(法国)巴尔扎克

茶花女/(法国)小仲马

追忆似水年华/(法国)普鲁斯特

战争与和平/(俄国)列夫·托尔斯泰

安娜·卡列尼娜/(俄国)托尔斯泰

静静的顿河/(苏联)肖洛霍夫

永别了,武器/(美国)海明威

喧哗与骚动/(美国)福克纳

第二十二条军规/(美国)约瑟夫·海勒

飘/(美国)米切尔

百年孤独/(哥伦比亚)加西亚·马尔克斯

圣经

社会契约论/(法国)卢梭

君王论/(意大利)尼科罗·马基雅维利

共产党宣言/(德国)卡尔·马克思,弗里德里希·恩格斯

全球通史/(美)斯塔夫里阿诺斯

第三帝国的兴亡/(美国)威廉·夏伊勒

形而上学/(古希腊)亚里士多德

纯粹理性批判/(德国)康德

小逻辑/(德国)黑格尔

查拉斯图拉如是说/(德国)尼采

存在与虚无/(法国)萨特

西方哲学史/(美)梯利

苏菲的世界/(挪威)乔德坦·贾德

释梦(又译梦的解析)/(奥地利)弗洛伊德

资本论/(德国)马克思

就业、利息和货币通论/(英国)凯恩斯

未来之路/(美国)比尔·盖茨

经营管理全集/(日本)松下幸之助

道德形而上学·法论/(德国)康德

漫话圣经/(美国)房龙

战争论/(德)卡尔·冯·克劳塞维茨

邓小平传/(英)理查德·伊文斯

甘地自传/(印度)莫汉达斯·甘地

拿破仑传/(德)艾密尔·鲁特维克

华盛顿传/(美)华盛顿·欧文

林肯传/(美国)卡尔·桑德堡

领袖们/(美)理查德·尼克松

哈默自传/(美国)阿曼德·哈默

艾科卡自传/(美国)艾科卡、诺瓦克

贝多芬传/(法国)罗曼·罗兰

雨果传/(法国)安德烈·莫洛亚

卓别林自传/(英)查利·卓别林

梵高传/(美国)欧文·斯通

居里夫人/(法国)艾夫·居里

中国科学技术史/(英)李约瑟

狭义和广义相对论浅说/(美国)爱因斯坦

时间简史:从大爆炸到黑洞/(英国)霍金

25.文明通鉴(节选)

《文明通鉴》,范勇等编,中国文史出版社,1997年版。

该书分上下两卷,分别收录东方文明经典和西方文明经典,共计200篇。这两百篇文献,有些选自单篇文章,有些辑自某部著作。但编者对选辑的标准未作说明,大多不注明出处或原书版本,外国文献亦不注明译者。西方文明经典书目如下:

梨俱吠陀

罗摩衍那/(印)蚁垤仙人

本生经

奥义书

政事论/(印)考底利耶

薄伽梵歌

弥曼差经

摩奴法典/(印)摩奴

梵经及注

阿弥陀经

楞伽经

般若波罗蜜多心经

金刚般若波罗蜜经

首楞严经

大方广佛华严经

罗摩功行之湖/(印)杜勒西达斯

艺术家的职责/(印)泰戈尔

论不合作/(印)甘地

辩喜全集/(印)维韦卡南达

瑜伽论/(印)奥罗宾多

神圣人生论/(印)奥罗宾多

印度的发现/(印)尼赫鲁

印度哲学/(印)恰托巴底亚耶

九章诗/(缅)信摩诃拉达塔拉

汉谟拉比法典/(古巴比伦)汉谟拉比

赫梯法典

中亚述法典

阿维斯塔/(伊朗)贾利尔·扎斯特哈赫

旧约圣经

贝希斯敦铭文

古兰经/(阿拉伯)穆罕默德

卡布斯教诲录/(波斯)玛阿里

史集/(波斯)拉施特

蔷薇园/(波斯)萨迪

玫瑰宫敕令/(奥斯曼帝国)阿卜杜勒迈吉德一世

泪与笑/(黎巴嫩)纪伯伦

先知/(黎巴嫩)纪伯伦

白色革命/(伊朗)巴列维

古事记/(日)安万侣

大化革新诏

文明论概略/(日)福泽谕吉

劝学篇/(日)福泽谕吉

日本佛教史纲/(日)村上专精

善的研究/(日)西田几多郎

禅与日本文化/(日)铃木大拙

激荡的百年史/(日)吉田茂

人生论笔记/(日)三木清

日本文化与日本人性格的形成/(日)源了圆

顺应自然的生存哲学/(日)冈本常男

日本社会/(日)中根千枝

森林思想/(日)梅原猛

造福人类的尝试——禅与西方思想/(日)阿部正雄

展望二十一世纪/(日)池田大作

核时代的乌托邦/(日)大江健三郎

退溪书节要/(朝)李退溪

为光复祖国而顽强战斗/(朝)金日成

开创新韩国/(韩)金泳三

号角已吹响——抗战一定会胜利/(越)胡志明

人民的呼声——为争取和平而战/(埃)萨达特

美德即知识/(古希腊)苏格拉底

苏格拉底的申辩/(古希腊)亚里士多德

理想国/(古希腊)柏拉图

政治学/(古希腊)亚里士多德

形而上学/(古希腊)亚里士多德

给赫罗多德的信/(古希腊)伊壁鸠鲁

物性论/(古罗马)卢克莱修

新约圣经

十二铜表法

法律篇/(古罗马)西塞罗

忏悔录/(古希腊)奥古斯丁

神学大全/(意大利)阿奎那

君主论/(意大利)尼科罗·马基雅维利

乌托邦/(英)莫尔

论基督徒的自由/(德)马丁·路德

论原因、本原与太一/(意大利)布鲁诺

新工具/(英)培根

太阳城/(意大利)康帕内拉

谈方法/(法国)笛卡尔

为英国人民声辩/(英)弥尔顿

伦理学/(荷兰)斯宾诺莎

政府论/(英国)洛克

人类理解论/(英国)洛克

黑暗时代的烛光/托兰德

人类理智新论/莱布尼茨

新科学/(意)维柯

论法的精神/(法)孟德斯鸠

人性论/(英国)休谟

忏悔录/(法国)卢梭

论人类不平等的起源和基础/(法)卢梭

致富之道/(美)富兰克林

国富论/(英)亚当·斯密

判断力批判/(德国)康德

人权论/(美国)托马斯·潘恩

独立宣言/(美)杰弗逊

不自由毋宁死/(美国)亨利

论天然贵族/(美)杰斐逊

致尼古拉上校书/(美国)华盛顿

审美教育书简/(法)席勒

路易应当死,因为祖国必须生! /(法)罗伯斯庇尔

论防御战/(法国)拿破仑

政治正义论/(英)葛德文

告委内瑞拉人民/(委内瑞拉)玻利瓦尔

自然法典/(法)摩莱里

人口原理/(英)马尔萨斯

法哲学原理/(德)黑格尔

自然哲学/(德)黑格尔

美学/(德)黑格尔

论实业体系/(法)圣西门

自愿分配/(法国)傅立叶

战争论/(普鲁士)克劳塞维茨

作为意志与表象世界/(德)叔本华

论基督教/(英)雪莱

论生活/(英)雪莱

论无神论的必然性/(英)雪莱

实证哲学教程/(法)孔德

未来哲学原理/(德)费尔巴哈

论自由/(英)密尔

盖兹堡献仪演说/(美)林肯

一场大官司——男人们对男人们,女人们对女人们/(美)富勒

和谐与自由的保证/(德)魏特林

谴责奴隶制/(美)道格拉斯

百年耻辱/(美)杰克逊

艺术哲学/(法)丹纳

论公民的不服从/(美)大卫·梭罗

资本论/(德)马克思

共产党宣言/(德国)卡尔·马克思,弗里德里希·恩格斯

自然辩证法/(德)恩格斯

查拉图斯特拉如是说/(德)尼采

权力意志/(德)尼采

宇宙之谜/(德)海克尔

实用主义/(美)詹姆士

梦的解析/(奥地利)弗洛伊德

新教伦理与资本主义精神/(德)韦伯

有闲阶级论/(美)凡勃伦

经验与自然/(美)杜威

自卑与超越/(奥地利)阿德勒

帝国主义是资本主义的最高阶段/(苏联)列宁

人论/(德)恩斯特·卡西尔

就业、利息和货币通论/(英)凯恩斯

爱欲与文明/(美)马尔库塞

存在与时间/(德)海德格尔

论幸福/(法)莫罗阿

苏联社会主义经济问题/(苏联)斯大林

战斗的女权主义/(英)潘克赫斯特

论知识与权力/(美)米尔斯

我有一个梦/(美)马丁·路德·金

历史决定论的贫困/(英国)波普尔

圣经与自然法/(英)维克多·怀特

人类动机理论/(美)马斯洛

第二性——女人/(法)西蒙·波娃

西西弗的神话/(法)加缪

社会冲突的功能/(美)科塞

对现时的寻求/(墨西哥)帕斯

后工业社会的来临/(美)贝尔

人权哲学/(英)米尔恩

正义论/(美)罗尔斯

让美洲发现自己/(乌拉圭)加莱亚诺

人的现代化/(美)英格尔斯

新发展观/(法)佩鲁

电脑对人类行为的影响/(美)亚历山大

26. 二十世纪以来的国外名家名作

《名著的诞生——66个外国作家与作品》,张功臣著,新疆青少年出版社，1998年1月。

本书是《经典之旅丛书》中的一种。书中收录了20世纪以来国外有名的作家66人，其中小说家42位，诗人12位，散文和传记文学作家12位，作者对这些作家的生平和作品作了介绍和评述，并称："如果依照这个书单读完其中列出的一百多部名家名作，在现代外国文学这个领域里，你就是一个合格的读书人了。"

刀锋，月亮和六便士/（英）萨默塞特·毛姆

都柏林人/（爱）詹姆斯·乔伊斯

海狼，热爱生命，马丁·伊登/（美）杰克·伦敦

"水仙号"上的黑水手/（英）约瑟夫·康拉德

好兵帅克历险记/（捷）雅·哈谢克

变形记，卡夫卡书信日记选/（奥）弗兰茨·卡夫卡

断头艳后，象棋的故事/（奥）斯蒂芬·茨威格

王家大道/（法）安德烈·马尔罗

珍珠，愤怒的葡萄/（美）约翰·斯坦贝克

裸者与死者/（美）诺曼·梅勒

黄狗/（比）乔治·西默农

丧钟为谁而鸣，老人与海，流动的圣节/（美）欧内斯特·海明威

喧哗与骚动，熊/（美）威廉·福克纳

了不起的盖茨比，夜色温柔/（美）司各特·菲茨杰拉德

幼狮，夜工，保守隐秘的罪人/(美)欧文·肖

雪国/(日)川端康成

问题的核心，一个自行发完病毒的病例，炸弹宴会，人性的因素，我们在哈瓦那的人/(英)格雷厄姆·格林

苦难的历程/(苏)阿·托尔斯泰

短篇小说集/(俄)伊万·蒲宁

静静的顿河/(苏)肖洛霍夫

日瓦戈医生/(苏)帕斯捷尔纳克

教授/(美)兰斯顿·休士

土生子/(美)理查·赖特

看不见的人/(美)拉尔夫·艾里森

秀拉所罗门之歌/(美)托妮·莫瑞森

德语课/(德)西格弗里德·伦茨

夜航记/(法)圣·埃克絮佩利

局外人鼠疫/(法)阿尔贝·加缪

语词墙/(法)让·保罗·萨特

幸运的吉姆/(英)金斯利·艾米斯

情人/(法)玛格丽特·杜拉

第二十二条军规，上帝知道/(美)约瑟夫·海勒

生命中不能承受之轻/(捷)米兰·昆德拉

麦田里的守望者/(美)杰罗姆·塞林格

百年孤独，没有人给他写信的上校/(哥)加西亚·马尔克斯

城市与狗/(秘)巴尔加斯·略萨

平原上的火焰，佩德罗·巴拉莫/(墨)胡安·詹尔弗

辛格短篇小说集，童爱/(美)艾萨克·辛格

他们/(美)卡罗尔·欧茨

雨王汉德森/(美)索尔·贝娄

上帝的笔误/(西)卢卡·德代纳

航空港/(加)阿瑟·黑利

吉檀迦利/(印)泰戈尔

自由/(法)保罗·艾吕雅

诗选/(苏)阿赫玛托娃

诗歌总集/(智)巴勃罗·聂鲁达

荒原，四首四重奏/(英)托马斯·艾略特

一条未走的路/(美)罗伯特·弗罗斯特

泪与笑/(黎)哈·纪伯伦

诗集/(英)狄兰·托马斯

诗集/(美)华莱士·史蒂文森

英雄挽歌/(希)奥·埃里蒂斯

鲜花广场/(波)切·米沃什

太阳石/(墨)奥·帕斯

四季随笔/(英)乔治·吉辛

幽默随笔选/(加)斯蒂芬·里科克

伊林选集/(苏)伊林

金蔷薇/(苏)巴乌斯托夫斯基

人·岁月·生活/(苏)伊里亚·爱伦堡

书和画像/(英)维吉尼亚·伍尔夫

林中水滴/(苏)米哈伊尔·普里什文

渴望生活,亲爱的提奥/(美)欧文·斯通

爱因斯坦和他的生活/(法)安东妮娜·瓦朗坦

巨匠与情人/(法)弗朗索瓦兹·吉洛

米哈伊尔·巴赫金/(美)凯特琳娜·克拉克,(美)迈克尔·霍奎斯特

弹子袋/(法)约瑟夫·若福

27.北京大学学生应读选读书目(节选)

本目是1998年为北大百年校庆而作。包括推荐应读书目30种,推荐选读书目30种。这里选列了外国名著的书目。这个书目由北京大学校内外50多位著名教授推荐,他们是:

丁守和(中国社会科学院研究员)

丰子义(北京大学教授)

王太庆(北京大学教授)

王永兴(北京大学教授)

王守常(北京大学教授)

王岳川(北京大学教授)

王思斌(北京大学教授)

方立天(中国人民大学教授)

邓广铭(北京大学教授)

厉以宁(北京大学教授)

石峻(中国人民大学教授)

叶朗(北京大学教授)

乐黛云(北京大学教授)

朱伯崑(北京大学教授)

朱德生(北京大学教授)

任继愈(北京图书馆馆长)

刘梦溪(中国艺术研究院研究员)

汤一介(北京大学教授)

孙小礼(北京大学教授)

阴法鲁(北京大学教授)

李学勤(中国社会科学院研究员)

李家浩(北京大学教授)

李慎之(中国社会科学院研究员)

杨辛(北京大学教授)

吴良镛(清华大学教授)

何九盈(北京大学教授)

何兹全(北京师范大学教授)

何芳川(北京大学教授)

余敦康(中国科学院研究员)

张世英(北京大学教授)

张岱年(北京大学教授)

陈启伟(北京大学教授)

林庚(北京大学教授)

季羡林(北京大学教授)

金克木(北京大学教授)

周一良(北京大学教授)

周民强(北京大学教授)

周辅成(北京大学教授)

庞朴(中国社会科学院研究员)

赵宝煦(北京大学教授)

赵家祥(北京大学教授)

赵敦华(北京大学教授)

侯仁之(北京大学教授)

费振纲(北京大学教授)

袁行霈(北京大学教授)

钱理群(北京大学教授)

唐有祺(北京大学教授)

黄平(中国社会科学院研究员)

黄楠森(北京大学教授)

宿白(北京大学教授)

谢冕(北京大学教授)

楼宇烈(北京大学教授)

裘锡圭(北京大学教授)

戴逸(中国人民大学教授)

(1)应读书目:

理想国/(古希腊)柏拉图著;吴献书译

神曲/(意大利)但丁著;王维克著

哈姆雷特/(英国)莎士比亚著;曹未风译

思想录/(法)帕斯卡尔著;何兆武译

社会契约论/(法)卢梭著;何兆武译

历史理性批判文集/(德)康德著,何兆武译

约翰·克利斯朵夫/(法国)罗曼·罗兰著;傅雷译

科学史/(英)丹皮尔著,李衍译

共产党宣言/(德国)卡尔·马克思,弗里德里希·恩格斯

资本论(第一卷)/(德国)马克思

路德维希·费尔巴哈和德国古典哲学的终结/(德国)恩格斯

著，张仲实译

(2)选读书目：

圣经

国富论/(英国)亚当·斯密

论法的精神/(法国)孟德斯鸠

复活/(俄国)列夫·托尔斯泰

物种起源/(英国)达尔文

城堡/(奥地利)卡夫卡

飞鸟集/(印度)泰戈尔

新教伦理与资本主义精神/(德)韦伯

精神分析引论/(德)弗洛伊德

西方哲学史/(英)罗素

历史研究/(英)汤因比

德意志意识形态/(德)马克思

社会主义从空想到科学/(德)马克思

哲学笔记/(俄)列宁

28.当代西方社会科学名著导读

《当代西方社会科学名著导读》，王寿林等主编，北京大学出版社，1999年2月。

该书选录当代西方哲学、经济学、政治学、社会学、法学、史学近四十部名著，由北京大学社会科学各学科三十余位在校博士生撰写导读。书目以学科分类，各类之前有导言，书后附有"当代西方社会科学推荐书目"，作为正文选目的补充。

存在与时间/（德）海德格尔

真理与方法/（德）伽达默尔

从逻辑的观点看/（美）威拉德·范·奥曼·蒯因

如何以言行事/（英）约翰·奥斯汀

命名和必然性/（美）索尔·克里普克

反对方法/保罗·费耶阿本德

历史和阶级意识/（匈）乔治·卢卡奇

结构人类学/（法）克劳德·莱维-斯特劳斯

政治体系——政治学状况研究/（加）戴维·伊斯顿

比较政治学/（美）加布里埃尔·阿尔蒙德

政治与市场：世界的政治——经济制度/（美）林德布洛姆

自由、市场和国家/（美）詹姆斯·布坎南

民主新论/（意）乔·萨托利

正义论/（美）约翰·罗尔斯

无政府、国家与乌托邦/（美）罗伯特·诺齐克

就业利息和货币通论/（英）约翰·梅纳德·凯恩斯

价值与资本/(英)约翰·理查德·希克斯

经济分析基础/(美)保罗·萨缪尔森

美国货币史1867–1960/(美)密尔顿·弗里德曼

个人主义与经济秩序/弗里德里希·哈耶克

经济史中的结构与变迁/(美)道格拉斯·诺斯

法律的概念/(英)赫伯特·哈特

美国法律史/(美)伯纳德·施瓦茨

法律与革命/(美)哈罗得·伯尔曼

现代社会中的法律/(美)罗伯托·昂格尔

法律帝国/(美)罗纳德·德沃金

法律的经济分析/(美)波斯纳

不平等和异质性/(美)彼特·布劳

论文明的进程/诺伯特·埃利亚斯

当代世界体系/(美)伊曼纽尔·沃勒斯坦

监视与惩罚/(法)米歇尔·福柯

意识形态与乌托邦/(匈)卡尔·曼海姆

历史研究/(英)阿诺德·汤因比

15至18世纪的物质文明、经济和资本主义/(法)费尔南·布罗代尔

全球通史/(美)斯塔夫里阿诺斯

日本和俄国的现代化/(美)布莱克等

在中国发现历史/(美)柯文

29.影响人类的一百本书(节选)

《文化的力量——影响人类的一百本书》,李小兵主编,团结出版社,1999年3月。

该书选取中外100部著作,对著作的作者生平、成书背景、内容与历史影响加以介绍,以期人们在较短的时间内,"就能够了解中外古今的近百位伟大的思想家思想精华的基本轮廓。这正是一种现代人最需要的精神的、灵魂的文化快餐和文化套餐。"(《文化的力量·序》)

这本书在选目上大有可商之处。首先,不选文学作品,主要选取哲学和政治方面的著作。其次,在中国著作方面,先秦有七本书入选,其后两千余年间,只选了孙中山、毛泽东和邓小平的著作。这里只列了其中的外国名著部分。

理想国/(古希腊)柏拉图

政治学/(古希腊)亚里士多德

圣经/耶稣

物性论/(古罗马)卢克莱修

上帝之城/(古罗马)圣·奥古斯丁

君主论/(意大利)尼科罗·马基雅维利

乌托邦/(英)莫尔

九十五条论纲/(德国)路德

天体运行论/(波兰)哥白尼

太阳城/(意大利)康帕内拉

新工具/(英国)培根

战争与和平法/(荷兰)格劳秀斯

关于托勒密和哥白尼两大世界体系的对话/(意大利)伽利略

哲学原理/(法国)笛卡尔

利维坦/(英国)霍布斯

伦理学/(荷兰)斯宾诺莎

自然哲学的数学原理/(英国)牛顿

人类理解论/(英国)洛克

政府论/(英国)洛克

哲学通信/(法国)伏尔泰

论法的精神/(法国)孟德斯鸠

论人类不平等的起源和基础/(法国)卢梭

自然法典/(法国)摩莱里

论精神/(法国)爱尔维修

经济表/(法国)魁奈

社会契约论/(法)卢梭

人类理智新论/(德国)莱布尼茨

达朗贝和狄德罗的谈话/(法国)狄德罗

常识/(美国)潘恩

独立宣言/(美)杰弗逊

国富论/(英)亚当·斯密

纯粹理性批判/(德)康德

联邦党人文集/(美国)汉密尔顿

人权宣言

全部知识学的基础/(德)费希特

人口原理/(英国)马尔萨斯

先验唯心主义体系/(德国)谢林

精神现象学/(德国)黑格尔

政治经济学及赋税原理/(英国)李嘉图

作为意志和表象的世界/(德国)叔本华

法哲学原理/(德国)黑格尔

论实业制度/(法国)圣西门

战争论/(普鲁士)克劳塞维茨

基督教的本质/(德国)费尔巴哈

德意志意识形态/(德)马克思,恩格斯

共产党宣言/(德国)卡尔·马克思,弗里德里希·恩格斯

汤姆叔叔的小屋/(美)斯托夫人

物种起源/(英)达尔文

代议制政府/(英国)密尔

资本论/(德)马克思

古代社会/(美国)摩尔根

反杜林论/(德国)恩格斯

路德维希·费尔巴哈及德国古典哲学的终结/(德国)恩格斯

经济学原理/(英国)马歇尔

社会主义的前提和社会民主党的任务/(德国)伯恩施坦

权力意志/(德国)尼采

奥本海国际法/(德国)奥本海

现象学的观念/(奥地利)胡塞尔

实用主义/(美国)詹姆士

政治中的人性/(英国)沃拉斯

狭义与广义相对论浅说/(美国)爱因斯坦

民主主义与教育/(美国)杜威

精神分析引论/(奥地利)弗洛伊德

国家与革命/(苏联)列宁

新教伦理与资本主义精神/(德国)韦伯

历史与阶级意识/(匈牙利)卢卡奇

马克思主义和哲学/(德国)科尔施

我的奋斗/(德国)希特勒

存在与时间/(德国)海德格尔

历史研究/(英)汤因比

就业、利息和货币通论/(英)凯恩斯

辨证唯物主义和历史唯物主义/(苏联)斯大林

逃避自由/(美国)弗罗姆

存在与虚无/(法国)萨特

自为的人/(美国)弗罗姆

经济学/(美国)萨缪尔森,诺德豪斯

发生认识论原理/(瑞士)皮亚杰

政治体系——政治学状况研究/(美国)伊斯顿

哲学研究/(奥地利)维特根斯坦

爱欲与文明/(美国)马尔库塞

禅宗/(日本)铃木大拙

管理决策新科学/(美国)西蒙

现代政治分析/(美国)达尔

变化社会中的政治秩序/(美国)亨廷顿

正义论/(美国)罗尔斯

资本主义文化矛盾/(美国)贝尔

必要的张力:科学的传统和变革论文选/(美国)库恩

短缺经济学/(匈牙利)科尔内

第三次浪潮/(美国)托夫勒

30. 名人评点百年国外名著

《世纪之书——名人评点百年国外名著》，侯书森主编，中国戏剧出版社，1999年6月。

该书选取20世纪问世的人文社会科学名著共40余种，加以介绍和评价，“旨在向广大读者提供20世纪人类文化精华，使大家能在浩如烟海的社会科学文献中，比较容易地获取人类最富有价值的智慧，同时也是向21世纪的人们展示20世纪人类的文化成就，为后人了解今天提供一把钥匙。”（《世纪之书·前言》）

存在与虚无/（法）萨特

存在与时间/（德）海德格尔

历史和阶级意识/（匈）捷尔吉·卢卡奇

苏菲的世界/（挪威）乔斯坦·贾德

历史研究/（英）汤因比

世界史纲/（美）赫·乔·韦尔斯

大国的兴衰/（英）保罗·肯尼迪

正义论/（美）约翰·罗尔斯

战略论/（英）巴兹尔·亨利·利德尔·哈特

绝对武器/（美）伯纳德·布罗迪

就业，利息和货币通论/（英）凯恩斯

资本主义、社会主义和民生主义/(美)熊彼特

经济学/(美)保罗·A.萨缪尔逊

管理:任务、责任、实践/(美)彼得·德鲁克

管理决策新科学/(美)赫尔伯特·A.西蒙

未来之路/(美)比尔·盖茨

学以致富/(美)彼得·林奇

成功之路/(美)拿破仑·希尔

第五项修炼/(美)彼得·圣吉

新教伦理与资本主义精神/(德)马克斯·韦伯

意识形态与乌托邦/(匈)卡尔·曼海姆

第二性/(法)西蒙娜·德·波伏娃

海特性学报告·女人卷/(美)莎丽·海特

男人来自火星,女人来自金星/(美)约翰·格雷

外遇:可宽恕的罪/(美)保妮·韦尔

梦的解析/(奥地利)弗洛伊德

动机与人格/(美)亚伯拉罕·马斯洛

爱的艺术/(美)弗洛姆

人对意义的寻求/(奥)维克多·E.弗兰克

寻求灵魂的现代人/(瑞)卡尔·古斯塔夫·荣格

给教师的一百条建议/(俄)瓦·阿·苏霍姆林斯基

EQ之门:如何培养高情商的孩子/(美)劳伦斯·沙皮罗

学习的革命/(新西兰)戈登·德莱顿,(美)珍妮特·沃斯

太阳照样升起/(美)海明威

荒原/(英)艾略特

古都/(日)川端康成

变形记/(奥地利)卡夫卡

失乐园/(日)渡边淳一

荒漠甘泉/(美)考门夫人

花香满径/(英)维廉·巴克莱

挑战上帝/(美)弗里德·希伦

魔鬼出没的世界/(美)卡尔·萨根

后工业社会的来临/(美)丹尼尔·贝尔

第三次浪潮/(美)托夫勒·阿尔温

31. 人生必读百部名著(节选)

《经典品读:人生必读百部名著》,郭勉愈等编著,中华工商联合出版社,1999年版。

出版者认为:该书的宗旨就是把有价值的、经典的、适合阅读的书推荐给大家,使大家在有限的时间里能够了解古今中外百位伟人思想精华的轮廓,这是现代人最需要的精神和灵魂的文化套餐。该书在名著选择上有三个标准:具有突出的文学价值;在各

种知识中具有极高的创意思维;具有深刻的精神见解和感悟力。这里列出的是外国名著部分。

伊利亚特/(古希腊)荷马

历史/(古希腊)希罗多德

伯罗奔尼撒战争史/(古希腊)修昔底德

薄伽丘之歌

对话录/(古希腊)柏拉图

伦理学/(古希腊)亚里士多德

埃涅阿斯记/(古罗马)维吉尔

希腊罗马英雄传/(古希腊)普鲁塔克

旧约全书

新约全书

神曲/(意大利)但丁

坎特伯雷故事集/(英国)乔叟

乌托邦/(英)莫尔

君王论/(意大利)马基维利

巨人传/(法)拉伯雷

唐·吉诃德/(西班牙)塞万提斯

箴言集/拉·洛希福考

失乐园/(英国)米尔顿

天路历程/(英国)约翰·班扬

一千零一夜/(阿拉伯)纳训译

鲁宾逊漂流记/(英国)丹尼尔·笛福

格列佛游记/(英国)斯威夫特

汤姆·琼斯/(英国)亨利·菲尔丁

社会契约论/(法国)卢梭

国富论/(英国)亚当·斯密

罗马帝国衰亡史/(英国)吉本

纯粹理性批判/(德)康德

约翰逊传/(英国)鲍斯威尔

女权辨证/(英国)玛丽·吴尔斯东克拉甫特

情爱论/(保加利亚)瓦西列夫

人口论/(英国)马尔萨斯

傲慢与偏见/(英)简·奥斯丁

艾凡赫/(英国)瓦特·斯各特

红与黑/(法)司汤达

巴黎圣母院/(法)维克多·雨果

高老头/(法)巴尔扎克

法国大革命/(英国)托马斯·卡莱尔

死魂灵/(俄国)果戈理

三剑客/(法国)大仲马

简爱/（英国）夏绿蒂·勃朗特

呼啸山庄/（英）艾米莉·勃朗特

英国史/（英国）麦克雷

包法利夫人/（法国）福楼拜

论自由/（英国）约翰·史都华·密尔

物种起源/（英）达尔文

弗洛斯河上的磨坊/（英国）乔治·艾略特

父与子/（俄国）屠格涅夫

战争与和平/（俄）托尔斯泰

爱丽丝漫游奇境记/（英国）刘易斯·卡罗尔

安娜·卡列尼娜/（俄）托尔斯泰

八十天环游地球/（法国）儒勒·凡尔纳

汤姆·索亚历险记/（美国）马克·吐温

卡拉马佐夫兄弟/（俄国）陀思妥耶夫斯基

金枝/（英）詹姆斯·乔治·弗雷瑟

苔丝/（英）哈代

梦的解析/（奥地利）弗洛伊德

波里先生和他的历史/（英国）赫伯特·乔治·威尔斯

儿子与情人/（英国）D.H.劳伦斯

追忆逝水年华/（法）普鲁斯特

尤利西斯/（爱尔兰）詹姆斯·乔伊斯

魔山/(德国)托马斯·曼

美国的悲剧/(美国)狄奥多·德莱塞

如果麦子不死/(法国)安德列·纪德

灯塔/(英国)维琴妮亚·伍尔夫

喧嚣与骚动/(美)福克纳

战地春梦/(美国)海明威

西线无战事/(德国)雷马克

美丽新世界/(爱尔兰)赫胥黎

智慧七柱/(英国)汤玛斯·爱德华·劳伦斯

愤怒的葡萄/(美国)约翰·斯坦贝克

一九八四/(英国)乔治·奥威尔

岗铁基探险记/(挪威)海耶达尔

大师群像/(美国)查理·史诺

亚历山大四重奏/劳伦斯·杜瑞尔

日瓦戈医生/(俄苏)帕斯捷尔纳克

32. 西学基本经典

1999年，中国社会科学出版社引进西方学术经典英文版100种，组成《西学基本经典》丛书。

这套《西学基本经典》旨在与商务印书馆的《汉译世界学术名

著丛书》、三联书店的《现代西方学术文库》相互印证、相互补充。丛书由季羡林、费孝通担任专家委员会主任，王元化、厉以宁、江平、张世英、李学勤、罗豪才、周一良、周辅成担任副主任，乐黛云、成中英、汤一介、李泽厚、李茂生、杜维明、张树相、唐逸、戴文葆担任委员，共同组成专家委员会，为读者挑选优秀的著作、优秀的版本。“西学基本经典”的书目如下：

理想国/（古希腊）柏拉图

形而上学/亚里士多德

诗学/亚里士多德

诗艺/贺拉斯

第一哲学沉思录/笛卡尔

思想录/帕斯卡尔

人性论/休谟

纯粹理性批判/康德

判断力批判/康德

精神现象学/黑格尔

小逻辑/黑格尔

作为意志和表象的世界/叔本华

查拉图斯特拉如是说/尼采

非此即彼/克尔凯郭尔

普通语言学教程/索绪尔

纯粹现象学导论/胡塞尔

逻辑哲学论/维特根斯坦

哲学研究/维特根斯坦

存在与时间/海德格尔

诗·语言·思/海德格尔

存在与虚无/萨特

真理与方法/伽达默尔

科学革命的结构/库恩

性史/福柯

尼各马可伦理学/亚里士多德

道德情操论/亚当·斯密

论人类不平等的起源和基础/卢梭

实践理性批判/(德)康德

道德形而上学基础/康德

功利主义/穆勒

伦理学原理/摩尔

正义论/罗尔斯

无政府、国家与乌托邦/诺齐克

追寻美德/麦金太尔

忏悔录/圣·奥古斯丁

托马斯·阿奎那要籍选/阿奎那

路德基本著作选/马丁·路德

论宗教/施耐尔马赫

论人心中的永恒/舍勒

我与你/马丁·布伯

人的本性及其命运/尼布尔

神圣者的观念/奥托

生存的勇气/梯利希

教义学纲要/卡尔·巴特

政治学/亚里士多德

君主论/马基雅弗里

利维坦/霍布斯

政府论/洛克

社会契约论/卢梭

法的精神/孟德斯鸠

论美国民主/托克维尔

代议制政府/穆勒

联邦党人文集/汉密尔顿

自由秩序原理/哈耶克

国民财富的性质和原因的研究/亚当·斯密

经济学原理/马歇尔

福利经济学/庇古

就业、利息与货币的一般理论/凯恩斯

经济发展理论/熊彼特

人类行为/米塞斯

经济分析的基础/萨缪尔森

货币数量理论研究/弗里德曼

资本主义经济制度/威廉姆森

集体选择与社会福利/阿马蒂亚·K.森

论自杀/杜克海姆

新教伦理与资本主义精神/韦伯

货币哲学/席美尔

一般社会学论集/帕累托

交往行动理论/哈贝马斯

金枝/弗雷泽

西太平洋上的航海者/马林诺夫斯基

原始思维/列维·斯特劳斯

原始社会的结构和功能/拉迪克里夫·布朗

种族、语言、文化/鲍斯

心理学原理/威廉·詹姆士

生理心理学原理/冯特

释梦/弗罗伊德

格式塔心理学原理/库特·考夫卡

儿童心理学/皮亚杰

科学与人类行为/斯金纳

原型与集体无意识/荣格

动机与人格/马斯洛

古代法/梅因

论今日立法与法学之使命/萨维尼

法理学讲演录/奥斯丁

法律社会学之基本原理/埃利希

英国法与文艺复兴/梅特兰

法律、宪法与自由/哈那克

纯粹法学理论/凯尔森

法律之概念/H.L.A.哈特

司法过程的性质/本杰明·内森·卡多佐

法律的经济学分析/波斯纳

历史/希罗多德

伯罗奔尼撒战争史/修昔底德

编年史/塔西陀

上帝之城/圣·奥古斯丁

历史学的理论和实际/克罗齐

历史的观念/柯林伍德

地中海与菲力普二世时代的地中海世界/布罗代尔

历史研究/汤恩比

33. 引导舒芜窥见学术门径的书(节选)

舒芜,本名方管,安徽桐城人,作家。著有《挂剑集》、《说梦录》、《书与现实》等。舒芜曾自述有十本书使他得以"窥见中国学术和文学的门径,以及欧洲艺术和文学的初步知识。"这里列出的是其中的外国著作部分。

载《中国读书评论》1991年第1期。

艺术哲学/(法国)丹纳

十九世纪文学主流/(丹麦)勃兰兑斯

34. 影响历史的百部经典(节选)

《阅读世界——影响历史的百部经典》,余志森、张海英主编,文汇出版社,2000年1月。

全书选录中外百余部有影响的经典著作,先介绍著作的作者、成书背景和影响,继之是原著精彩片段的摘录。关于"经典",编者在该书的《前言》中做了这样的阐说:"这些经典作品之所以被称为经典,是因为它们曾经让读者和受众深深为之感动,对他们的精神世界产生过重大的影响,这种影响甚至一直延续到今天;是因为它们改变了一个地区、一个国家甚至整个世界的历史的发展进程,尽管这种改变有时要等上几十、几百年才能显露出来;经典之所以被称为经典,还因为它不同于时尚和流行,后者虽能畅销一时,但有时却经不起时间的冲刷,而我们的经典,或许并不张扬,然能潜移默化,让你在不知不觉中感受它巨大的影响力。”下面列出的是外国名著的部分。

荷马史诗/(古希腊)荷马

伊索寓言/(古希腊)伊索

佛经/释迦牟尼弟子结集

论自然/(古希腊)赫拉克利特

历史/(古希腊)希罗多德

十二铜表法

伯罗奔尼撒战争史/(古希腊)修昔底德

俄狄浦斯王/(古希腊)索福克勒斯

理想国/(古希腊)柏拉图

工具论/(古希腊)亚里士多德

高卢战记/(古罗马)恺撒

物性论/(古罗马)卢克莱修

埃涅阿斯记/(古罗马)维吉尔

圣经/耶稣

亚历山大远征记/(古希腊)阿利安

忏悔录/(古罗马)奥古斯丁

沙恭达罗/(印度)迦梨陀娑

一千零一夜

马可·波罗游记/(意大利)马可·波罗

神曲/(意大利)但丁

十日谈/(意大利)卜迦丘

坎特伯雷故事集/(英国)乔叟

君主论/(意大利)马基雅维里

天体运行论/(波兰)哥白尼

乌托邦/(英国)莫尔

巨人传/(法国)拉伯雷

关于托勒密和哥白尼两种世界体系的对话/(意大利)伽利略

蒙田随笔/(法国)蒙田

堂·吉诃德/(西班牙)塞万提斯

哈姆雷特/(英国)莎士比亚

新工具/(英国)培根

大教育学/(捷克)夸美纽斯

论法的精神/(法国)孟德斯鸠

社会契约论/(法国)卢梭

国富论/(英国)亚当·斯密

关于物质和运动的哲学原理/(法国)狄德罗

拿破仑法典/(法国)拿破仑等

常识/(美国)潘恩

纯粹理性批判/(德国)康德

浮士德/(德国)歌德

人口原理/(英国)马尔萨斯

新基督教/(法国)圣西门

精神现象学/(德国)黑格尔

政治经济学及赋税原理/(英国)李嘉图

作为意志和表象的世界/(德国)叔本华

战争论/(普鲁士)克劳塞维茨

红与黑/(法国)司汤达

人间喜剧/(法国)巴尔扎克

安徒生童话/(丹麦)安徒生

叶甫盖尼·奥涅金/(俄国)普希金

基督教的本质/(德国)费尔巴哈

论美国的民主/(德国)托克维尔

共产党宣言/(德国)卡尔·马克思,弗里德里希·恩格斯

论公民的不服从/(美国)梭罗

双城记/(英国)狄更斯

汤姆叔叔的小屋/(美)斯托夫人

物种起源/(英国)达尔文

悲惨世界/(法国)雨果

罪与罚/(俄国)陀思妥耶夫斯基

文明论概略/(日本)福泽谕吉

资本论/(德国)马克思

战争与和平/(俄国)托尔斯泰

古代社会/(美国)摩尔根

权利意志/(德国)尼采

海军战略/(美国)马汉

实用主义/(美国)詹姆士

科学管理原理/(美国)泰勒

草叶集/(美)惠特曼

牛虻/(爱尔兰)艾·丽·伏尼契

释梦/(奥地利)弗洛伊德

历史的地理枢纽/(英国)麦金德

新教伦理与资本主义精神/(德国)韦伯

约翰·克里斯多夫/(法国)罗曼·罗兰

魔山/(德国)托马斯·曼

死的十四行诗/(智利)米斯特拉尔

变形记/(奥地利)卡夫卡

虹/(英国)劳伦斯

天边外/(美国)奥尼尔

西方哲学史/(英国)罗素

尤利西斯/(爱尔兰)詹姆斯·乔伊斯

喧哗与骚动/(美)福克纳

钢铁是怎样炼成的/(俄苏)尼古拉·奥斯特洛夫斯基

到灯塔去/(英国)伍尔夫

就业、利息和货币通论/(英国)凯恩斯

交叉小径的花园/(阿根廷)博尔赫斯

灰色马,灰色的骑手/(美国)波特

大胆妈妈和她的孩子们/(德国)布莱希特

土生子/(美国)赖特

四个四重奏/(英国)艾略特

局外人/(法国)加缪

经验与教育/(美国)杜威

存在与虚无/(法国)萨特

历史研究/(英国)汤因比

老人与海/(美国)海明威

控制论/(美国)维纳

爱欲与文明/(美国)马尔库塞

百年孤独/(哥伦比亚)马尔克斯

增长的极限/(美国)罗马俱乐部

根/(美国)哈利

大趋势/(美国)奈斯比特

35. 名家荐书(节选)

《清凉的书眼:书摘〈名家荐书〉精粹》,乔福山编著,光明日报出版社,2000年版。

《书摘》杂志于1993年8月至1999年12月开设《名家荐书》专栏,发表70余位学者、作家的谈书文章,该书是这些文章的结集。这里选列的是其中的外国名著。

推荐者:季羡林

印度语文学/(德)吕德斯

吐火罗语法/(德)西克,(德)西克灵,(德)舒尔茨

推荐者:黄宗江

爱的教育/(意大利)亚米契斯

安徒生童话/(丹麦)安徒生

共产党宣言/(德国)卡尔·马克思,弗里德里希·恩格斯

推荐者:乐黛云

《恶之花》插图本/(法)夏尔·波特莱尔

在中国发现历史——中国中心观在美国的兴起/(美)保罗·柯尔

推荐者:蒋孔阳

美学/(德)黑格尔

歌德谈话录/(德)爱克曼

理想国/(希腊)柏拉图

判断力批判/(德)康德

推荐者:谢冕

万历十五年/(美)黄仁宇

剑桥中国晚清史/(美)费正清

第三帝国的兴亡/(美)威廉·夏伊勒

意大利文艺复兴时期的文化/(瑞士)雅各布·布克哈特

艺术哲学/(法)丹纳

没有地址的信艺术与社会生活/(俄)普列汉诺夫

推荐者:雷达

拿破仑传/(苏)叶·维·塔尔列

理想的冲突/(美)Z. J. 宾克莱

熵:一种新的世界观/(美)杰里米·里夫金,特·德·霍华德

法国七人诗选/雨果等

性心理学/(美)霭理士

推荐者:倪墨炎

罗密欧与朱丽叶/(英)莎士比亚

静静的顿河/(俄苏)肖洛霍夫

安徒生童话/(丹麦)安徒生

父与子/(德)卜劳恩

推荐者:钱中文

罪与罚/(俄国)陀思妥耶夫斯基

审判/(奥地利)弗朗茨·卡夫卡

德意志意识形态/(德)马克思,恩格斯

人论/(德国)恩斯特·卡西尔

推荐者:袁行霈

贝姨/(法国)巴尔扎克

屠格涅夫中短篇小说选/(俄国)屠格涅夫

茶花女/(法国)小仲马

狄德罗哲学选集/(法国)狄德罗

推荐者:宗璞

唐·吉诃德/(西班牙)塞万提斯

项迪传/(英国)劳伦斯·斯泰恩

新爱洛绮丝/(法国)卢梭

维廉·迈斯特/(德国)歌德

推荐者:陈建功

潘达莱昂上尉与劳军女郎/(秘鲁)巴尔加斯·略萨

美国人:殖民历程美国人:建国历程美国人:民主历程/(美国)丹尼尔·布尔斯廷

莎士比亚全集/(英)莎士比亚

第二十二条军规/(美国)约瑟夫·赫勒

推荐者:唐达成

居里夫人传/(法国)艾芙·居里

推荐者:杨义

圣经/耶稣

文化与社会人类学引论/(美)罗伯特·墨菲

二十世纪文学评注/(英)戴维·洛奇

推荐者:严家炎

尤利西斯/(爱尔兰)詹姆斯·乔伊斯

推荐者:王充闾

简·爱/(英)夏洛蒂·勃朗特

推荐者:周大新

人之上升/(英)雅可布·布洛诺夫斯基

经济学/(美)保罗·A·萨缪尔森,(美)威廉·D·诺德豪斯

苏格拉底的最后日子——柏拉图对话集/(古希腊)柏拉图

鼠疫/(法)阿尔贝·加缪

川端康成散文选/(日本)川端康成

推荐者:李文俊

约瑟夫·富歇/(奥地利)茨威格

彩色插图世界文学史/柴特霍姆索等

莎士比亚悲剧四种/(英国)莎士比亚

国王的人马/(美国)罗伯特·佩·华伦

推荐者:黎汝清

钢铁是怎样炼成的/(俄苏)尼古拉·奥斯特洛夫斯基

青年近卫军/(俄苏)法捷耶夫

斯巴达克思/(意大利)乔万尼奥里

静静的顿河/(俄苏)肖洛霍夫

基督山伯爵/(法国)大仲马

推荐者:霍达

梵·高传/(美国)欧文·斯通

艺术哲学/(法)丹纳

推荐者:王春瑜

论德国宗教和哲学的历史/亨利希·海涅

推荐者:陆贵山

美学/(德)黑格尔

别林斯基选集

悲剧的诞生/(德)尼采

推荐者:郭志刚

进化论与伦理学/(英)赫胥黎

嘉尔曼/(法)梅里美

推荐者:叶朗

美学/(德)黑格尔

十九世纪文学主流/(丹麦)勃兰兑斯

推荐者:叶文玲

绳子(《莫泊桑中短篇小说集》)

廊桥遗梦/(美)罗伯特·詹姆斯·沃勒

推荐者:邵燕祥

第三帝国的兴亡——纳粹德国史/(美)威廉·夏伊勒

昨日的世界·一个欧洲人的回忆/(奥地利)茨威格

停滞的帝国·两个世界的撞击/(法国)阿兰·佩雷菲特

一个政治家的肖像/(奥地利)茨威格

推荐者:冯德英

高尔基全集

静静的顿河/(俄苏)肖洛霍夫

飘/(美)米切尔

人间喜剧/(法国)巴尔扎克

复活/（俄）托尔斯泰

艾特玛托夫小说选

推荐者：洁泯

生命中不能承受之轻/（捷克）米兰·昆德拉

沙漏/（比利时）梅特林克

推荐者：王岳川

浮士德/（德）歌德

推荐者：李书磊

美国的诗歌与散文/（美国）罗伯特·弗罗斯特

推荐者：张炯

鲁宾逊漂流记/（英）笛福

钢铁是怎样炼成的/（苏）尼古拉·奥斯特洛夫斯基

推荐者：张玉书

约翰·克利斯多夫/（法国）罗曼·罗兰

海涅选集

茨威格小说集

推荐者:屠岸

叶芝抒情诗全集

叶芝文集

里尔克诗选/赖纳·马里亚·里尔克

推荐者:程树榛

回顾——越战的悲剧与教训/(美)罗伯特·S·麦克纳马拉

推荐者:航鹰

茨威格小说集

推荐者:张守仁

屠格涅夫散文选(俄国)屠格涅夫

牛虻/(爱尔兰)艾·丽·伏尼契

推荐者:崔道怡

爱的教育/(意)亚米契斯

园丁集/(印度)泰戈尔

推荐者:梁晓声

资本主义文化矛盾/(美国)丹尼尔·贝尔

推荐者:吕同六

神曲·地狱篇/(意大利)但丁

花的智慧/(比利时)梅特林克

推荐者:彭荆风

较量/(美)戴维·莫雷尔

推荐者:童庆炳

美育书简/(德国)席勒

推荐者:徐刚

人与自然/狄特富尔特,瓦尔特编

地球的故事/(美国)房龙

人,诗意地安居/(德国)海德格尔

瓦尔登湖/(美国)梭罗

推荐者:陆天明

胡塞尔思想的发展/(荷)泰奥多·德布尔

本文人类学/(爱尔兰)泰特罗

人的奴役与自由/(俄)尼古拉·别尔嘉耶夫

推荐者:绿原

莎士比亚悲剧五种

推荐者:童道明

恰巴耶夫/(俄苏)富尔曼诺夫

这里的黎明静悄悄/(苏)瓦西里耶夫

推荐者:李剑鸣

美国革命的思想意识渊源/(美)伯纳德·贝林

推荐者:李洁非

正义论/(美国)约翰·罗尔斯

人类的艺术/(美国)房龙

让·雅克·卢梭明信片画传:他的生平与著作/(瑞士)让·雅克·马奈

世界文学佳作八十篇/雷加选编

推荐者:刘白羽

巴黎圣母院/(法)维克多·雨果

喧哗与骚动/(美国)福克纳

推荐者:刘玉民

人之树/(澳大利亚)派特利克·怀特

奇异的蒙古马/(英)韩素音

推荐者:刘锡诚

大母神——原型分析/(德)埃利希·诺伊曼

中国古代文化与日本/(日)伊藤清司

推荐者:曹文轩

炼金术士/(巴西)保罗·戈埃罗

蝇王/(英)威廉·戈尔丁

永井荷风散文选/(日)永井荷风

36.20世纪影响中国的外国文学名著提要(节选)

20世纪影响中国的百部中外文学名著提要,孙维新、吴文智主编,漓江出版社,2000年。本书精辟扼要地介绍了20世纪对中国社会及文坛产生过巨大影响的100部中外文学名著,较全面地审视了百年中外文坛的状况。这里列选出外国文学名著部分。

百年孤独/(哥伦比亚)加西亚·马尔克斯

追忆似水年华/(法国)马塞尔·普鲁斯特

尤利西斯/(爱尔兰)詹姆斯·乔伊斯

喧哗与骚动/(美国)福克纳

老人与海/(美国)厄尼斯特·海明威

变形记/(奥地利)弗兰茨·卡夫卡

约翰·克里斯朵夫/(法国)罗曼·罗兰

荒原/(英国)T.S.艾略特

吉檀迦利/(印度)罗宾德拉纳特·泰戈尔

城堡/(奥地利)弗兰茨·卡夫卡

日瓦戈医生/(苏联)帕斯捷尔纳克

等待戈多/(爱尔兰)贝克特

生命中不能承受之轻/(捷克)米兰·昆德拉

静静的顿河/(前苏联)肖洛霍夫

小径分岔的花园/(阿根廷)博尔赫斯

局外人/(法国)加缪

雪国/(日本)川瑞康成

杜伊诺哀歌/(奥地利)里尔克

麦田里的守望者/(美国)塞林格

四个四重奏/(英国)T.S.艾略特

古拉格群岛/(俄国)索尔仁尼琴

铁皮鼓/(德国)格拉斯

宠儿/(美国)莫里森

第二十二条军规/(美国)海勒

审判/(奥地利)弗兰茨·卡夫卡

鼠疫/(法国)加缪

都柏林人/(爱尔兰)乔伊斯

情人/(法国)杜拉斯

玫瑰的名字/(意大利)艾柯

太阳石/(墨西哥)帕斯

叶芝诗选/(爱尔兰)叶芝

了不起的盖茨比/(美国)菲茨杰拉德

蝇王/(英国)戈尔丁

海滨墓园/(法国)瓦雷里

恶心/(法国)萨特

飘/(美国)米歇尔

永别了,武器/(美国)海明威

魔山/(德国)托马斯·曼

霍乱时期的爱情/(哥伦比亚)加西亚·马尔克斯

洛丽塔/(美国)纳波科夫

鬼魂奏鸣曲/(瑞典)斯特林堡

钢铁是怎样炼成的/(苏联)奥斯特洛夫斯基

愤怒的葡萄/(美国)斯坦贝克

漫歌/(智利)聂鲁达

1984/(英国)奥威尔

布登波洛克一家/(德国)托马斯·曼

到灯塔去/(英国)伍尔夫

押沙龙,押沙龙!/(美国)福克纳

布宜诺斯艾利斯的激情/(阿根廷)博尔赫斯

先知/(美国)纪伯伦

西线无战事/(德国)雷马克

象棋的故事/(奥地利)斯蒂芬·茨威格

荒原狼/(瑞士)黑塞

豹/(意大利)兰佩杜萨

美国/(奥地利)卡夫卡

诗章/(美国)庞德

好兵帅克历险记/(捷克)哈谢克

我弥留之际/(美国)福克纳

女士及众生相/(德国)伯尔

我们的祖先/(意大利)卡尔维诺

青年艺术家的肖像/(爱尔兰)乔伊斯

黛洛卫夫人/(英国)伍尔夫

洪堡的礼物/(美国)贝娄

法官和他的刽子手/(瑞士)迪伦马特

推销员之死/(美国)米勒

六个寻找作者的剧中人/(意大利)皮兰德娄

黑暗的中心/(英国)康拉德

跳房子/(阿根廷)科塔萨尔

阿纳巴斯/(法国)圣琼·佩斯

人鼠之间/(美国)斯坦贝克

傻瓜吉姆佩尔/(美国)辛格

绿房子/(秘鲁)巴尔加斯·略萨

小王子/(法国)圣埃克絮佩利

小城畸人/(美国)舍伍德·安德森

英雄挽歌/(古希腊)塞菲里斯·埃利蒂斯

天边外/(美国)奥尼尔

玻璃珠游戏/(瑞士)黑塞

迷惘/(英国)卡内蒂

致奥耳甫斯的十四行诗/里尔克

樱桃园/(俄国)契诃夫

橡皮/罗布·格里耶

弗兰德公路/(法国)克劳德·西蒙

37.50部必读的外国文学经典

高威编著，北京工业大学出版社出版，2006年1月。

编者组织数十位中青年专家学者编写了《大师经典·读书计划》丛书，其中外国文学领域，推荐了西方文学中最有影响力的几十位大师最有代表性的作品。

神曲/(意大利)但丁·阿利基埃里

十日谈/(意大利)乔万尼·薄伽丘

堂吉诃德/(西班牙)米盖尔·德·塞万提斯

哈姆雷特/(英国)威廉·莎士比亚

失乐园/(英国)约翰·弥尔顿

伪君子/(法国)莫里哀

忏悔录/(法国)让·雅克·卢梭

浮士德/(德国)约翰·沃尔夫冈·歌德

红与黑/(法国)司汤达

唐璜/(英国)乔治·戈登·拜伦

高老头/(法国)奥诺雷·德·巴尔扎克

三个火枪手/(法国)亚历山大·大仲马

悲惨世界/(法国)维克多·雨果

包法利夫人/(法国)居斯塔夫·福楼拜

恶之花/(法国)夏尔·波德莱尔

萌芽/(法国)艾米尔·左拉

莫泊桑中短篇小说/(法国)居伊·德·莫泊桑

约翰·克里斯多夫/(法国)罗曼·罗兰

安徒生童话全集/(丹麦)汉斯·克里斯蒂安·安徒生

玩偶之家/(挪威)亨利克·易卜生

艾凡赫/(挪威)瓦尔特·司各特

名利场/(英国)威廉·萨克雷

双城记/(英国)查尔斯·狄更斯

德伯家的苔丝/(英国)托马斯·哈代

查特莱夫人的情人/(英国)戴维·赫伯特·劳伦斯

布登波洛克一家/(德国)托马斯·曼

一个陌生女人的来信/(奥地利)斯蒂芬·茨威格

上尉的女儿/(俄国)亚历山大·普希金

死魂灵/(俄国)尼古拉·瓦西里耶维奇·果戈理

父与子/(俄国)伊万·谢尔盖耶维奇·屠格涅夫

卡拉马佐夫兄弟/(俄国)陀思妥耶夫斯基

复活/(俄国)列夫·托尔斯泰

契诃夫短篇小说精选/(俄国)安东·契诃夫

母亲/(苏联)马克西姆·高尔基

静静的顿河/(苏联)米哈依尔·肖洛霍夫

哈克贝利·费恩历险记/(美国)马克·吐温

贵妇人画像/(美国)亨利·詹姆斯

美国的悲剧/(美国)西奥多·德莱塞

马丁·伊登/(美国)杰克·伦敦

毛猿/(美国)尤金·奥尼尔

老人与海/(美国)欧内斯特·海明威

戈拉/(印度)罗宾德拉纳特·泰戈尔

追忆似水年华/(法国)马塞尔·普鲁斯特

雪国/(日本)川瑞康成

变形记/(奥地利)弗朗兹·卡夫卡

喧哗与骚动/(美国)威廉·福克纳

小径分岔的花园/(阿根廷)豪尔赫·路易斯·博尔赫斯

局外人/(法国)阿尔贝·加缪

百年孤独/(哥伦比亚)加布里尔·加西亚·马尔克斯

生命中不能承受之轻/(捷克)米兰·昆德拉

38.世界名著博览·自然科学卷(节选)

金歌主编,中国发展出版社,2006年04月。

本书共介绍名家名著近160部,描绘了自然科学领域众多科学巨匠在神秘无限的科学征途上一往无前的奋斗历程,划时代的科学巨著,光芒四射的科学思想。这里选列的是其中的外国著作。

科学与假设/(法国)彭加勒

科学与方法/(法国)彭加勒

控制论/(美国)维纳

中国科学技术史/(英国)李约瑟

计算机和人脑/(美国)诺依曼

一般系统论基础、发展和应用/(美国)贝塔朗菲

通信的数学理论/(美国)香农

确定性的终结/(俄罗斯)普利高津

几何原本/(古希腊)欧几里得

论螺线/(古希腊)阿基米德

论浮体/(古希腊)阿基米德

论球和圆柱/(法国)阿基米德

几何学/(法国)笛卡尔

平面与立体轨迹引论/(法国)费马

一种求极大、极小值与切线的新方法/(德国)莱布尼茨

无穷分析引论/(瑞士)欧拉

分析力学/(瑞士)欧拉

分析力学/(法国)拉格朗日

解析函数论/(法国)拉格朗日

算术研究/(德国)高斯

关于曲面的一般研究/(德国)高斯

单复变函数的一般理论基础/(德国)黎曼

关于几何基础的假设/(德国)黎曼

超穷数理论基础/(德国)康托尔

几何基础/(德国)希尔伯特

论磁/(英国)吉尔伯特

摆动的时钟/(荷兰)惠更斯

论光/(荷兰)惠更斯

自然哲学的数学原理/(英国)牛顿

光学/(英国)牛顿

电学实验研究/(英国)法拉第

轮热功当量/(英国)焦耳

关于伏打电产生的热/(英国)焦耳

论力的守恒/(德国)亥姆霍兹

声学/(德国)亥姆霍兹

涉及空气弹性及其效果的新物理——力学实验/(英国)开尔文

论热的动力学理论/(英国)开尔文

电磁学通论/(英国)麦克斯韦

论法拉第的力线(英国)/麦克斯韦

论一种新的射线/(德国)伦琴

论电动力学理论/(德国)赫兹

论电动力学作用的传播速度/(德国)赫兹

关于正常光谱中能量分布定律的理论/(德国)普朗克

放射学/(英国)卢瑟福

新炼金术/(英国)卢瑟福

论原子和分子的组成/(丹麦)玻尔

生命是什么?/(奥地利)薛定谔

作为本征值问题的量子化/(奥地利)薛定谔

量子理论的研究/(法国)德布罗意

狭义相对论/(美国)爱因斯坦

广义相对论的基础/(美国)爱因斯坦

原子内的电子群与光谱的复杂结构/(美国)泡利

关于β衰变的理论/(美国)费米

核壳层结构基本理论/(美国)迈耶夫人

论基本粒子的相互作用/(日本)汤川秀树

怀疑派化学家/(英国)玻义耳

关于空气弹性的物理机械新实验/(英国)玻义耳

质量守恒/(俄国)罗蒙诺索夫

论空气与火/(德国)舍勒

化学命名法/(法国)拉瓦锡

化学概论/(法国)拉瓦锡

化学哲学新体系/(英国)道尔顿

诺贝尔遗嘱/(瑞典)诺贝尔

化学原理/(德国)门捷列夫

对水溶液比重的研究/(德国)门捷列夫

论放射性/(法国)玛丽·居里

元素衰变的化学论证/(法国)约里奥·居里夫妇

天文学大成/(古希腊)托勒密

天梯运行论/(波兰)哥白尼

论新星/(丹麦)第谷

论新天象/(丹麦)第谷

论原因、本原和太一/(意大利)布鲁诺

论无限性、宇宙和诸世界/(意大利)布鲁诺

论运动/(意大利)伽利略

关于托勒密和哥白尼两大世界体系的对话/(意大利)伽利略

新天文学/(德国)开普勒

宇宙和谐论/(德国)开普勒

天体力学/(法国)拉普拉斯

概率的分析理论/(法国)拉普拉斯

河外星云距离与视向速度的关系/(美国)哈勃

漩涡星云中的造父变星/(美国)哈勃

对一个快速脉动射电源的观测/(英国)休伊什

时间简史-从大爆炸到黑洞/(英国)霍金

马可·波罗游记/(意大利)马可·波罗

哥伦布关于新近发现的岛屿的信/(意大利)哥伦布

地球的理论/(英国)赫顿

宇宙/(德国)洪堡

地质学原理/(英国)赖尔

冰川研究/(美国)阿加西斯

地球化学资料/(美国)克拉克

大陆和海洋的形成/(德国)魏格纳

大自然的奥秘/(荷兰)列文虎克

自然系统/(瑞典)林奈

自然史/(法国)布封

自然的世代/(法国)布封

动物学哲学/(法国)拉马克

四蹄动物化石骸骨的研究/(法国)居维叶

植物学概论/(德国)施莱登施旺

显微研究/(德国)施莱登·施旺

物种起源/(英国)达尔文

人类的由来/(英国)达尔文

植物杂交的试验/(奥地利)孟德尔

关于乳酸发酵的论文/(法国)巴斯德

昆虫记/(法国)法布尔

天演论/(爱尔兰)赫胥黎

基因论/(美国)摩尔根

核酸的分子结构——脱氧核糖核酸的一个结构模型/(美国)沃森;克里克

希波克拉底文集/(古希腊)希波克拉底

人体的构造/(比利时)维萨里

心血运动论/(英国)哈维

对天花疫苗因果的探索/(英国)詹纳

外科临床中的防腐原则/(英国)利斯特

护理札记/(英国)南丁格尔

医院笔谈/(英国)南丁格尔

结核病病原学/(德国)科赫

条件反射/(苏联)巴甫洛夫

39.世界名著博览·文学艺术卷(节选)

金歌主编,中国发展出版社,2006年4月。

本书介绍了古今中外110多位顶尖文艺大师的经典之作近160部。从中,我们可以体会到各位大师艰辛而又不平凡的人生历程，品读一部部绝世华章，领略各具特色的语言魅力、思想精髓。这里选列的是其中的外国著作。

伊利亚特/（古希腊）荷马

奥德赛/（古希腊）荷马

埃涅阿斯纪/（古罗马）维吉尔

变形记/（古罗马）奥维德

神曲/（意大利）但丁

失乐园/（英国）弥尔顿

浮士德/（德国）歌德

德国——一个冬天的童话/（德国）海涅

唐璜/（英国）拜伦

恰尔德·哈罗尔德游记/（英国）拜伦

雪莱诗选/（英国）雪莱

夜莺颂/（英国）济慈

叶甫盖尼·奥涅金/（俄国）普希金

普希金诗选/（俄国）普希金

诗人之死/（俄国）莱蒙托夫

草叶集/（美国）惠特曼

恶之花/（法国）波德莱尔

使徒/（匈牙利）裴多菲

吉檀迦利/(印度)泰戈尔

荒原/(英国)艾略特

源氏物语/(日本)紫式部

十日谈/(意大利)薄伽丘

坎特伯雷故事集/(英国)乔叟

鲁滨孙漂流记/(英国)笛福

格列佛游记/(英国)斯威夫特

红与黑/(法国)司汤达

欧也妮·葛朗台/(法国)巴尔扎克

高老头/(法国)巴尔扎克

巴黎圣母院/(法国)雨果

悲惨世界/(法国)雨果

基督山伯爵/(法国)大仲马

红字/(美国)霍桑

死魂灵/(俄国)果戈理

双城记/(英国)狄更斯

艰难时世/(英国)狄更斯

简·爱/(英国)夏洛蒂·勃朗特

呼啸山庄/(英国)艾米莉·勃朗特

猎人笔记/(俄国)屠格涅夫

父与子/(俄国)屠格涅夫

包法利夫人/(法国)福楼拜

罪与罚/(俄国)陀思妥耶夫斯基

茶花女/(法国)小仲马

战争与和平/(俄国)托尔斯泰

安娜·卡列尼娜/(俄国)托尔斯泰

复活/(俄国)托尔斯泰

汤姆·索亚历险记/(美国)马克·吐温

哈克贝利·费恩历险记/(美国)马克·吐温

萌芽/(法国)左拉

娜娜/(法国)左拉

德伯家的苔丝/(英国)哈代

羊脂球/(法国)莫泊桑

变色龙/(俄国)契诃夫

套中人/(俄国)契诃夫

警察与赞美诗/(美国)欧·亨利

麦琪的礼物/(美国)欧·亨利

约翰·克里斯朵夫/(法国)罗曼·罗兰

母亲/(苏联)高尔基

童年/(苏联)高尔基

在人间/(苏联)高尔基

我的大学/(苏联)高尔基

追忆似水年华/(法国)普鲁斯特

人生的枷锁/(英国)毛姆

月亮与六便士/(英国)毛姆

布登勃洛克一家/(德国)托马斯·曼

城堡/(奥地利)卡夫卡

变形记/(奥地利)卡夫卡

儿子和情人/(英国)劳伦斯

查泰莱夫人的情人/(英国)劳伦斯

喧哗与骚动/(美国)福克纳

老人与海/(美国)海明威

永别了,武器/(美国)海明威

雪国/(日本)川端康成

洛丽塔/(美国)纳博科夫

麦田里的守望者/(美国)塞林格

百年孤独/(哥伦比亚)马尔克斯

西塞罗三论/(古罗马)西塞罗

随笔集/(法国)蒙田

培根随笔集/(英国)培根

忏悔录/(法国)卢梭

伊利亚随笔集/(英国)兰姆

续集/(英国)兰姆

见闻札记/(美国)华盛顿·欧文

生活的准则/(美国)爱默生

普通读者(一、二)/(英国)伍尔芙

瓦尔登湖/(美国)梭罗

被缚的普罗米修斯/(古希腊)埃斯库罗斯

俄狄浦斯王/(古希腊)索福克勒斯

美狄亚/(古希腊)欧里庇得斯

阿卡奈人/(古希腊)阿里斯托芬

哈姆雷特/(英国)莎士比亚

罗密欧与朱丽叶/(英国)莎士比亚

威尼斯商人/(英国)莎士比亚

伪君子/(法国)莫里哀

吝啬鬼/(法国)莫里哀

阴谋与爱情/(德国)席勒

玩偶之家/(挪威)易卜生

莎乐美/(英国)王尔德

温德米尔夫人的扇子/(英国)王德尔

巴巴拉少校/(爱尔兰)萧伯纳

毛猿/(美国)奥尼尔

40.世界名著博览·人文社科卷(节选)

金歌主编,中国发展出版社,2006年4月。

本书共介绍名家名著近140部,展现了人文社科各领域大师孜孜不倦的探索历程、不朽的经典名作、启迪千秋的思想精髓。这里选列的是其中的外国著作。

理想国/(古希腊)柏拉图

形而上学/(古希腊)亚里士多德

政治学/(古希腊)亚里士多德

学术的进展/(英国)培根

新工具/(英国)培根

哲学原理/(法国)笛卡尔

方法谈/(法国)笛卡尔

思想录/(法国)帕斯卡

伦理学/(荷兰)斯宾诺莎

哲学通信/(法国)伏尔泰

人性论/(英国)休谟

关于物质和运动的哲学原理/(法国)狄德罗

百科全书/(法国)狄德罗

纯粹理性批判/(德国)康德

实践理性批判/(德国)康德

判断力批判/(德国)康德

精神现象学/(德国)黑格尔

美学/(德国)黑格尔

作为意志和表象的世界/(德国)叔本华

实用主义/(美国)威廉·詹姆士

查拉图斯特拉如是说/(德国)尼采

西方哲学史/(英国)罗素

哲学研究/(奥地利)维特根斯坦

存在与时间/(德国)海德格尔

存在与虚无:现象学本体论实验/(法国)萨特

词与物/(法国)福柯

君主论/(意大利)马基雅维里

国家六论/(法国)博丹

利维坦/(英国)霍布斯

政府论/(英国)洛克

人类理解论/(英国)洛克

社会契约论/(法国)卢梭

论人类不平等的起源和基础/(法国)卢梭

人权论/(美国)潘恩

道德与立法原理/(英国)边沁

美国的民主/(法国)托克维尔

论自由/(英国)穆勒

论代议制政府/(英国)穆勒

共产党宣言/(德国)马克思·恩格斯

国家与革命/(苏联)列宁

变革社会中的政治秩序/(美国)亨廷顿

战争论/(普鲁士)克劳塞维茨

海权论(海军战略)/(美国)马汉

法学阶梯/(古罗马)盖尤斯

战争与和平法/(荷兰)格劳休斯

论法的精神/(法国)孟德斯鸠

论犯罪与刑罚/(意大利)贝卡里亚

拿破仑法典/(法国)拿破仑

古代法/(英国)梅因

国际法/(英国)奥本海

赋税论/(英国)配第

经济表/(法国)魁奈

国民财富的性质和原因的研究/(英国)亚当?斯密

人口原理/(英国)马尔萨斯

政治经济学概论/(法国)萨伊

政治经济学及赋税原理/(英国)李嘉图

福利经济学/(英国)庇古

资本论/(德国)马克思

经济学原理/(英国)马歇尔

就业、利息和货币通论/(英国)凯恩斯

资本主义社会主义和民主主义/(美国)熊彼特

经济学/(美国)萨缪尔森

工业管理和一般管理/(法国)法约尔

科学管理原理/(美国)泰罗

工业文明的社会问题/(美国)梅奥

经理人员的职能/(美国)巴纳德

企业的人性方面/(美国)麦格雷戈

管理学/(美国)孔茨

管理实践/(美国)德鲁克

卓有成效的管理者/(美国)德鲁克

管理决策新科学/(美国)西蒙

追求卓越/(美国)彼得斯

Z理论:美国企业界怎样迎接日本的挑战/(美国)大内

社会学方法的准则/(法国)迪尔凯姆

论自杀/(法国)迪尔凯姆

新教伦理与资本主义精神/(德国)韦伯

儒教与道教/（德国）韦伯

社会行动的结构/（美国）帕森斯

资本主义文化矛盾/（美国）丹尼尔·贝尔

后工业社会的来临/（美国）丹尼尔·贝尔

古代社会/（美国）摩尔根

原始文化/（英国）泰勒

金枝/（英国）弗雷泽

人类学与现代生活/（美国）博厄斯

科学的文化理论/（英国）马凌诺夫斯基

文化模式/（美国）本尼迪克特

菊与刀/（美国）本尼迪克特

萨摩亚人的成年/（美国）玛格丽特·米德

三个原始部落的性别和气质/（美国）玛格丽特·米德

结构人类学/（法国）列维·斯特劳斯

精神分析引论/（奥地利）弗洛伊德

性心理学/（英国）霭理士

行为主义/（美国）华生

发生认识论原理/（瑞士）皮亚杰

逃避自由/（美国）弗洛姆

动机与人格/（美国）马斯洛

大教学论/（捷克）夸美纽斯

母育学校/(捷克)夸美纽斯

林哈德和葛笃德/(瑞士)裴斯泰洛齐

葛笃德怎样教育她的子女/(瑞士)裴斯泰洛齐

普通教育学/(德国)赫尔巴特

人的教育/(德国)福禄培尔

民主主义与教育/(美国)杜威

蒙台梭利方法/(意大利)蒙台梭利

终身教育引论/(法国)朗格朗

给教师的一百条建议/(苏联)苏霍姆林斯基

诗艺/(古罗马)贺拉斯

美学/(德国)鲍姆加登

拉奥孔/(德国)莱辛

美感/(西班牙)桑塔耶那

美学原理/(意大利)克罗齐

历史/(古希腊)希罗多德

伯罗奔尼撒战争史/(古希腊)修昔底德

长征记/(古希腊)色诺芬

编年史/(古罗马)塔西佗

历史研究/(英国)汤因比

菲利普二世时代的地中海和地中海世界/(法国)布罗代尔

41. 人一生要读的100本书(节选)

杨飞，童小珍，谭鑫编著，中国和平出版社，2006年6月。

本书收录了中外经典著作100部，内容涵盖了历史、哲学、艺术、自然科学、心理学、教育学、政治经济学等多个领域，每本书都通过"必读理由"、"背景搜索"、"内容提要"、"名家导读"、"作品影响"等部分介绍。以下是外国名著部分。

荷马史诗/(古希腊)荷马

伊索寓言/(古希腊)伊索

希腊波斯战争史/(古希腊)希罗多德

理想国/(古希腊)柏拉图

几何原本/(古希腊)欧几里得

罗摩衍那/(古印度)蚁垤仙人

法学阶梯/(古罗马)盖尤斯

政治学/(古希腊)亚里士多德

源氏物语/(日本)紫式部

神曲/(意大利)但丁

马可·波罗游记/(意大利)马可·波罗

君主论/(意大利)马基雅维利

天体运行论/(波兰)哥白尼

一千零一夜

蒙田随笔全集/(法国)蒙田

莎士比亚全集/(英国)莎士比亚

堂吉诃德/(西班牙)塞万提斯

自然哲学的数学原理/(英国)牛顿

新工具/(英国)培根

伦理学/(荷兰)斯宾诺莎

鲁宾逊漂流记/(英国)笛福

论法的精神/(法国)孟德斯鸠

百科全书/(法国)狄德罗

社会契约论/(法国)卢梭

少年维特之烦恼/(德国)歌德

国富论/(英国)亚当·斯密

格林童话/(德国)格林兄弟

红与黑/(法国)司汤达

战争论/(普鲁士)克劳塞维茨

人口原理/(英国)马尔萨斯

古代社会/(美国)摩尔根

美学/(德国)黑格尔

安徒生童话/(丹麦)安徒生

简·爱/(英国)夏洛蒂·勃朗特

昆虫记/(法国)法布尔

物种起源/(英国)达尔文

资本论/(德国)马克思

悲惨世界/(法国)雨果

悲剧的诞生/(德国)尼采

安娜·卡列尼娜/(俄国)列夫·托尔斯泰

社会学原理/(英国)斯宾塞

经济学原理/(英国)马歇尔

梦的解析/(奥地利)弗洛伊德

吉檀迦/(印度)泰戈尔

科学管理原理/(美国)泰罗

新教伦理与资本主义精神/(德国)韦伯

尤利西斯/(爱尔兰)乔伊斯

实用主义/(美国)詹姆士

追忆似水年华/(法国)普鲁斯特

就业、利息和货币通论/(英国)凯恩斯

卡耐基成功之道全书/(美国)卡耐基

钢铁是怎样炼成的/(苏联)奥斯特洛夫斯基

飘/(美国)米歇尔

经济学/(美国)萨缪尔森

存在与虚无/(法国)萨特

教育过程/(美国)布鲁纳

管理学/(美国)孔茨

麦田的守望者/(美国)塞林格

老人与海/(美国)海明威

第三次浪潮/(美国)托夫勒

百年孤独/(哥伦比亚)马尔克斯

正义论/(美国)罗尔斯

文明的冲突与世界秩序的重建/(美国)亨廷顿

不能承受的生命之轻/(捷克)昆德拉

42. 中外名书(节选)

袁伟华主编,延吉:延边大学出版社,2006年12月。

《中外名物大观》丛书,是一套专门介绍中外名胜古迹和名物特色的读物。它分册精选了同类内容的文章若干篇。内容广泛有趣,文、史、地知识丰富,叙述简明扼要,读来引人入胜。读后能增长丰富的文、史、地知识,开阔视野,陶冶性灵。此书为《中外名物大观》系列中的一本,精选介绍了古今中外的名著。以下是其中的外国名著书目。

理想国/(古希腊)柏拉图

哲学笔记/(苏联)列宁

天体运行论/(波兰)哥白尼

红字/(美国)霍桑

战争与和平/(俄国)列夫·托尔斯泰

物种起源/(英国)达尔文

斯巴达克思/(意大利)乔万尼奥里

狭义与广义相对论浅说/(美国)爱因斯坦

43.千年之书:80本指引人生之路的必读书(节选)

罗凌主编,哈尔滨出版社出版发行,2007年1月。

一本好书,往往凝聚着一个人思想的精华,蕴藏着时代特有的气息,作者的灵魂也寄居其中,永远不死不灭。读书是一次次心灵的“旅行”,每一次都会领略到不同的动人风景。本书挑选了80本古今中外的经典名著,这里选列了其中的外国名著的部分。

圣经

荷马史诗/荷马

古希腊悲剧

希腊罗马名人传/普卢塔克

伊索寓言/伊索

神曲/阿利盖利·但丁

十日谈/薄伽丘

堂吉诃德/塞万提斯

坎特伯雷故事集/乔叟

哈姆雷特/威廉·莎士比亚

浮士德/约翰·沃尔夫冈·歌德

蒙田随笔全集/蒙田

培根论说文集/弗兰西斯·培根

源氏物语/紫式部

瓦尔登湖/亨利·梭罗

忏悔录/让·雅克·卢梭

悲惨世界/雨果

鲁滨孙漂流记/丹尼尔·笛福

汤姆叔叔的小屋/哈里叶特·比彻·斯托夫人

卡拉马佐夫兄弟/陀思妥耶夫斯基

战争与和平/托尔斯泰

先知/纪伯伦

约翰·克里斯朵夫/罗曼·罗兰

福尔摩斯探案集/阿瑟·柯南道尔

斯巴达克思/拉法埃洛·乔万尼奥里

城堡/弗兰兹·卡夫卡

百年孤独/加西亚·马尔克斯

查泰莱夫人的情人/劳伦斯

追忆似水年华/马塞尔·普鲁斯特

论历史/希罗多德

理想国/柏拉图

君主论/马基雅维利

道德情操论/亚当·斯密

政府论/约翰·洛克

论法的精神/孟德斯鸠

社会契约论/卢梭

梦的解析/弗洛伊德·西格蒙德

菊与刀/本尼迪克特

正义论/约翰·罗尔斯

第二性/西蒙娜·德·波伏娃

物种起源/达尔文

昆虫记/法布尔

悲剧的诞生/尼采

新教伦理与资本主义精神/马克斯·韦伯

十四行诗/莎士比亚

失乐园/约翰·弥尔顿

济慈诗集/济慈

俳谐集/松尾芭蕉

吉檀迦利/泰戈尔

博尔赫斯诗集/博尔赫斯

摩诃婆罗多/毗耶娑

罗摩衍那/蚁垤

尼贝龙根之歌

安徒生童话/安徒生

格林童话/格林兄弟

一千零一夜

王尔德童话/王尔德

汤姆索亚历险记/马克·吐温

吉姆/约瑟夫·鲁德亚德·吉卜林

金银岛/罗伯特·路易斯·斯蒂文生

小王子/圣·艾克修佩里

44.读了100年的书还要再读100年:智慧卷(节选)

魏宏伟主编;吴智勇编著,哈尔滨出版社,2007年1月。

本书参考了诸多名家推荐的必读书目、并在广泛搜集国内外研究评论的基础上精选出100部名著,以多种形式对每部作品进行了详尽而又妙趣横生的解读。这里选列了其中的外国名著部分。

理想国/(古希腊)柏拉图

形而上学/(古希腊)亚里士多德

圣经

沉思录/(古罗马)马可·奥勒留·安东尼

忏悔录/奥古斯丁

伊索寓言/(古希腊)伊索

神学大全/(意大利)阿奎那

君王论/(意大利)马基雅弗利

天体运行论/(波兰)哥白尼

乌托邦/(英国)托马斯·莫尔

蒙田随笔/(法国)蒙田

新工具/(英国)培根

太阳城/(意大利)托马斯·康帕内拉

利维坦/(英国)霍布斯

心血运动论/(英国)威廉·哈维

第一哲学沉思录/(法国)勒内·迪卡儿

智慧书/(西班牙)巴尔塔沙·葛拉西安

思想录/(法国)帕斯卡尔

伦理学/(荷兰)斯宾诺莎

自然哲学之数学原理/(英国)牛顿

论法的精神/(法国)孟德斯鸠

哲学通信/(法国)伏尔泰

富兰克林自传/(美国)本杰明·富兰克林

自然史/(法国)布丰

人性论/(英国)休谟

社会契约论/(法国)卢梭

百科全书/(法国)狄德罗

道德情操论/(英国)亚当·斯密

纯粹理性批判/(德国)康德

常识/(英国)托马斯·潘恩

人口原理/(英国)马尔萨斯

精神现象学/(德国)黑格尔

战争论/(普鲁士)卡尔·冯·克劳塞维茨

作为意志和表象的世界/(德国)叔本华

依靠自我/(美国)爱默生

拿破仑法典/(法国)拿破仑

物种起源/(英国)查尔斯·达尔文

自己拯救自己/(英国)塞缪尔·斯迈尔斯

或此或彼/(丹麦)克尔凯郭尔

资本论/(德国)马克思

昆虫记/(法国)法布尔

悲剧的诞生/(德国)尼采

伟大的励志书/(美国)奥里森·斯韦特·马登

梦的解析/(奥地利)弗洛伊德

普通语言学教程/(瑞士)索绪尔

新教伦理与资本主义精神/(德国)马克思·韦伯

西方哲学史/(英国)罗素

超越自卑/(奥地利)阿德勒

相对论/(德国)阿尔伯特·爱因斯坦

人类的故事/(美国)亨德里克·威廉·房龙

人性的弱点/(美国)戴尔·卡耐基

存在与时间/(德国)海德格尔

历史研究/(英国)阿诺德·约瑟夫·汤因比

哲学研究/(奥地利)维特根斯坦

积极思考就是力量/(美国)诺曼·文森特·皮尔

爱的艺术/(德国)埃里希·弗罗姆

客观知识/(英国)波普尔

人人都能成功/(美国)克里蒙特·史东

存在与虚无/(法国)萨特

寂静的春天/(美国)蕾切尔·路易斯·卡逊

第二性/(法国)西蒙娜·德·波伏瓦

科学革命的结构/(美国)托马斯·库思

45.读了100年的书还要再读100年:文学卷(节选)

魏宏伟主编,伯灵编著,哈尔滨出版社,2007年1月。

本书参考了诸多名家推荐的必读书目、并在广泛搜集国内外研究评论的基础上精选出100部文学名著,以多种形式对每部作品进行了详尽而又妙趣横生的解读。以下摘录的是外国名著的部分。

荷马史诗/(古希腊)荷马

伊索寓言/(古希腊)伊索

神曲/(意大利)但丁

巨人传/(法国)拉伯雷

堂吉诃德/(西班牙)塞万提斯

一千零一夜

伪君子/(法国)莫里哀

失乐园/(英国)约翰·弥尔顿

忏悔录/(法国)卢梭

格列佛游记/(英国)斯威夫特

十日谈/(意大利)薄伽丘

富兰克林自传/(美国)富兰克林

浮士德/(德国)歌德

艾凡赫/(英国)司各特

安徒生童话/(丹麦)安徒生

红与黑/(法国)司汤达

上尉的女儿/(俄国)普希金

三个火枪手/(法国)大仲马

唐璜/(英国)拜伦

名利场/(英国)萨克雷

简·爱/(英国)夏洛蒂·勃朗特

呼啸山庄/(英国)艾米丽·勃朗特

高老头/(法国)巴尔扎克

茶花女/(法国)小仲马

红字/(美国)霍桑

白鲸/(美国)麦尔维尔

汤姆叔叔的小屋/(美国)斯托夫人

死魂灵/(俄国)果戈理

瓦尔登湖/(美国)梭罗

草叶集/(美国)惠特曼

包法利夫人/(法国)福楼拜

恶之花/(法国)波德莱尔

双城记/(英国)狄更斯

悲惨世界/(法国)维克多·雨果

父与子/(俄国)屠格涅夫

海底两万里/(法国)儒勒·凡尔特

地狱一季/(法国)阿尔蒂尔·兰波

哈姆雷特/(英国)威廉·莎士比亚

卡拉马佐夫兄弟/(俄国)陀思妥耶夫斯基

贵妇人画像/(美国)亨利·詹姆斯

当代英雄/(俄罗斯)莱蒙托夫

萌芽/(法国)左拉

哈克贝利·费恩历险记/(美国)马克·吐温

苔丝/(英国)哈代

莫泊桑中短篇小说选/(法国)莫泊桑

玩偶之家/(挪威)易卜生

复活/(俄国)列夫·托尔斯泰

布登波洛克一家/(德国)托马斯·曼

契诃夫短篇小说精选/(俄国)契诃夫

吉檀迦利/(印度)泰戈尔

母亲/(苏联)高尔基

我是猫/(日本)夏目漱石

马丁·伊登/(美国)杰克·伦敦

欧·亨利短篇小说选/(美国)欧·亨利

约翰·克里斯朵夫/(法国)罗曼·罗兰

变形记/(奥地利)卡夫卡

尤利西斯/(爱尔兰)詹姆斯·乔埃斯

一个陌生女人的来信/(奥地利)斯蒂芬·茨威格

毛猿/(美国)尤金·奥尼尔

美国的悲剧/(美国)西奥多·德莱塞

追忆似水年华/(法国)普鲁斯特

查泰莱夫人的情人/(英国)劳伦斯

苇间风/(爱尔兰)叶芝

飘/(美国)玛格丽特·米切尔

交叉小径的花园/(阿根廷)博尔赫斯

局外人/(法国)阿尔贝·加缪

小王子/(法国)圣埃克絮佩里

静静的顿河/(苏联)肖洛霍夫

喧哗与骚动/(美国)威廉·福克纳

雪国/(日本)川瑞康成

老人与海/(美国)海明威

百年孤独/(哥伦比亚)马尔克斯

生命中不能承受之轻/(捷克)昆德拉

情人/(法国)杜拉斯

46. 女人一生的读书计划(节选)

林琳编著,哈尔滨出版社,2007年3月。

书本来是没有性别的,因为有了不同读者的存在,就有不断发现不同价值存在的可能。在推荐的这一百本书中,我们仍坚守那些不断提及、经久考验的名著,让那些崇高的思想和伟大的情感触动我们,用英雄的心灵去感悟人生和整个时代。我们评判一本值得推荐的书的标准就是让女人在阅读中发现自我,仅此而已。以下列出的是外国名著部分。

茶花女/(法国)小仲马

红与黑/(法国)司汤达

傲慢与偏见/(英国)简·奥斯丁

一个陌生女人的来信/(奥地利)茨威格

罗密欧与朱丽叶/(英国)威廉·莎士比亚

爱情故事/(美国)西格尔

情书/(日本)岩井俊二

霍乱时期的爱情/(哥伦比亚)加西亚·马尔克斯

爱情笔记/(英国)阿兰·德波顿

简·爱/(英国)夏洛蒂·勃朗特

我就喜欢你这样的地方/(日本)堀川波

中国作家

情人/(法国)杜拉斯

雪国/(日本)川端康成

安娜·卡列尼娜/(俄国)列夫·托尔斯泰

飘/(美国)玛格丽特·米切尔

生命中不能承受之轻/(捷克)米兰·昆德拉

悲惨世界/(法国)雨果

红字/(美国)霍桑

荆棘鸟/(澳大利亚)考琳·麦卡洛

日瓦戈医生/(苏联)帕斯捷尔纳克

假如给我三天光明/(美国)海伦·凯勒

珍妮姑娘/(美国)西奥多·德莱塞

巴黎圣母院/(法国)雨果

包法利夫人/(法国)福楼拜

安妮日记/(德国)安妮·弗兰克

挪威的森林/(日本)村上春树

复活/(俄国)列夫·托尔斯泰

项链/(法国)莫泊桑

这里的黎明静悄悄/(苏联)瓦西里耶夫

呼啸山庄/(英国)艾米莉·博朗特

飞鸟集/(印度)泰戈尔

当你老了/(爱尔兰)叶芝

草叶集/(美国)惠特曼

母亲/(苏俄)高尔基

跳来跳去的女人/(俄国)契诃夫

源氏物语/(日本)紫式部

金蔷薇/(俄国)康·帕乌斯托夫斯基

宽容/(美国)房龙

普罗旺斯系列/(英国)彼得·梅尔

在路上/(美国)杰克·凯鲁亚克

47. 影响我们人生信仰的49本书(节选)

杨薇编著,北京工业大学出版社,2007年04月。

本书收录了49本可以作为一生伴侣的书,它们凝聚着对生活的感悟,代表着“智慧”与“经典”,是我们可以享用一生一世的恩赐。这里选录了其中的外国名著书目。

老人与海/(美国)厄尼斯特·海明威

忏悔录/(法国)让·雅克·卢梭

钢铁是怎样炼成的/(苏联)奥斯特洛夫斯基

贝多芬传/(法国)罗曼·罗兰

悲惨世界/(法国)维克多·雨果

简·爱/(英国)夏洛蒂·勃朗

人生的智慧/(德国)叔本华

约翰·克里斯朵夫/(法国)罗曼·罗兰

复活/(俄国)托尔斯泰

小王子/(法国)圣埃克絮佩利

圣经

瓦尔登湖/(美国)亨利·梭罗

渴望生活/(美国)欧文·斯通

假如给我三天光明/(美国)海伦·凯勒

哈姆莱特/(英国)威廉·莎士比亚

吉檀迦利/(印度)罗宾德拉纳特·泰戈尔

追忆似水年华/(法国)马塞尔·普鲁斯特

相约星期二/(美国)米奇·阿尔博姆

名利场/(英国)威廉·萨克雷

牛虻/(爱尔兰)艾捷尔·丽莲·伏尼契

欧也妮·葛朗台/(法国)巴尔扎克

把信送给加西亚/(美国)阿尔伯特·哈伯德

荆棘鸟/(澳大利亚)考琳·麦卡洛

麦田里的守望者/(美国)塞林格

变形记/(奥地利)弗兰茨·卡夫卡

富兰克林自传/(美国)本杰明·富兰克林

少年维特的烦恼/(德国)歌德

鲁滨逊漂流记/(英国)丹尼尔·笛福

安妮日记/(德国)安妮·弗兰克

格列佛游记/(英国)乔纳森·斯威夫特

伊索寓言/(古希腊)伊索

堂·吉诃德/(西班牙)米盖尔·德·塞万提斯

智慧书/(西班牙)巴尔塔萨尔·格拉西安

马丁·伊登/(美国)杰克·伦敦

昆虫记/(法国)法布尔

尤利西斯/(爱尔兰)詹姆斯·乔伊斯

一千零一夜

汤姆叔叔的小屋/(美国)哈里叶特·比彻·斯托夫人

草叶集/(美国)沃尔特·惠特曼

生命中不能承受之轻/(捷克)米兰·昆德拉

飘/(美国)米歇尔

盔甲骑士/(美国)罗伯特·费希尔

48. 拟子摇车：激动人心的科学文化图书（节选）

刘华杰主编，山东教育出版社，2007年10月。

信息社会并不缺少信息，信息不是稀缺资源，但是对信息的有效加工所产生的二阶信息，却可能是稀缺的。本书编者从300多种中外自然科学总论、科普、科学传播和科学文化图书中筛选出50种。这里节录其中的外文部分。

生长和形态

贝壳的自然史

塞耳彭自然史

对称

植物的欲望：植物眼中的世界

死亡的脸

生命的未来

沙乡年鉴

寂静的春天

倾斜的真理：论盖娅、共生和进化

自私的基因

右手、左手:大脑、身体、原子、和文化中不对称性的起源

物理世界奇遇记

时间简史

暗淡蓝点:展望人类的太空家园

混沌与分形:郝柏林科普文集

“深蓝”揭秘:追寻人工智能圣杯之旅

脆弱的领地:复杂性与公有域

天遇:混沌与稳定性的起源

预测未来

人工科学:复杂性面面观

湍鉴:浑沌与整体性科学导引

基因·女郎·伽莫夫:发现双螺旋之后

地球探赜索隐录:地质学思想史

改变世界的方程:牛顿、爱因斯坦和相对论

恋爱中的爱因斯坦:科学罗曼史

万物简史

人生舞台:阿西莫夫自传

诺贝尔的囚徒

科学家的不端行为:捏造、篡改、剽窃

权谋:诺贝尔科学奖的幕后

背叛真理的人们:科学殿堂中的弄虚作假

怎样当一名科学家

科学是怎样败给迷信的:美国的科学与卫生普及

失窃的收成:跨国公司的全球农业掠夺

不确定的科学与不确定的世界

确定性的终结:时间、混沌与新自然法则

第三种文化:洞察世界的新途径

美丽的新种子:转基因作物对农民的威胁

哥本哈根:海森堡与玻尔的一次会面

羚羊与秧鸡:二十一世纪的反乌托邦

科学的反革命:理性滥用之研究

49. 人一生必读的100部世界经典(节选)

王月亮主编,吉林出版集团有限责任公司,2011年。

本书从古今中外的千万经典名著中,为读者甄选出100部最受欢迎、最具思想内涵、最有影响力的世界经典名著。以下是外国经典部分。

荷马史诗/(古希腊)荷马

俄狄浦斯王/(古希腊)索福克勒斯

美狄亚/(古希腊)欧里庇得斯

理想国/(古希腊)柏拉图

伊索寓言/(古希腊)伊索

源氏物语/(日本)紫式部

神曲/(意大利)但丁

十日谈/(意大利)薄伽丘

巨人传/(法国)拉伯雷

蒙田随笔集/(法国)蒙田

一千零一夜

堂吉诃德/(西班牙)塞万提斯

哈姆雷特/(英国)莎士比亚

培根论人生/(英国)培根

帕斯卡尔思想录/(法国)帕斯卡尔

伪君子/(法国)莫里哀

失乐园/(英国)弥尔顿

鲁宾逊漂流记/(英国)笛福

格列佛游记/(英国)斯威夫特

爱弥儿/(法国)卢梭

少年维特之烦恼/(德国)歌德

浮士德/(德国)歌德

唐璜/(英国)拜伦

希腊神话故事/(德国)斯威布

雪莱诗选/(英国)雪莱

叶甫盖尼·奥涅金/(俄国)普希金

红与黑/(法国)司汤达

巴黎圣母院/(法国)雨果

悲惨世界/(法国)雨果

死魂灵/(俄国)果戈理

安徒生童话/(丹麦)安徒生

人间喜剧/(法国)巴尔扎克

大卫·科波菲尔/(英国)狄更斯

白鲸/(美国)麦尔维尔

瓦尔登湖/(美国)梭罗

草叶集/(美国)惠特曼

恶之花/(法国)波德莱尔

包法利夫人/(法国)福楼拜

父与子/(俄国)屠格涅夫

罪与罚/(俄国)陀思妥耶夫斯基

卡拉马佐夫兄弟/(俄国)陀思妥耶夫斯基

海底两万里/(法国)凡尔纳

战争与和平/(俄国)托尔斯泰

安娜·卡列尼娜/(俄国)托尔斯泰

汤姆·索亚历险记/(美国)马克·吐温

玩偶之家/(挪威)易卜生

木偶奇遇记/(意大利)科洛迪

羊脂球/(法国)莫泊桑

契诃夫短篇小说选/(俄国)契诃夫

爱的教育/(意大利)阿米契斯

汤姆叔叔的小屋/(美国)斯陀夫人

你往何处去/(波兰)显克微奇

童年、在人间、我的大学/(苏俄)高尔基

福尔摩斯探案集/(英国)柯南·道尔

假如给我三天光明/(美国)海伦·凯勒

欧·亨利短篇小说选/(美国)欧·亨利

约翰·克里斯朵夫/(法国)罗曼·罗兰

变形记/(奥地利)卡夫卡

泰戈尔诗选/(印度)泰戈尔

诗章/(美国)埃兹拉·庞德

绿野仙踪/(美国)弗兰克·鲍姆

好兵帅克/(捷克)哈谢克

宽容/(美国)房龙

尤利西斯/(爱尔兰)乔伊斯

荒原/(英国)艾略特

先知/(美国)纪伯伦

追忆似水年华/(法国)普鲁斯特

查特莱夫人的情人/(英国)劳伦斯

喧哗与骚动/(美国)福克纳

钢铁是怎样炼成的/(苏联)奥斯特洛夫斯基

雪国/(日本)川端康成

厌恶/(法国)萨特

一个陌生女人的来信/(奥地利)茨威格

到灯塔去/(英国)伍尔夫

静静的顿河/(苏联)肖洛霍夫

小径分岔的花园/(阿根廷)博尔赫斯

麦田里的守望者/(美国)塞林格

等待戈多/(爱尔兰)贝克特

老人与海/(美国)海明威

洛丽塔/(美国)纳博科夫

局外人/(法国)加缪

日瓦尔医生/(苏联)帕斯捷尔纳克

我们的祖先/(意大利)卡尔维诺

第二十二条军规/(美国)海勒

百年孤独/(哥伦比亚)马尔克斯

不能承受的生命之轻/(捷克)米兰·昆德拉

苏菲的世界/(挪威)贾德

50. 世界名著速读(节选)

宋大为编著,台海出版社,2011年1月版。

世界文学浩如繁星,编者精心选取了各国主要文学作品,让读者在短时间内了解更多的知识。这里选列了其中的外国名著的部分。

荷马史诗/(古希腊)荷马

伊索寓言/(古希腊)伊索

俄狄浦斯王/(古希腊)索福克勒斯

鸟/(古希腊)阿里斯托芬

美狄亚/(古希腊)欧里庇得斯

特洛伊妇女/(古希腊)欧里庇得斯

伪君子/(法国)莫里哀

唐璜/(法国)莫里哀

恨世者/(法国)莫里哀

安都洛·马克/(法国)拉辛

克雷夫夫人/(法国)拉·法艾特夫人

忏悔录/(法国)卢梭

红与黑/(法国)司汤达

欧也妮·葛朗台/(法国)巴尔扎克

高老头/(法国)巴尔扎克

基督山伯爵/(法国)大仲马

三个火枪手/(法国)大仲马

茶花女/(法国)小仲马

小法岱特/(法国)乔治·鲁

西鲁维/(法国)内鲁瓦尔

卡门/(法国)梅里美

包法利夫人/(法国)福楼拜

恶之花/(法国)波德莱尔

悲惨世界/(法国)雨果

巴黎圣母院/(法国)雨果

漂亮朋友/(法国)莫泊桑

娜娜/(法国)左拉

约翰·克利斯朵夫/(法国)罗曼·罗兰

地狱/(法国)巴比塞

窄门/(法国)纪德

泰莉莎·德斯奎尔/(法国)莫里亚克

追忆似水年华/(法国)普鲁斯特

局外人/(法国)加缪

情人/(法国)杜拉斯

巨人传/(法国)拉伯雷

熙德/(法国)彼埃尔·高乃依

海底两万里/(法国)儒勒·凡尔纳

小王子/(法国)圣·埃克苏佩里

爱情非游戏/(法国)缪塞

尤利西斯/(英国)乔伊斯

傲慢与偏见/(英国)简·奥斯汀

失乐园/(英国)弥尔顿

鲁滨孙漂流记/(英国)笛福

格列佛游记/(英国)斯威夫特

唐璜/(英国)拜伦

简·爱/(英国)夏洛蒂·勃朗特

呼啸山庄/(英国)艾米莉·勃朗特

大卫·科波菲尔/(英国)狄更斯

双城记/(英国)狄更斯

道连·葛雷的画像/(英国)王尔德

德伯家的苔丝/(英国)哈代

圣女贞德/(英国)肖伯纳

牛虻/(英国)伏尼契

汤姆琼斯史/(英国)菲尔丁

坎德伯雷故事集/(英国)乔叟

查泰莱夫人的情人/(英国)劳伦斯

蝴蝶梦/(英国)达夫妮·杜穆里埃

名利场/(英国)萨克雷

天路历程/(英国)约翰·班扬

哈姆雷特/(英国)莎士比亚

罗密欧与朱丽叶/(英国)莎士比亚

威尼斯商人/(英国)莎士比亚

奥赛罗/(英国)莎士比亚

麦克白/(英国)莎士比亚

魔戒/(英国)托尔金

红字/(美国)霍桑

汤姆叔叔的小屋/(美国)斯托夫人

草叶集/(美国)惠特曼

汤姆·索亚历险记/(美国)马克·吐温

美国的悲剧/(美国)德莱塞

人间喜剧/(美国)萨洛扬

白鲸/(美国)麦尔维尔

见闻杂记/(美国)欧文

野性的呼唤/(美国)杰克·伦敦

最后一个莫希干人/(美国)库柏

爱伦·坡故事集/(美国)爱伦·坡

飘/(美国)米切尔

愤怒的葡萄/(美国)斯坦培克

麦田里的守望者/(美国)塞林格

大地/(美国)赛珍珠

裸者与死者/(美国)诺曼·梅勒

推销员之死/(美国)阿瑟·米勒

战地钟声/(美国)海明威

丧钟为谁而鸣/(美国)海明威

叶甫盖妮·奥涅金/(俄国)普希金

上尉的女儿/(俄国)普希金

钦差大臣/(俄国)果戈理

死魂灵/(俄国)果戈理

父与子/(俄国)屠格涅夫

罗亭/(俄国)屠格涅夫

战争与和平/(俄国)列夫·托尔斯泰

安娜·卡列尼娜/(俄国)列夫·托尔斯泰

复活/(俄国)列夫·托尔斯泰

苦难的历程/(俄国)阿·托尔斯泰

罪与罚/(俄国)陀思妥耶夫斯基

卡拉马佐夫兄弟/(俄国)陀思妥耶夫斯基

套中人/(俄国)契诃夫

樱桃园/(俄国)契诃夫

童年/(俄国)高尔基

在底层/(俄国)高尔基

静静的顿河/(俄国)肖洛霍夫

钢铁是怎样炼成的/(俄国)奥斯特洛夫斯基

大雷雨/(俄国)奥斯特洛夫斯基

日瓦格医生/(俄国)帕斯捷尔纳克

青年近卫军/(俄国)法捷耶夫

当代英雄/(俄国)莱蒙托夫

平凡的故事/(俄国)冈察洛夫

少年维特的烦恼/(德国)歌德

浮士德/(德国)歌德

阴谋与爱情/(德国)席勒

尼伯龙根之歌/(德国)佚名

格林童话/(德国)格林兄弟

三流歌剧/(德国)布莱希特

凯旋门/(德国)雷马克

你往何处去/(波兰)显克维奇

十字军骑士/(波兰)显克维奇

涅曼河畔/(波兰)奥热什科娃

农民/(波兰)莱蒙特

女喜剧演员/(波兰)莱蒙特

荣誉与赞颂/(波兰)伊瓦什凯维奇

塔杜施先生/(波兰)密茨凯维奇

千只鹤/(日本)川端康成

女难/(日本)国木田独步

破戒/(日本)岛崎藤村

人性的证明/(日本)森村诚一

生活在海上的人们/(日本)叶山嘉树

沙恭达罗/(印度)迦梨陀娑

飞鸟集/(印度)泰戈尔

仁爱道院/(印度)普列姆昌德

失败/(印度)钱达尔

堂吉诃德/(西班牙)塞万提斯

裴翡达夫人/(西班牙)加尔多斯

热情之花/(西班牙)贝纳文特

蜕变/(奥地利)卡夫卡

城堡/(奥地利)卡夫卡

审判/(奥地利)卡夫卡

神曲/(意大利)但丁

十日谈/(意大利)薄伽丘

斯巴达克斯/(意大利)乔万尼奥里

乔恰拉/(意大利)莫拉维亚

奇婚记/(匈牙利)米克沙特

圣彼得的伞/(匈牙利)米克沙特

使徒/(匈牙利)裴多菲

玩偶之家/(挪威)易卜生

皮尔·金特/(挪威)易卜生

人民公敌/(挪威)易卜生

一千零一夜

蔷薇园/(伊朗)萨迪

尼尔斯骑鹅旅行记/(瑞典)塞尔玛·拉格洛芙

百年孤独/(哥伦比亚)马尔克斯

农民起义/(克罗地亚)谢诺阿

佩德罗·巴拉莫/(墨西哥)鲁尔弗

佩莱亚斯和梅丽桑德/(比利时)梅特林克

51.影响人类的100本书(节选)

李晓兵主编,团结出版社,2011年5月。

本书介绍了影响人类的100本书,包括:《孙子兵法》、《老子》、《论语》、《君主论》、《哲学原理》、《政府论》、《社会契约论》、《独立宣言》等,也叙述了这100本名著的作者生平、成书背景、思想精华和评价。其中的外国名著部分书目如下。

理想国/(古希腊)柏拉图

政治学/(古希腊)亚里士多德

圣经

物性论/(古罗马)卢克莱修

上帝之城/(古罗马)奥古斯丁

君主论/(意大利)马基雅弗利

乌托邦/(英国)莫尔

九十五条论纲/(德国)马丁·路德

天体运行论/(波兰)哥白尼

太阳城/(意大利)康帕内拉

新工具/(英国)弗兰西斯·培根

战争与和平法/(荷兰)格劳秀斯

关于托勒密和哥白尼两大世界体系的对话/(意大利)伽利略

哲学原理/(法国)笛卡儿

利维坦/(英国)霍布斯

伦理学/(荷兰)斯宾诺莎

自然哲学的数学原理/(英国)牛顿

人类理解论/(英国)洛克

政府论/(英国)洛克

哲学通信/(法国)伏尔泰

论法的精神/(法国)孟德斯鸠

论人类不平等的起源和基础/(法国)卢梭

自然法典/(法国)摩莱里

论精神/(法国)爱尔维修

经济表/(法国)魁奈

社会契约论/(法国)卢梭

人类理智新论/(德国)莱布尼兹

达朗贝和狄德罗的谈话/(法国)狄德罗

常识/(美国)潘恩

独立宣言/(美国)杰佛逊

国富论/(英国)亚当·斯密

纯粹理性批判/(德国)康德

联邦党人文集/(美国)汉密尔顿

人权宣言/(美国)汉密尔顿

全部知识学的基础/(德国)费希特

人口原理/(英国)马尔萨斯

先验唯心主义体系/(德国)谢林

精神现象学/(德国)黑格尔

政治经济学及赋税原理/(英国)李嘉图

作为意志和表象的世界/(德国)叔本华

法哲学原理/(德国)黑格尔

论实业制度/(法国)圣西门

战争论/(普鲁士)克劳塞维茨

基督教的本质/(德国)费尔巴哈

德意志意识形态/(德国)马克思,恩格斯

共产党宣言/(德国)马克思,恩格斯

汤姆叔叔的小屋/(美国)斯托夫人

物种起源/(英国)达尔文

代议制政府/(英国)约翰·密尔

资本论/(德国)马克思

古代社会/(美国)摩尔根

反杜林论/(德国)恩格斯

路德维希·费尔巴哈及德国古典哲学的终结/(德国)恩格斯

经济学原理/(英国)马歇尔

社会主义的前提和社会民主党的任务/(德国)伯恩施坦

权力意志/(德国)尼采

奥本海国际法/(德国)奥本海

现象学的观念/(奥地利)埃德蒙德·胡塞尔

实用主义/(美国)詹姆士

政治中的人性/(英国)沃拉斯

狭义与广义相对论浅说/(美国)爱因斯坦

民主主义与教育/(美国)杜威

精神分析引论/(奥地利)弗洛伊德

国家与革命/(苏联)列宁

新教伦理与资本主义精神/(德国)马克斯·韦伯

历史与阶级意识/(匈牙利)卢卡奇

马克思主义和哲学/(德国)科尔施

我的奋斗/(德国)希特勒

存在与时间/(德国)马丁·海德格尔

历史研究/(英国)汤因比

就业、利息和货币通论/(德国)凯恩斯

辩证唯物主义和历史唯物主义/(苏联)斯大林

逃避自由/(美国)弗罗姆

存在与虚无/(法国)萨特

自为的人/(美国)弗罗姆

经济学/(美国)萨缪尔森,诺德豪斯

发生认识论原理/(瑞士)皮亚杰

政治体系——政治学状况研究(美国)/戴班·伊斯顿

哲学研究/(奥地利)维特根斯坦

爱欲与文明/(美国)马尔库塞

禅宗/(日本)铃木大拙

管理决策新科学/(美国)西蒙

现代政治分析/(美国)罗伯特·达尔

变化社会中的政治秩序/(美国)亨廷顿

正义论/(美国)罗尔斯

资本主义文化矛盾/(美国)丹尼尔·贝尔

必要的张力:科学的传统和变革论文选/(美国)库恩

短缺经济学/(匈牙利)科尔内

第三次浪潮/(美国)托夫勒

52. 大学生信息素养名著导读——人文卷(节选)

江南大学图书馆组编,中国轻工业出版,2011年09月。

本书甄选人文科学60多部古今中外的优秀著作,以客观简洁的文字、严谨审慎的态度、多方位地角度介绍百位伟人与思想家、文学家等名人的思想及代表作。这里选列了其中的外国著作部分。

形而上学/亚里士多德

理想国/柏拉图

新工具/培根

人性论/休谟

哈姆雷特/威廉·莎士比亚

国富论/亚当·斯密

论法的精神/孟德斯鸠

社会契约论/卢梭

思想录/帕斯卡

社会学研究方法论/迪尔凯姆

红与黑/司汤达

约翰·克里斯朵夫/罗曼·罗兰

悲惨世界/维克多·雨果

人论/蒲柏

美学/黑格尔

纯粹理性批判/康德

真理与方法/汉斯·格奥尔格·伽达默尔

西方的没落/奥斯瓦尔德·斯宾格勒

悲剧的诞生/尼采

共产党宣言/马克思,恩格斯

资本论/卡尔·马克思

浮士德/歌德

君主论/马基亚维利

神曲/但丁

堂吉诃德/塞万提斯

母亲/高尔基

契诃夫短篇小说选/契诃夫

玩偶之家/易卜生

古代社会/摩尔根

资本主义文化矛盾/丹尼尔·贝尔

教父/马里奥·普佐

百年孤独/马尔克斯

53. 一生读书计划——文学书架(节选)

潞潞,韩沛奇,张霞编著,山西教育出版社,2011年。

《文学书架》撷取人类文学之精萃、世界文苑之英华,上溯至公元前数世纪的寓言故事,下沿于当今社会的热点问题;向西巡礼到希腊爱琴海边,向东眺望于东瀛日本列岛;既有彪炳古今的文坛巨匠,又有英气勃发的后起之秀;将各种文学体裁汇于一册,用简洁的语言、扼要的概括,把文学之林中的必读经典一一立鉴。《文学书架》为读者提供了打开文学大门的钥匙和探索文学宝库的地图。以下是其中的外国著作部分。

纳尔齐斯与歌尔德蒙/(德国)赫尔曼·黑塞

香水——一个谋杀犯的故事/(德国)帕聚斯金德

一个陌生女人的来信/(奥地利)茨威格

生命中不能承受之轻/(捷克)米兰·昆德拉

苏菲的世界/(挪威)乔斯坦·贾德

傲慢与偏见/(英国)简·奥斯汀

大卫·科波菲尔/(英国)查尔斯·狄更斯

月亮和六便士/(英国)威廉·萨默赛特·毛姆

一九八四/(英国)乔治·奥威尔

河湾/(英国)V.S.奈保尔

小王子/(法国)圣·埃克苏佩里

东方奇观/(法国)尤瑟纳尔

鼠疫/(法国)阿尔贝·加缪

情人/(法国)玛格丽特·杜拉斯

卡拉马佐夫兄弟/(俄国)陀思妥耶夫斯基

日瓦戈医生/(苏联)鲍里斯·帕斯捷尔纳克

卡尔维诺文集:我们的祖先/(意大利)卡尔维诺

迪伦马特小说集/(瑞士)迪伦马特

马克·吐温短篇小说集/(美国)马克·吐温

了不起的盖茨比/(美国)菲茨杰拉德

喧哗与骚动/(美国)威廉·福克纳

乱世佳人/(美国)玛格丽特·米切尔

天使,望故乡/(美国)托马斯·沃尔夫

渴望生活——梵高传/(美国)欧文·斯通

心是孤独的猎手/(美国)卡森·麦卡勒斯

在路上/(美国)杰克·凯鲁亚克

灿烂千阳/(美国)卡勒德·胡赛尼

耻/(南非)库切

百年孤独/(哥伦比亚)加西亚·马尔克斯

炼金术士/(巴西)保罗·柯艾略

芥川龙之介中短篇小说集/(日本)芥川龙之介

雪国/(日本)川端康成

白夜行/(日本)东野圭吾

思想录/(法国)布莱兹·帕斯卡尔

孤独漫步者的遐想/(法国)卢梭

爱默生随笔/(美国)爱默生

舞者之歌:邓肯自传/(美国)伊莎多拉·邓肯

说吧,记忆/(美国)弗拉基米尔·纳博科夫

惶然录/(葡萄牙)费尔南多·佩索阿

单行道/(德国)瓦尔特·本雅明

群星灿烂的年代/(俄国)伊·伊·巴纳耶夫

曼杰什坦姆诗全集/(俄罗斯)曼杰什坦姆

给一个青年诗人的十封信/(德国)勒内·玛丽亚·里尔克

纪伯伦诗集/(黎巴嫩)纪伯伦

安徒生童话全集/(丹麦)安徒生

格林童话/(德国)格林兄弟

毛毛/(德国)米切尔·恩德

柳林风声/(英国)肯尼斯·格雷厄姆

伊索寓言/(古希腊)伊索

54. 一本书通读中外经典(节选)

文若愚编著,北京联合出版公司,2013年9月。

本书是一部帮助读者快速学习和掌握经典名著的工具书,精选了150多部中外历史上名气最大、影响最深、流传最广、价值最高的经典名著,内容涉及政治、经济、军事、医学等方面。以下节选了书中的外国经典名著的书目。

荷马史诗/(古希腊)荷马

伊索寓言/(古希腊)伊索

希腊波斯战争史/(古希腊)希罗多德

文艺对话集/(古希腊)柏拉图

理想国/(古希腊)柏拉图

形而上学/(古希腊)亚里士多德

政治学/(古希腊)亚里士多德

几何原本/(古希腊)欧几里得

罗摩衍那/（古印度）蚁垤

高卢战记/（古罗马）伽尤斯·尤利乌斯·凯撒

天文学大成/（古希腊）托勒密

法学阶梯/（古罗马）盖尤斯

源氏物语/（日本）紫式部

马可·波罗游记/（意大利）马可·波罗

神曲/（意大利）但丁

君主论/（意大利）尼可罗·马基亚维利

天方夜谭（即一千零一页）

天体运行论/（波兰）哥白尼

蒙田随笔/（法国）蒙田

威尼斯商人/（英国）莎士比亚

哈姆莱特/（英国）莎士比亚

奥赛罗/（英国）莎士比亚

李尔王/（英国）莎士比亚

麦克白/（西班牙）莎士比亚

堂吉诃德/（英国）塞万提斯

新工具/（英国）培根

伦理学/（荷兰）斯宾诺莎

自然哲学的数学原理/（英国）牛顿

鲁滨孙漂流记/（英国）笛福

论法的精神/(法国)孟德斯鸠

美学/(德国)黑格尔

百科全书/(法国)丹尼斯·狄德罗

社会契约论/(法国)卢梭

忏悔录/(法国)卢梭

少年维特之烦恼/(德国)歌德

浮士德/(德国)歌德

国富论/(英国)亚当·斯密

人口原理/(英国)马尔萨斯

拿破仑法典/(英国)拿破仑

傲慢与偏见/(英国)简·奥斯汀

巴黎圣母院/(法国)雨果

悲惨世界/(法国)雨果

战争论/(普鲁士)克劳塞维茨

叶甫盖尼·奥涅金/(俄国)普希金

欧也妮·葛朗台/(法国)巴尔扎克

安徒生童话/(丹麦)安徒生

双城记/(英国)狄更斯

简·爱/(英国)夏洛蒂·勃朗特

呼啸山庄/(英国)艾米莉·勃朗特

汤姆叔叔的小屋/(美国)斯陀夫人

格林童话/(德国)格林兄弟

物种起源/(英国)达尔文

资本论/(德国)马克思

海底两万里/(法国)儒勒·凡尔纳

悲剧的诞生/(德国)尼采

古代社会/(美国)摩尔根

安娜·卡列尼娜/(俄国)托尔斯泰

羊脂球/(法国)莫泊桑

哈克贝利·费恩历险记/(美国)马克·吐温

福尔摩斯探案集/(英国)柯南道尔

梦的解析/(奥地利)弗洛伊德

童年/(苏俄)高尔基

欧·亨利短篇小说集/(美国)欧·亨利

贝多芬传/(法国)罗曼·罗兰

吉檀迦利/(印度)泰戈尔

55. 人一生要读的书(节选)

桑楚主编,中国华侨出版社,2013年10月。

本书分为世界卷和中国卷两部分,收录了200余部中外价值最高、影响最大、流传最广的经典作品,它们是政治学、经济学、社会学、军事学、成功学、教育学、文学、美学等各个领域的集大成者,思想性、艺术性俱佳。了解并阅读这些经典,必将给每一位读者以睿智的启迪。以下为世界卷部分。

荷马史诗/(古希腊)荷马

伊索寓言/(古希腊)伊索

被缚的普罗米修斯/(古希腊)埃斯库罗斯

理想国/(古希腊)柏拉图

几何原本/(古希腊)欧几里得

罗摩衍那/(印度)蚁垤仙人

希腊波斯战争史/(古希腊)希罗多德

伯罗奔尼撒战争史/(古希腊)修昔底德

政治学/(古希腊)亚里士多德

高卢战记/(古罗马)盖乌斯·尤利乌斯·恺撒

编年史/(古罗马)普布利乌斯·塔西佗

天方夜谭

源氏物语/(日本)紫式部

马可·波罗游记/(意大利)马可·波罗

神曲/(意大利)但丁

十日/(意大利)薄伽丘

君主论/(意大利)尼古拉·马基雅维里

乌托邦/(英国)托马斯·莫尔

天体运行论/(波兰)尼古拉斯·哥白尼

蒙田随笔/(法国)蒙田

堂吉诃德/(西班牙)塞万提斯

罗密欧与朱丽叶/(英国)莎士比亚

仲夏夜之梦/(英国)莎士比亚

威尼斯商人/(英国)莎士比亚

哈姆雷特/(英国)莎士比亚

伪君子/(法国)莫里哀

唐璜/(法国)莫里哀

自然哲学的数学原理/(英国)艾萨克·牛顿

鲁滨逊漂流记/(英国)笛福

格列佛游记/(英国)斯威夫特

论法的精神/(法国)孟德斯鸠

社会契约论/(法国)让·雅克·卢梭

爱弥尔/(法国)卢梭

百科全书/(法国)丹尼斯·狄德罗

少年维特之烦恼/(德国)歌德

国富论/(英国)亚当·斯密

忏悔录/(法国)卢梭

人口原理/(英国)马尔萨斯

美学/(德国)黑格尔

浮士德/(德国)歌德

傲慢与偏见/(英国)简·奥斯汀

唐璜/(英国)拜伦

古代社会/(美国)摩尔根

格林童话/(德国)格林兄弟

叶甫盖尼·奥涅金/(俄国)普希金

昆虫记/(法国)法布尔

红与黑/(法国)司汤达

战争论/(德国)卡尔·克劳塞维茨

安徒生童话/(丹麦)安徒生

巴黎圣母院/(法国)雨果

高老头/(法国)巴尔扎克

经济学原理/(英国)阿尔弗雷德·马歇尔

呼啸山庄/(英国)艾米莉·勃朗特

简·爱/(英国)夏洛蒂·勃朗特

茶花女/(法国)小仲马

汤姆叔叔的小屋/(美国)斯托夫人

包法利夫人/(法国)福楼拜

恶之花/(法国)波德莱尔

双城记/(英国)狄更斯

物种起源/(英国)达尔文

悲惨世界/(法国)雨果

罪与罚/(俄国)陀思妥耶夫斯基

资本论/(德国)卡尔·马克思

海底两万里/(法国)凡尔纳

社会学原理/(英国)赫伯特·斯宾塞

安娜·卡列尼娜/(俄国)托尔斯泰

悲剧的诞生/(德国)弗里德里希·尼采

玩偶之家/(挪威)易卜生

羊脂球/(法国)莫泊桑

复活/(俄国)托尔斯泰

德伯家的苔丝/(英国)哈代

福尔摩斯探案集/(英国)柯南道尔

梦的解析/(奥地利)西格蒙特·弗洛伊德

存在与虚无/(法国)让·保罗·萨特

吉檀迦利/(印度)泰戈尔

追忆似水年华/(法国)普鲁斯特

教育过程/(美国)杰罗姆·布鲁纳

约翰·克里斯朵夫/(法国)罗曼·罗兰

变形记/(奥地利)卡夫卡

麦田里的守望者/(美国)塞林格

尤利西斯/(爱尔兰)乔伊斯

百年孤独/(哥伦比亚)马尔克斯

查泰莱夫人的情人/(英国)劳伦斯

生命中不能承受之轻/(捷克)米兰·昆德拉

喧哗与骚动/(美国)威廉·福克纳

钢铁是怎样炼成的/(苏联)奥斯特洛夫斯基

雪国/(日本)川端康成

飘/(美国)米切尔

秃头歌女/(法国)尤涅斯库

老人与海/(美国)海明威

第二十二条军规/(美国)约瑟夫·海勒

56. 古典的书香(节选)

黄跃主编,世界图书出版广东有限公司,2014年9月。

本书的写成是基于作者想为读者推荐好书的想法,特别是在作者到图书馆工作之后,接触到大量的资料,使得此想法更为强烈。而经典名著则成为作者的首选推荐对象,因为它们大都经过时间的考验,价值最大,对作者最有益。以下是作者推荐书目中的外国名著。

圣经故事

希腊的神话和传说/(德国)斯威布

伊利亚特/(古希腊)荷马

理想国/(古希腊)柏拉图

政治学/(古希腊)亚里士多德

形而上学/(古希腊)亚里士多德

物性论/(古罗马)卢克莱修

俄狄浦斯王/(古希腊)索福克利斯

历史/(古希腊)希罗多德

伯罗奔尼撒战争史/(古希腊)修昔底德

忏悔录/(古罗马)奥古斯丁

马可·波罗游记/(意大利)马可·波罗

意大利文艺复兴时期/(意大利)布克哈特

神曲/(意大利)但丁

十日谈/(意大利)薄伽丘

天方夜谭

君主论/(意大利)马基雅维利

坎特伯雷故事集/(英国)乔叟

莎士比亚全集/(英国)莎士比亚

堂吉诃德/(西班牙)塞万提斯

巨人传/(法国)拉伯雷

蒙田随笔/(法国)蒙田

培根论人生/(英国)培根

伦理学/(荷兰)斯宾诺莎

失乐园/(英国)弥尔顿

政府论/(英国)洛克

论法的精神/(法国)孟德斯鸠

社会契约论/(法国)卢梭

忏悔录/(法国)卢梭

浮士德/(德国)歌德

国富论/(英国)亚当·斯密

巴黎圣母院/(法国)雨果

物种起源/(英国)达尔文

基督山伯爵/(法国)大仲马

红与黑/(法国)司汤达

傲慢与偏见/(英国)奥斯丁

唐璜/(英国)拜伦

简·爱/(英国)夏洛蒂·勃朗特

双城记/(英国)狄更斯

阿达拉/(法国)夏多布里昂

高老头/(法国)巴尔扎克

包法利夫人/(法国)福楼拜

莫泊桑中短篇小说选/(法国)莫泊桑

娜娜/(法国)左拉

茶花女/(法国)小仲马

查泰莱夫人的情人/(英国)劳伦斯

作为意志和表象的世界/(德国)叔本华

资本论/(德国)马克思

悲剧的诞生/(德国)尼采

叶甫盖尼·奥涅金/(俄国)普希金

战争与和平/(俄国)列夫·托尔斯泰

飘/(美国)玛格丽泰·米切尔

科学史及其哲学和宗教的关系/(英国)丹皮尔

57. 中外名著博览·人文社科卷(节选)

金歌等编,上海科学技术文献出版社,2015年3月。

本书介绍了哲学等13个学科约130部名著,分为哲学、政治学、军事学、法学、经济学、管理学、社会学、人类学等部分。这里选列了其中的外国名著的部分。

理想国/(古希腊)柏拉图

形而上学/(古希腊)亚里士多德

政治学/(古希腊)亚里士多德

学术的进展/(英国)培根

新工具/(英国)培根

哲学原理/(法国)笛卡尔

方法谈/(法国)笛卡尔

思想录/(法国)帕斯卡

伦理学/(荷兰)斯宾诺莎

哲学通信/(法国)伏尔泰

人性论/(英国)休谟

关于物质和运动的哲学原理/(法国)狄德罗

百科全书/(法国)狄德罗

纯粹理性批判/(德国)康德

实践理性批判/(德国)康德

判断力批判/(德国)康德

精神现象学/(德国)黑格尔

美学/(德国)黑格尔

作为意志和表象的世界/(德国)叔本华

实用主义/(美国)威廉·詹姆士

查拉图斯特拉如是说/(德国)尼采

西方哲学史/(英国)罗素

哲学研究/(奥地利)维特根斯坦

存在与时间/(德国)海德格尔

存在与虚无:现象学本体论实验/(法国)萨特

词与物/(法国)福柯

君主论/(意大利)马基雅维里

国家六论/(法国)博丹

利维坦/(英国)霍布斯

政府论/(英国)洛克

人类理解论/(英国)洛克

社会契约论/(法国)卢梭

论人类不平等的起源和基础/(法国)卢梭

人权论/(美国)潘恩

道德与立法原理/(英国)边沁

美国的民主/(法国)托克维尔

论自由/(英国)穆勒

论代议制政府/(英国)穆勒

共产党宣言/(德国)马克思,恩格斯

国家与革命/(苏联)列宁

变革社会中的政治秩序/(英国)亨廷顿

战争论/(普鲁士)克劳塞维茨

海权论(《海军战略)/(美国)马汉

法学阶梯/(古罗马)盖尤斯

战争与和平法/（荷兰）格劳休斯

论法的精神/（法国）孟德斯鸠

论犯罪与刑罚/（意大利）贝卡里亚

拿破仑法典/（法国）拿破仑

古代法/（英国）梅因

国际法/（德国）奥本海

赋税论/（英国）配第

经济表/（法国）魁奈

国民财富的性质和原因的研究/（英国）亚当·斯密

人口原理/（英国）马尔萨斯

政治经济学概论/（法国）萨伊

政治经济学及赋税原理/（英国）李嘉图

福利经济学/（英国）庇古

资本论/（德国）马克思

经济学原理/（英国）马歇尔

就业、利息和货币通论/（德国）凯恩斯

资本主义、社会主义和民主主义/（奥地利）熊彼特

经济学/（美国）萨缪尔森

工业管理和一般管理/（法国）法约尔

科学管理原理/（美国）泰罗

工业文明的社会问题/（美国）梅奥

经理人员的职能/(美国)巴纳德

企业的人性方面/(美国)麦格雷戈

管理学/(美国)孔茨

管理实践/(美国)德鲁克

卓有成效的管理者/(美国)德鲁克

管理决策新科学/(美国)西蒙

追求卓越/(美国)彼得斯

Z理论:美国企业界怎样迎接日本的挑战/(美国)大内

社会学方法的准则/(法国)迪尔凯姆

论自杀/(法国)迪尔凯姆

新教伦理与资本主义精神/(德国)韦伯

儒教与道教/(德国)韦伯

社会行动的结构/(美国)帕森斯

资本主义文化矛盾/(美国)丹尼尔·贝尔

后工业社会的来临/(美国)丹尼尔·贝尔

古代社会/(美国)摩尔根

原始文化/(英国)泰勒

金枝/(英国)弗雷泽

人类学与现代生活/(美国)博厄斯

科学的文化理论/(英国)马凌诺夫斯基

文化模式/(美国)本尼迪克特

菊与刀/(美国)本尼迪克特

萨摩亚人的成年/(美国)玛格丽特·米德

三个原始部落的性别和气质/(美国)玛格丽特·米德

结构人类学/(法国)列维·斯特劳斯

精神分析引论/(奥地利)弗洛伊德

性心理学/(英国)霭理士

行为主义/(美国)华生

发生认识论原理/(瑞士)皮亚杰

逃避自由/(美国)弗洛姆

动机与人格/(美国)马斯洛

大教学论/(捷克)夸美纽斯

母育学校/(捷克)夸美纽斯

林哈德和葛笃德/(瑞士)裴斯泰洛齐

葛笃德怎样教育她的子女/(瑞士)裴斯泰洛齐

普通教育学/(德国)赫尔巴特

人的教育/(德国)福禄培尔

民主主义与教育/(美国)杜威

蒙台梭利方法/(意大利)蒙台梭利

终身教育引论/(法国)朗格朗

给教师的一百条建议/(苏联)苏霍姆林斯基

诗艺/(古罗马)贺拉斯

美学/(德国)鲍姆加登

拉奥孔/(德国)莱辛

美感/(西班牙)桑塔耶那

美学原理/(意大利)克罗齐

历史/(古希腊)希罗多德

伯罗奔尼撒战争史/(古希腊)修昔底德

长征记/(古希腊)色诺芬

编年史/(古罗马)塔西佗

历史研究/(英国)汤因比

菲利普二世时代的地中海和地中海世界/(法国)布罗代尔

58. 中外名著博览·文学艺术卷(节选)

金歌,上海科学技术文献出版社,2015年3月。

这套“中外名著博览”丛书囊括了从古到今、从西方到中国,几乎所有的经典名著。在这里,我们可以在哲学名著中品茗思考,体验人生的意义,关怀人类的终极价值;可以在历史名著中回味过去,体会时间流逝中怅惘的心绪;可以在美学名著中探讨美的真谛,创造美的生活和美的人生;可以在科学名著中上穷宇宙之碧落、下及万物之奇观,体味科学精神的庄严,感受科学技术的力量;可以在诗作中长歌,在戏剧中沉醉,在散文中感悟,在小说中体味人生的酸甜苦辣……这里选列了其中的外国名著的部分。

伊利亚特/(古希腊)荷马

奥德赛/(古希腊)荷马

埃涅阿斯记/(古罗马)维吉尔

变形记/(古罗马)奥维德

神曲/(意大利)但丁

失乐园/(英国)弥尔顿

浮士德/(德国)歌德

德国——一个冬天的童话/(德国)海涅

唐璜/(英国)拜伦

恰尔德·哈罗尔德游记/(英国)拜伦

雪莱诗选/(英国)雪莱

夜莺颂/(英国)济慈

叶甫盖尼·奥涅金/(俄国)普希金

普希金诗选/(俄国)普希金

诗人之死/(俄国)莱蒙托夫

草叶集/(美国)惠特曼

恶之花/(法国)波德莱尔

使徒/(匈牙利)裴多菲

吉檀迦利/(印度)泰戈尔

荒原/(英国)艾略特

源氏物语/(日本)紫式部

十日谈/(意大利)薄迦丘

坎特伯雷故事集/(英国)乔叟

鲁滨孙漂流记/(英国)笛福

格列佛游记/(英国)斯威夫特

红与黑/(法国)司汤达

欧也妮·葛朗台/(法国)巴尔扎克

高老头/(法国)巴尔扎克

巴黎圣母院/(法国)雨果

悲惨世界/(法国)雨果

基度山伯爵/(法国)大仲马

红字/(美国)霍桑

死魂灵/(俄国)果戈理

双城记/(英国)狄更斯

艰难时世/(英国)狄更斯

简·爱/(英国)夏洛蒂·勃朗特

呼啸山庄/(英国)艾米莉·勃朗特

猎人笔记/(俄国)屠格涅夫

父与子/(俄国)屠格涅夫

包法利夫人/(法国)福楼拜

罪与罚/(俄国)陀思妥耶夫斯基

茶花女/(法国)小仲马

战争与和平/(俄国)托尔斯泰

安娜·卡列尼娜/(俄国)托尔斯泰

复活/(俄国)托尔斯泰

汤姆·索亚历险记/(美国)马克·吐温

哈克贝利·费恩历险记/(美国)马克·吐温

萌芽/(法国)左拉

娜娜/(法国)左拉

德伯家的苔丝/(英国)哈代

羊脂球/(法国)莫泊桑

变色龙/(俄国)契诃夫

套中人/(俄国)契诃夫

警察与赞美诗/(美国)欧·亨利

麦琪的礼物/(美国)欧·亨利

约翰·克利斯朵夫/(法国)罗曼·罗兰

母亲/(苏联)高尔基

童年/(苏联)高尔基

在人间/(苏联)高尔基

我的大学/(苏联)高尔基

追忆逝水年华/(法国)普鲁斯特

人生的枷锁/(英国)毛姆

月亮与六便士/(英国)毛姆

布登勃洛克一家/(德国)托马斯·曼

城堡/(奥地利)卡夫卡

变形记/(奥地利)卡夫卡

儿子和情人/(英国)劳伦斯

查泰莱夫人的情人/(英国)劳伦斯

喧哗与骚动/(美国)福克纳

老人与海/(美国)海明威

永别了,武器/(美国)海明威

雪国/(日本)川端康成

洛丽塔/(美国)纳博科夫

麦田里的守望者/(哥伦比亚)塞林格

百年孤独/(古罗马)马尔克斯

西塞罗三论/(古罗马)西塞罗

随笔集/(法国)蒙田

培根随笔集/(英国)培根

忏悔录/(法国)卢梭

伊利亚随笔集/(英国)兰姆

续集/(英国)兰姆

见闻札记/(英国)华盛顿·欧文

生活的准则/(美国)爱默生

普通读者(一、二)/(英国)伍尔芙

瓦尔登湖/(美国)梭罗

被缚的普罗米修斯/(古希腊)埃斯库罗斯

俄狄浦斯王/(古希腊)索福克勒斯

美狄亚/(古希腊)欧里庇得斯

阿卡奈人/(古希腊)阿里斯托芬

哈姆莱特/(英国)莎士比亚

罗密欧与朱丽叶/(英国)莎士比亚

威尼斯商人/(英国)莎士比亚

伪君子/(法国)莫里哀

吝啬鬼/(法国)莫里哀

阴谋与爱情/(德国)席勒

玩偶之家/(挪威)易卜生

莎乐美/(英国)王尔德

温德米尔夫人的扇子/(英国)王尔德

巴巴拉少校/(爱尔兰)萧伯纳

毛猿/(美国)奥尼尔

59. 一生读书计划——西学书架

潞潞等编写，山西教育出版社，2016年07月。

《西学书架》分为上下两篇。上篇主要介绍文学典籍，读者通过直观、浅近的方式对西方历史和文化有一个概括的认识。通过这一部分，读者可以清晰地体会从古希腊到文艺复兴时期那种多面貌的激情与活力，可以从近代的现实主义小说中生动细致地了解当时的生活，可以从现当代时期的作品里感受到时代变革中的多元情绪。在通过阅读文学作品走完西方历史后，进入下篇较专业的阅读。编者把这些典籍按照各自偏重的领域分为四章，但读者大可不必计较章节的划分，因为这里选取的都是最能代表西方精神的经典，这些经典著作的作者大多是涉及多个领域的，今天的哲学、艺术、心理学、政治、经济、法律、社会、历史等各学科都建立在这些基本理论之上，可以说，不读这些，就不能真正进入西方学科体系。

伊利亚特/（古希腊）荷马

奥德赛/（古希腊）荷马

奥狄浦斯王/（古希腊）索福克勒斯

神曲/（意大利）但丁

巨人传/(法国)拉伯雷

堂吉诃德/(西班牙)塞万提斯

哈姆莱特/(英国)莎士比亚

李尔王/(英国)莎士比亚

罗密欧与朱丽叶/(英国)莎士比亚

威尼斯商人/(英国)莎士比亚

失乐园/(英国)约翰·弥尔顿

唐璜/(法国)莫里哀

浮士德/(德国)歌德

巴黎圣母院/(法国)雨果

悲惨世界/(法国)雨果

九三年/(法国)雨果

基督山伯爵/(法国)大仲马

红与黑/(法国)司汤达

高老头/(法国)巴尔扎克

瓦尔登湖/(美国)梭罗

恶之花/(法国)波德莱尔

双城记/(英国)狄更斯

傲慢与偏见/(英国)简·奥斯汀

简·爱/(英国)夏洛蒂·勃朗

名利场/(英国)萨克雷

还乡/(英国)哈代

白痴/(俄国)陀思妥耶夫斯基

前夜/(俄国)屠格涅夫

战争与和平/(俄国)托尔斯泰

安娜·卡列尼娜/(俄国)托尔斯泰

复活/(俄国)托尔斯泰

追忆似水年华/(法国)普鲁斯特

约翰·克利斯朵夫/(法国)罗曼·罗兰

魔山/(德国)托马斯·曼

铁皮鼓/(德国)格拉斯

动物农场/(英国)奥威尔

查特莱夫人的情人/(英国)劳伦斯

刀锋/(英国)毛姆

静静的顿河/(苏联)肖洛霍夫

变形记/(奥地利)卡夫卡

尤利西斯/(爱尔兰)乔伊斯

老人与海/(美国)海明威

理想国/(古希腊)柏拉图

形而上学/(古希腊)亚里士多德

沉思录/(古罗马)奥勒留

新工具/(英国)培根

第一哲学沉思集/(法国)笛卡儿

人性论/(英国)休谟

纯粹理性批判/(德国)康德

实践理性批判/(德国)康德

判断力批判/(德国)康德

作为意志和表象的世界/(德国)叔本华

存在与时间/(德国)海德格尔

西方哲学史/(英国)罗素

幸福之路/(英国)罗素

美学/(德国)黑格尔

艺术哲学/(法国)丹纳

悲剧的诞生/(德国)尼采

查拉图斯特拉如是说/(德国)尼采

梦的解析/(奥地利)弗洛伊德

精神分析引论/(奥地利)弗洛伊德

哲学研究/(奥地利)维特根斯坦

乌托邦/(英国)莫尔

君主论/(意大利)马基雅维利

利维坦/(英国)霍布斯

政府论/(英国)洛克

国富论/(英国)亚当·斯密

道德情操论/(英国)亚当·斯密

论法的精神/(法国)孟德斯鸠

漫步遐想录/(法国)卢梭

社会契约论/(法国)卢梭

忏悔录/(法国)卢梭

资本论/(德国)马克思

新教伦理与资本主义精神/(德国)韦伯

正义论/(美国)罗尔斯

历史/(古希腊)希罗多德

宽容/(美国)房龙

人类的故事/(美国)房龙

历史研究/(英国)汤因比

知识考古学/(法国)福柯

全球通史/(美国)斯塔夫里阿诺斯

60.一生读书计划——女性书架(节选)

潞潞等编写,山西教育出版社,2016年07月

一生读书计划组织国内著名作家和学者,为不同年龄阶段、不同阅读需求的读者,从不同角度量身定做针对性强的私家书架,每排书架为你推荐那些值得一读再读的好书。作为系列之

一，本书包括：情感悲欢、人间百态、惊奇历程、生活之道共四部分内容，收录了《茶花女》《包法利夫人》《失乐园》《雪国》等阅读书目。以下列出的是外国名著部分。

茶花女/小仲马

包法利夫人/福楼拜

情人/杜拉斯

简·爱/夏洛蒂·勃朗特

挤奶女的罗曼史/哈代

卖花女/萧伯纳

恋爱中的女人/劳伦斯

法国中尉的女人/福尔斯

一个陌生女人的来信/茨威格

跳来跳去的女人/契诃夫

失乐园/弥尔顿

雪国/川端康成

巴别塔之犬/罗琳·帕克丝

漂亮朋友/莫泊桑

红与黑/司汤达

娜娜/左拉

玫瑰奇迹/让·热内

好笑的爱/昆德拉

魂断阿尔卑斯山/艾尔芙丽德·耶利内克

艾格妮丝·格雷/安妮·勃朗特

时时刻刻/迈克尔·坎宁安

好工作/戴维·洛奇

燕尾蝶/岩井俊二

日瓦戈医生/鲍里斯·帕斯捷尔纳克

香水/帕特里克·聚斯金德

黑郁金香/大仲马

圣诞欢歌/查尔斯·狄更斯

呼啸山庄/艾米莉·勃朗特

蝴蝶梦/达夫妮·杜穆里埃

新天方夜谭/史蒂文森

白衣女人/威尔基·柯林斯

弗兰肯斯坦/玛丽·雪莱

飘/米歇尔

小妇人/露易莎·梅·奥尔科特

珍妮姑娘/西奥多·德莱塞

母亲/高尔基

波伏瓦美国纪行/西蒙娜·德·波伏瓦

安妮日记/安妮·弗兰克

草叶集/沃尔特·惠特曼

飞鸟集/拉宾德拉纳特·泰戈尔

第二性/西蒙娜·德·波伏娃

关于他人的痛苦/苏珊·桑塔格

神圣的欢爱:性、神话与女性肉体的政治学/理安·艾斯勒

屠猫记:法国文化史钩沉/罗伯特·达恩顿

一辈子做女孩/伊丽莎白·吉尔伯特

快乐上班的经济学/吉本佳生

牛奶可乐经济学:最妙趣横生的经济学课堂/弗兰克

看不见的心:一部经济学罗曼史/罗塞尔·罗伯茨

有闲阶级论/托斯丹·邦德·凡勃伦

为什么不向美丽征税:经济学中的公平原则/史蒂文·兰兹伯格

寂静的春天/蕾切尔·卡逊

人类基因的历史地图/奥尔森

种子的信仰/梭罗

人类的家园/亨德里克·威廉·房龙

幸福之路/伯特兰·罗素

61.世界名著大讲堂

蔡莎编著,中国华侨出版社,2017年6月。

本书旨在帮助读者在较短时间内轻松了解世界名著,并为他们的深入阅读提供指导,设置了“作者简介”“背景介绍”“名著概要”“阅读指导”“名家点评”“经典摘录”“相关链接”等栏目。

荷马史诗/(古希腊)荷马

伊索寓言/(古希腊)伊索

被缚的普罗米修斯/(古希腊)埃斯库罗斯

俄狄浦斯王/(古希腊)索福克勒斯

美狄亚/(古希腊)欧里庇得斯

阿卡奈人/(古希腊)阿里斯托芬

希腊波斯战争史/(古希腊)希罗多德

伯罗奔尼撒战争史/(古希腊)修昔底德

文艺对话集/(古希腊)柏拉图

理想国/(古希腊)柏拉图

形而上学/(古希腊)亚里士多德

政治学/(古希腊)亚里士多德

尼各马可伦理学/(古希腊)亚里士多德

几何原本/(古希腊)欧几里得

罗摩衍那/(印度)蚁垤仙人

高卢战记/(古罗马)恺撒

编年史/(古罗马)塔西佗

罗马史/(古罗马)阿庇安

天文学大成/(古希腊)托勒密

法学阶梯/(古罗马)盖尤斯

源氏物语/(日本)紫式部

神学大全/(意大利)阿奎那

马可·波罗游记/(意大利)马可·波罗

神曲/(意大利)但丁

十日谈/(意大利)薄伽丘

君主论/(意大利)马基雅维利

乌托邦/(英国)托马斯·莫尔

天方夜谭

天体运行论/(波兰)哥白尼

蒙田随笔/(法国)蒙田

罗密欧与朱丽叶/(英国)莎士比亚

仲夏夜之梦/(英国)莎士比亚

威尼斯商人/(英国)莎士比亚

哈姆雷特/(英国)莎士比亚

奥赛罗/(英国)莎士比亚

李尔王/(英国)莎士比亚

麦克白/(英国)莎士比亚

堂·吉诃德/(西班牙)塞万提斯

大教学论/(捷克)夸美纽斯

伪君子/(法国)莫里哀

唐璜/(法国)莫里哀

吝啬鬼/(法国)莫里哀

伦理学/(荷兰)斯宾诺莎

政府论/(英国)约翰·洛克

鲁滨孙漂流记/(英国)笛福

格列佛游记/(英国)斯威夫特

论法的精神/(法国)孟德斯鸠

百科全书/(法国)狄德罗

社会契约论/(法国)卢梭

爱弥尔/(法国)卢梭

忏悔录/(法国)卢梭

塞维勒的理发师/(法国)博马舍

论犯罪与刑罚/(意大利)贝卡里亚

少年维特之烦恼/(德国)歌德

浮士德/(德国)歌德

国富论/(英国)亚当·斯密

强盗/(德国)席勒

阴谋与爱情/(德国)席勒

人口原理/(英国)马尔萨斯

拿破仑法典/(法国)拿破仑

傲慢与偏见/(英国)简·奥斯汀

唐璜/(英国)拜伦

解放了的普罗米修斯/(英国)雪莱

红与黑/(法国)司汤达

欧那尼/(法国)雨果

巴黎圣母院/(法国)雨果

悲惨世界/(法国)雨果

美学/(德国)黑格尔

战争论/(德国)克劳塞维茨

叶甫盖尼·奥涅金/(俄国)普希金

普希金诗选/(俄国)普希金

欧也妮·葛朗台/(法国)巴尔扎克

高老头/(法国)巴尔扎克

安徒生童话/(丹麦)安徒生

歌德谈话录/(德国)爱克曼

钦差大臣/(俄国)果戈理

双城记/（英国）狄更斯

简·爱/（英国）夏洛蒂·勃朗特

呼啸山庄/（英国）艾米莉·勃朗特

茶花女/（法国）小仲马

汤姆叔叔的小屋/（美国）斯托夫人

罗马史/（德国）蒙森

包法利夫人/（法国）福楼拜

格林童话/（德国）格林兄弟

特雷庇姑娘/（德国）保罗·海泽

物种起源/（英国）达尔文

大雷雨/（俄国）奥斯特洛夫斯基

罪与罚/（俄国）陀思妥耶夫斯基

资本论/（德国）马克思

海底两万里/（法国）凡尔纳

国民经济学原理/（奥地利）门格尔

悲剧的诞生/（德国）尼采

查拉斯图拉如是说/（德国）尼采

卡门/（法国）让·比才

社会学原理/（英国）斯宾塞

古代社会/（美国）摩尔根

安娜·卡列尼娜/（俄国）托尔斯泰

复活/(俄国)托尔斯泰

昆虫记/(法国)法布尔

玩偶之家/(挪威)易卜生

德伯家的苔丝/(英国)哈代

娜娜/(法国)左拉

羊脂球/(法国)莫泊桑

漂亮朋友/(法国)莫泊桑

契诃夫短篇小说选/(俄国)契诃夫

哈克贝里·费恩历险记/(美国)马克·吐温

福尔摩斯探案集/(英国)柯南道尔

经济学原理/(英国)马歇尔

佩列阿斯与梅丽桑德/(比利时)梅特林克

圣女贞德/(英国)萧伯纳

梦的解析/(奥地利)弗洛伊德

基姆/(英国)吉卜林

小市民/(苏联)高尔基

童年/(苏联)高尔基

欧·亨利短篇小说选/(美国)欧·亨利

贝多芬传/(法国)罗曼·罗兰

约翰·克利斯朵夫/(法国)罗曼·罗兰

新教伦理与资本主义精神/(德国)马克斯·韦伯

骑鹅旅行记/(瑞典)拉格洛夫

实用主义/(美国)詹姆士

扬·胡斯/(捷克)伊拉塞克

科学管理原理/(美国)泰罗

变形记/(奥地利)卡夫卡

追忆似水年华/(法国)普鲁斯特

世界史纲/(英国)韦尔斯

罗素姆的万能机器人/(捷克)卡雷尔·恰佩克

大街/(美国)刘易斯

给麻风病人的吻/(法国)莫里亚克

尤利西斯/(爱尔兰)乔伊斯

荒原/(英国)艾略特

现代喜剧/(英国)高尔斯华绥

查泰莱夫人的情人/(英国)劳伦斯

静静的顿河/(苏联)肖洛霍夫

钢铁是怎样炼成的/(苏联)奥斯特洛夫斯基

历史研究/(英国)汤恩比

雪国/(日本)川端康成

迷惘/(英国)卡内蒂

飘/(美国)米切尔

就业、利息和货币理论/(英国)凯恩斯

伽利略传/(德国)布莱希特

局外人/(法国)加缪

全是我的儿子/(美国)阿瑟·米勒

经济学/(美国)萨缪尔森

秃头歌女/(法国)尤涅斯库

麦田里的守望者/(美国)塞林格

老人与海/(美国)海明威

日瓦戈医生/(苏联)帕斯捷尔纳克

傻瓜吉姆佩尔/(美国)辛格

铁皮鼓/(德国)格拉斯

教育过程/(美国)布鲁纳

第二十二条军规/(美国)约瑟夫·海勒

百年孤独/(哥伦比亚)马尔克斯

一个无政府主义者的意外死亡/(意大利)达里奥·福

正义论/(美国)罗尔斯

莱尼和他们/(德国)伯尔

风暴眼/(澳大利亚)怀特

第三次浪潮/(美国)托夫勒

生命中不能承受之轻/(捷克)米兰·昆德拉

管理学/(美国)罗宾斯

文明的冲突与世界秩序的重建/(美国)亨廷顿

62. 中外经典大讲堂(节选)

蔡莎,中国华侨出版社,2017年8月。

《中侨大讲堂:中外经典大讲堂》精选了中外历史上名气大、影响深、流传广、价值高的经典名著,内容涉及政治、经济、军事、医学、科技等方面。这里列出的是外国经典部分的书目。

荷马史诗/(古希腊)荷马

伊索寓言/(古希腊)伊索

被缚的普罗米修斯/(古希腊)埃斯库罗斯

阿卡奈人/(古希腊)阿里斯托芬

理想国/(古希腊)柏拉图

形而上学/(古希腊)亚里士多德

尼各马可伦理学/(古希腊)亚里士多德

几何原本/(古希腊)欧几里得

罗摩衍那/(印度)蚁垤仙人

高卢战记/(古罗马)恺撒

编年史/(古罗马)塔西佗

天文学大成/(古希腊)托勒密

法学阶梯/(古罗马)盖尤斯

源氏物语/(日本)紫式部

马可·波罗游记/(意大利)马可·波罗

神曲/(意大利)但丁

十日谈/(意大利)薄伽丘

君主论/(意大利)马基雅维里

乌托邦/(英国)托马斯·莫尔

天方夜谭

蒙田随笔/(法国)蒙田

罗密欧与朱丽叶/(英国)莎士比亚

仲夏夜之梦/(英国)莎士比亚

威尼斯商人/(英国)莎士比亚

哈姆雷特/(英国)莎士比亚

堂吉诃德/(西班牙)塞万提斯

熙德/(法国)高乃依

利维坦/(英国)霍布斯

伪君子/(法国)英里哀

唐璜/(法国)英里哀

吝啬鬼/(法国)莫里哀

伦理学/(荷兰)斯宾诺莎

论宽容/(英国)约翰·洛克

鲁滨孙漂流记/(英国)笛福

格列佛游记/(英国)斯威夫特

论法的精神/(法国)孟德斯鸠

美学/(德国)鲍姆嘉通

百科全书/(法国)狄德罗

社会契约论/(法国)卢梭

爱弥尔/(法国)卢梭

忏悔录/(法国)卢梭

论犯罪与刑罚/(意大利)贝卡里亚

费加罗的婚礼/(法国)博马舍

少年维特的烦恼/(德国)歌德

浮士德/(德国)歌德

国富论/(英国)亚当·斯密

傲慢与偏见/(英国)简·奥斯汀

悲惨世界/(法国)雨果

简·爱/(英国)夏洛蒂勃朗特

汤姆叔叔的小屋/(美国)斯托夫人

罪与罚/(俄国)陀思妥耶夫斯基

海底两万里/(法国)凡尔纳

安娜·卡列尼娜/(俄国)托尔斯泰

复活/(俄国)托尔斯泰

昆虫记/(法国)法布尔

玩偶之家/(挪威)易卜生

德伯家的苔丝/(英国)哈代

羊脂球/(法国)莫泊桑

福尔摩斯探案集/(英国)柯南·道尔

世界史纲/(英国)韦尔斯

尤利西斯/(爱尔兰)乔伊斯

钢铁是怎样炼成的/(苏联)奥斯特洛夫斯基

雪国/(日本)川端康成

飘/(美国)米切尔

秃头歌女/(法国)尤涅斯库

老人与海/(美国)海明威

第二十二条军规/(美国)约瑟夫·海勒

百年孤独/(哥伦比亚)马尔克斯

63.清华大学荐读书目(节选)

《清华大学荐读书目》编写组,清华大学出版社,2017年9月。

《清华大学荐读书目》主要从四个主题进行推荐:中国文化名著、中国文学名著、世界文化名著、世界文学名著。每个主题推荐30种好书。本书的前身是1997年清华大学推出的由张岂之、徐葆耕主编的《清华大学学生应读书目》(人文部分)。在总结以往指导阅读实践的基础上，由原党委副书记、原国家大学生文化素质教育基地主任胡显章教授领衔主编，邀集清华大学国家大学生文化素质教育基地、新雅书院、教务处和人文学院等院系的教授组成了一个编委会，对1997年版的《清华大学学生应读书目(人文部分)》进行了修订，形成了新版《清华大学荐读书目》。以下节选了世界文化名著和世界文学名著部分。

理想国/(古希腊)柏拉图

尼各马可伦理学/(古希腊)亚里士多德

沉思录/(古罗马)奥勒留

论自由意志/(古罗马)奥古斯丁

论道德的谱系/(德)尼采

新工具/(英)培根

思想录/(法)帕斯卡尔

谈谈方法/(法)笛卡尔

政府论/(英)洛克

论法的精神/(法)孟德斯鸠

社会契约论/(法)卢梭

国民财富的性质和原因的研究/(英)亚当·斯密

历史理性批判文集/(德)康德

哲学史讲演录·导言/(德)黑格尔

共产党宣言/(德)马克思,恩格斯

资本论第1卷(节选)/(德)马克思

旧制度与大革命/(法)托克维尔

精神分析引论/(奥)弗洛伊德

新教伦理与资本主义精神/(德)韦伯

第二性/(法)波伏娃

科学革命的结构/(美)库恩

疯癫与文明/(法)福柯

历史的起源与目标/(德)雅斯贝斯

正义论/(美)罗尔斯

国际政治理论/(美)华尔兹

从混沌到有序/(比利时)普里戈金

甜与权力:糖在近代历史上的地位/(美)西敏司

时间简史/(英)霍金

人类简史:从动物到上帝/(以色列)赫拉利

美的历史/(意)翁贝托

荷马史诗/(古希腊)荷马

奥狄浦斯王/(古希腊)索福克勒斯

罗摩衍那/(古印度)蚁垤仙人

变形记/(古罗马)奥维德

神曲/(意)但丁

波斯古代诗选

哈姆雷特/(英)莎士比亚

堂吉诃德/(西班牙)塞万提斯

傲慢与偏见/(英)简·奥斯汀

浮士德/(德)歌德

高老头/(法)巴尔扎克

白鲸/(美)麦尔维尔

草叶集/(美)惠特曼

包法利夫人/(法)福楼拜

悲惨世界/(法)雨果

玩偶之家/(挪威)易卜生

卡拉马佐夫兄弟/(俄)陀思妥耶夫斯基

伊凡·伊里奇之死/(俄)托尔斯泰

契诃夫小说选/(俄)契诃夫

泰戈尔诗选/(印度)泰戈尔

都柏林人/(爱尔兰)乔伊斯

荒原/(英)艾略特

先知/(黎巴嫩)纪伯伦

城堡/(奥地利)卡夫卡

高尔基中短篇作品精选/(苏联)高尔基

雪国/(日)川端康成

静静的顿河/(苏联)肖洛霍夫

海明威短篇小说全集/(美)海明威

迪伦马特喜剧选/(瑞士)迪伦马特

百年孤独/(哥伦比亚)马尔克斯

64. 汉译世界学术名著丛书

"汉译世界学术名著丛书"是商务印书馆最为知名的社科学术丛书品牌。这套丛书将国外丰富精深的学术思想引入中国,开阔了几代读者的视野,滋养了几代学人的情操,曾被赞许为"对我国学术文化有基本建设意义的重大工程"。

2017年,商务印书馆于成立120年之际,推出"汉译世界学术名著丛书"120年纪念版分科本,总计700种:其中,哲学类255种,政治、法律、社会学类165种,历史、地理类135种,经济学类130种,语言学类15种。

一、哲学类

阿维斯塔/(伊朗)贾利尔·杜斯特哈赫

埃克哈特大师文集/(德)爱克哈特

爱因斯坦文集/(美)爱因斯坦

奥义书

巴曼尼得斯篇/(古希腊)柏拉图

薄伽梵歌/(古印度)毗耶娑

薄伽梵歌论/(印度)室利·阿罗频多

保卫马克思/(法)路易·阿尔都塞

悲剧的诞生/(德)尼采

忏悔录/(古罗马)奥古斯丁

超穷数理论基础(第2版)/(德)康托

纯粹理性批判/(德)康德

纯粹现象学通论/(德)胡塞尔

存在与时间/(德)海德格尔

单纯理性限度内的宗教/(德)康德

道德情操论/(英)亚当·斯密

道德形上学探本/(德)康德

道德原则研究/(英)休谟

德国的科学/(德)皮埃尔·迪昂

狄德罗哲学选集/(法)狄德罗

敌基督者/(德)尼采

笛卡尔哲学原理/(荷兰)斯宾诺莎

第一哲学/(德)胡塞尔

第一哲学沉思集——反驳和答辩/(法)笛卡尔

动物四篇/(古希腊)亚里士多德

动物志/(古希腊)亚里士多德

对笛卡尔沉思的诘难/(法)伽森狄

对莱布尼茨哲学的批评性解释/(英)罗素

对莱布尼茨哲学的叙述、分析和批判/(德)费尔巴哈

多元的宇宙/(美)威廉·詹姆士

发生认识论原理/(瑞士)皮亚杰

法哲学原理/(德)黑格尔

泛神论要义/(英)约翰·托兰德

范畴篇、解释篇/(古希腊)亚里士多德

斐德若篇/(古希腊)柏拉图

佛教逻辑/(俄)舍尔巴茨基

弗雷格——语言哲学/(英)达米特

感觉的分析/(奥)马赫

感觉与可感物/(英)奥斯丁

给塞伦娜的信/(英)托兰德

功利主义/(英)约翰·穆勒

过程与实在/(英)怀特海

海拉斯与斐洛诺斯对话三篇/(英)贝克莱

行为的结构/(法)梅洛·庞蒂

黑格尔早期神学作/(德)黑格尔

护教篇/(古罗马)德尔图良

回忆苏格拉底/(古希腊)色诺芬

会饮篇/(古希腊)柏拉图

基督何许人也/(日)幸德秋水

基督教并不神秘/(英)托兰德

基督教的本质/(德)费尔巴哈

简论上帝、人及其心灵健康/(荷兰)斯宾诺莎

健全的思想/(法)霍尔巴赫

结构主义/(瑞士)皮亚杰

近代心理学历史导引/(美)G.墨菲,J.柯瓦奇

经验与自然/(美)约翰·杜威

精神的婚恋/(比)吕斯布鲁克

精神分析引论/(奥)弗洛伊德

精神分析引论新编/(奥)弗洛伊德

精神现象学/(德)黑格尔

卡布斯教诲录/(波斯)昂苏尔·玛阿里

科学的规范/(英)卡尔·皮尔逊

科学的价值/(法)昂利·彭加勒

科学社会学:理论与经验研究/(美)罗伯特·金·默顿

科学-神学论战史/(美)安德鲁·迪克森·怀特

科学与方法/(法)昂利·彭加勒

科学与假设/(法)彭加勒

科学与近代世界/(英)怀特海

科学哲学的兴起/(德)赖欣巴哈

科学中华而不实的作风/(俄)赫尔岑

可见的与不可见的/(法)梅洛·庞蒂

拉奥孔/(德)莱辛

莱布尼茨与克拉克论战书信集/(德)莱布尼茨

理想国/(古希腊)柏拉图

历史理性批判文集/(德)康德

历史与阶级意识/(匈)卢卡奇

量子力学的哲学基础/(德)汉斯·赖欣巴哈

林中路/(德)海德格尔

灵魂论及其他/(古希腊)亚里士多德

琉善哲学文选/(古罗马)琉善

路标/(德)海德格尔

伦理学/(荷兰)斯宾诺莎

伦理学/(德)朋费霍尔

伦理学的两个基本问题/(德)叔本华

伦理学体系/(德)费希特

伦理学与哲学的限度/(英)B.威廉斯

伦理学原理/(英)G.E.摩尔

伦理学中的形式主义与质料的价值伦理学/(德)马克斯·舍勒

论《创世记》/(古罗马)斐洛

论存在者与本质/(意)托马斯·阿奎那

论道德的谱系/(德)尼采

论德国宗教和哲学的历史/(德)亨利希·海涅

论个人在历史上的作用问题/(俄)普列汉诺夫

论老年论友谊论责任/(古罗马)西塞罗

论灵魂/(阿拉伯)伊本·西那

论灵魂的激情/(法)勒内·笛卡尔

论三位一体/(古罗马)奥古斯丁

论神性/(古罗马)西塞罗

论无限、宇宙与众世界/(意)布鲁诺

论学者的使命人的使命/(德)费希特

论隐秘的上帝/(德)尼古拉·库萨

论有学识的无知/(德)库萨的尼古拉

论宇宙的体系/(英)伊萨克·牛顿

论原因、本原与太一/(意)布鲁诺

论原罪与恩典/(古罗马)奥古斯丁

逻辑大全/(英)奥卡姆

逻辑学/(德)黑格尔

逻辑学讲义/(德)康德

逻辑研究/(德)胡塞尔

逻辑与演绎科学方法论导论/(波兰)塔尔斯基

逻辑与知识/(英)伯特兰·罗素

逻辑哲学论/(奥)维特根斯坦

枚农篇卡尔弥德篇/(古希腊)柏拉图

美学/(德)黑格尔

美学的历史/(意大利)克罗齐

美学史/(英)鲍桑葵

美学原理/(意)克罗齐

面向思的事情/(德)海德格尔

摹仿论/(德)奥尔巴赫

内时间意识现象学/(德)胡塞尔

尼采/(德)海德格尔

尼耳斯·玻尔哲学文选/(丹麦)N.玻尔

尼各马可伦理学/(古希腊)亚里士多德

欧洲科学的危机与超越论的现象学/(德)胡塞尔

偶像的黄昏/(德)尼采

判断力批判/(德)康德

培根论说文集/(英)培根

裴洞篇/(古希腊)柏拉图

普通认识论/(奥)石里克

躯体的智慧/(美)W.B.坎农

权力意志/(德)尼采

全部知识学的基础/(德)费希特

诠释学:真理与方法/(德)伽达默尔

劝学篇/(日)福泽谕吉

人类的由来/(英)达尔文

人类的知识/(英)罗素

人类理解论/(英)洛克

人类理智新论/(德)莱布尼茨

人类理智研究/(英)休谟

人类知识起源论/(法)孔狄亚克

人类知识原理/(英)乔治·柏克莱

人生的亲证/(印度)罗宾德拉纳特·泰戈尔

人是机器/(法)拉·梅特里

人性论/(英)休谟

人有人的用处/(美)维纳

认识的途径/(美)威廉·佩珀雷尔·蒙塔古

认识与谬误/(奥)马赫

任何一种能够作为科学出现的未来形而上学导论/(德)康德

如何以言行事/(英)奥斯汀

善的研究/(日)西田几多郎

善恶的彼岸/(德)尼采

神秘神学/(古希腊)狄奥尼修斯

神圣人生论/(印度)室利·阿罗频多

神学论文集哲学的慰藉/(古罗马)波爱修斯

神学与哲学/(德)潘能伯格

神正论/(德)莱布尼茨

生命是什么/(奥)薛定谔

声音与现象/(法)德里达

圣教论/(印度)乔荼波陀

诗学/(古希腊)亚里士多德

十八世纪科学、技术和哲学史/(英)沃尔夫

十六、十七世纪科学、技术和哲学史/(英)沃尔夫

十七世纪英格兰的科学、技术与社会/(美)罗伯特·金·默顿

时间与自由意志/(法)柏格森

实践理性批判/(德)康德

实验心理学史/(美)E.G.波林

实验医学研究导论/(法)克洛德·贝尔纳

实用主义/(美)威廉·詹姆士

示教千则/(印度)商羯罗

世界图景的机械化/(荷)爱德华·扬·戴克斯特豪斯

事实、虚构和预测/(美)纳尔逊·古德曼

视觉新论/(英)贝克莱

释梦/(奥)弗洛伊德

数理哲学导论/(英)罗素

数学、科学和认识论/(匈)拉卡托斯

数学基础研究/(奥)维特根斯坦

思维方式/(美)怀特海

思想录/(法)帕斯卡尔

斯宾诺莎书信集/(荷兰)斯宾诺莎

苏鲁支语录/(德)尼采

算术基础/(德)弗雷格

泰阿泰德/(古希腊)柏拉图

谈谈方法/(法)笛卡尔

天球运行论/(波兰)哥白尼

天象论宇宙论/(古希腊)亚里士多德

拓扑心理学原理/(德)库尔特·勒温

为什么我不是基督徒/(英)伯特兰·罗素

文明的滴定/(英)李约瑟

文明论概略/(日)福泽谕吉

我的哲学的发展/(英)罗素

物理科学的哲学/(英)阿瑟·爱丁顿

物理学/(古希腊)亚里士多德

物理学和哲学/(美)W.海森伯

物理学理论的目的与结构/(法)迪昂

物性论/(古罗马)卢克莱修

物种起源/(英)达尔文

西方哲学史/(英)罗素

西西弗的神话/(法)加缪

狭义与广义相对论浅说/(美)爱因斯坦

先验唯心论体系/(德)谢林

现象学的观念/(德)胡塞尔

小逻辑/(德)黑格尔

小说理论/(捷克)卢卡奇

心的分析/(英)罗素

心的概念/(英)吉尔伯特·赖尔

新工具/(英)培根

新实在论/(美)霍尔特等

新系统及其说明/(德)莱布尼茨

形而上学/(古希腊)亚里士多德

形而上学导论/(德)海德格尔

性心理学/(英)霭理士

袖珍神学/(法)保尔·霍尔巴赫

亚当·斯密哲学文集/(英)亚当·斯密

亚里士多德的三段论/(波兰)卢卡西维茨

耶稣传/(德)施特劳斯

一年有半、续一年有半/(日)中江兆民

艺术的起源/(德)格罗塞

艺术即经验/(美)约翰·杜威

意义与真理的探究/(英)罗素

游叙弗伦、苏格拉底的申辩、克力同/(古希腊)柏拉图

宇宙体系论/(法)皮埃尔·西蒙·拉普拉斯

原始思维/(法)列维·布留尔

在通向语言的途中/(德)海德格尔

造物中展现的神的智慧/(英)约翰·雷

哲学辞典/(法)伏尔泰

哲学的改造/(美)杜威

哲学和自然之镜/(美)理查德·罗蒂

哲学论稿/(德)马丁·海德格尔

哲学片段/(丹麦)基尔凯郭尔

哲学史讲演录/(德)黑格尔

哲学史教程/(德)文德尔班

哲学书简/(法)伏尔泰

哲学研究/(奥)维特根斯坦

哲学语法/(奥)维特根斯坦

哲学作为严格的科学/(德)胡塞尔

真理、意义与方法/(美)戴维森

知性改进论/(荷兰)斯宾诺莎

智者/(古希腊)柏拉图

自然的观念/(英)柯林伍德

自然的体系/(法)霍尔巴赫

自然哲学/(德)黑格尔

自然哲学/(德)莫里茨·石里克

自然哲学的数学原理/(英)牛顿

自然哲学概论/(德)奥斯特瓦尔德

自然宗教对话录/(英)休谟

自我的超越性/(法)萨特

宗教的本质/(德)费尔巴哈

宗教的自然史/(英)休谟

宗教经验之种种/(美)威廉·詹姆士

宗教与科学/(英)罗素

最后的沉思/(法)彭加勒

作为意志和表象的世界/(德)叔本华

从封闭世界到无限宇宙/(法)亚历山大·柯瓦雷

论独一理智/(意)托马斯·阿奎那

二、政治·法律·社会学类

《人权与公民权利宣言》:现代宪法史论/(德)格奥尔格·耶里

内克

阿奎那政治著作选/(意)托马斯·阿奎那

阿赞德人的巫术、神谕和魔法/(英)E.E.埃文思·普里查德

爱弥儿/(法)卢梭

巴黎公社公报集

保守主义/(英)休·塞西尔

兵法/(意)尼科洛·马基雅维利

兵法简述/(古罗马)韦格蒂乌斯

波斯人信札/(法)孟德斯鸠

布朗基文选/(法)布朗基

忏悔录/(法)卢梭

大洋国/(英)詹姆士·哈林顿

代议制政府/(英)J.S.密尔

道德与立法原理导论/(英)边沁

笛福文选/(英)丹尼尔·笛福

地方知识/(美)克利福德·格尔茨

对德意志民族的演讲/(德)费希特

对劳动的迫害及其救治方案/(英)约翰·勃雷

俄国社会思想史/(俄)戈·瓦·普列汉诺夫

法的形而上学原理/(德)康德

法国革命论/(英)柏克

法律的道德性/(美)富勒

法律史解释/(美)罗斯科·庞德

法律体系的概念/(英)约瑟夫·拉兹

法律与道德/(美)罗斯科·庞德

法律与宗教/(美)伯尔曼

法学导论/(德)拉德布鲁赫

法学总论/(古罗马)查士丁尼

法与国家的一般理论/(奥)凯尔森

犯罪社会学/(意)恩里科·菲利

傅立叶选集/(法)傅立叶

革命法制和审判/(法)罗伯斯比尔

格雷文集/(英)约翰·格雷

公法的变迁/(法)狄骥

古代法/(英)梅因

关于国家的哲学理论/(英)鲍桑葵

国家篇法律篇/(古罗马)西塞罗

国家制度和无政府状态/(俄)巴枯宁

过渡礼仪/(法)阿诺尔德·范热内普

海军战略/(美)艾·塞·马汉

和谐与自由的保证/(德)威廉·魏特林

互动仪式链/(美)兰德尔·柯林斯

互助论/(俄)克鲁泡特金

华盛顿选集/(美)乔治·华盛顿

回顾/(美)爱德华·贝拉米

基督城/(德)约翰·凡·安德里亚

建设自由共和国的简易办法/(英)约翰·弥尔顿

教育思想的演进/(法)涂尔干

街角社会/(美)威廉·富特·怀特

杰斐逊选集/(美)托马斯·杰斐逊

金枝/(英)J.G.弗雷泽

菊与刀/(美)鲁思·本尼迪克特

君主论/(意)尼科洛·马基雅维里

劳动组织/(法)路易·勃朗

利维坦/(英)霍布斯

联邦党人文集/(美)汉密尔顿,杰伊,麦迪逊

林肯选集/(美)亚伯拉罕·林肯

论当代革命/(英)拉斯基

论法的精神/(法)孟德斯鸠

论法律/(意)阿奎那

论犯罪与刑罚/(意)贝卡里亚

论科学与艺术的复兴是否有助于使风俗日趋纯朴/(法)卢梭

论平等/(法)皮埃尔·勒鲁

论人与人之间不平等的起因和基础/(法)卢梭

论世界帝国/(意)但丁

论特权:第三等级是什么/(法)西耶斯

论自由/(英)约翰·密尔

论宗教宽容/(英)洛克

罗马盛衰原因论/(法)孟德斯鸠

罗斯福选集/(美)富兰克林·德·罗斯福

马布利选集/(法)马布利

马基雅维里主义/(德)弗里德里希·迈内克

美洲三书/(英)埃德蒙·柏克

缅甸高地诸政治体系/(英)埃德蒙·R.利奇

面包与自由/(俄)克鲁泡特金

民族主义/(印度)泰戈尔

拿破仑法典

拿破仑文选/(法)拿破仑

努尔人/(英)E.E.埃文思·普里查德

女权辩护妇女的屈从地位/(英)玛丽·沃斯通克拉夫特,约翰·斯图尔特·穆勒

欧文选集/(英)罗伯特·欧文

潘恩选集/(美)托马斯·潘恩

皮佑选集/(法)让·雅克·皮佑

贫困的哲学/(法)蒲鲁东

普通法的精神/(英)波洛克

普通法的诉讼形式/(英)梅特兰

权力论/(英)伯特兰·罗素

权威与个人/(英)伯特兰·罗素

人和公民的自然法义务/(德)塞缪尔·普芬道夫

人口问题/(英)亚历山大·莫里斯·卡尔·桑德斯

人类婚姻史/(芬兰)E.A.韦斯特马克

人类幸福论/(英)约翰·格雷

人文类型/(英)雷蒙德·弗思

日本官僚制研究/(日)辻清明

萨摩亚人的成年/(美)玛格丽特·米德

山中来信/(法)卢梭

社会静力学/(英)赫伯特·斯宾塞

社会科学方法论/(法)马克斯·韦伯

社会命运/(法)维克多·孔西得朗

社会契约论/(法)卢梭

社会生活中的交换与权力/(美)彼得·M.布劳

社会世界的意义构成/(奥)阿尔弗雷德·舒茨

社会学方法的准则/(法)E·迪尔凯姆

社会主义神髓/(日)幸德秋水

什么是所有权/(法)蒲鲁东

神学政治论/(荷兰)斯宾诺莎

圣西门选集/(法)圣西门

圣西门学说释义/(法)巴札尔,安凡丹,罗德里格

司法过程的性质/(美)本杰明·卡多佐

太阳城/(意)康帕内拉

通过法律的社会控制/(美)罗斯科·庞德

图腾制度/(法)列维·斯特劳斯

托克维尔回忆录/(法)托克维尔

为平等而密谋/(法)菲·邦纳罗蒂

为权利而斗争/(德)耶林

为英国人民声辩/(英)约翰·弥尔顿

唯一者及其所有物/(德)麦克斯·施蒂纳

温斯坦莱文选/(英)温斯坦莱

乌托邦/(英)托马斯·莫尔

乌有乡消息/(英)威廉·莫里斯

武士道/(日)新渡户稻造

西太平洋上的航海者/(英)马林诺夫斯基

现代法学之根本趋势/(德)施塔姆勒

现实的人类和理想的人类·一个贫苦罪人的福音/(德)威廉·魏特林

宪法的守护者/(德)卡尔·施密特

宪法秩序的经济学与伦理学/(美)詹姆斯·M.布坎南

象征之林/(英)维克多·特纳

新爱洛漪丝/(法)卢梭

新大西岛/(英)弗·培根

形而上学的国家论/(英)L.T.霍布豪斯

雪莱政治论文选/(英)雪莱

雅典政制/(古希腊)亚里士多德

一个孤独的散步者的梦/(法)卢梭

伊加利亚旅行记/(法)埃蒂耶纳·卡贝

遗书/(法)让·梅叶

意识形态与乌托邦/(德)卡尔曼海姆

英国宪法/(英)沃尔特·白芝浩

原始分类/(法)爱弥尔·涂尔干,马塞尔·莫斯

正义法的理论/(德)施塔姆勒

政府论/(英)洛克

政府片论/(英)边沁

政治经济学/(法)卢梭

政治论/(荷兰)斯宾诺莎

政治学/(古希腊)亚里士多德

政治学:谁得到什么·何时和如何得到/(美)哈罗德·D.拉斯

韦尔

政治正义论/(英)威廉·葛德文

政治中的人性/(英)格雷厄姆·沃拉斯

职业伦理与公民道德/(法)涂尔干

致达朗贝尔的信/(法)卢梭

中国家族法原理/(日)滋贺秀三

自然法权基础/(德)费希特

自然政治论/(法)霍尔巴赫

自杀论/(法)埃米尔·迪尔凯姆

自由主义/(英)霍布豪斯

宗教生活的基本形式/(法)爱弥尔·涂尔干

祖国在危急中/(法)奥·布朗基

纠正公众对于法国革命的评论/(德)费希特

现时代的根本特点/(德)费希特

献给祖先的猪/(美)罗伊·A.拉帕波特

休谟政治论文选/(英)休谟

礼物/(法)马塞尔·莫斯

科西嘉制宪意见书/(法)卢梭

英国普通法的诞生/(比)R.C.范·卡内冈

非洲的政治制度/(英)M.福蒂斯,E.E.埃文思·普里查德

战争论/(德)卡尔·冯·克劳塞维茨

三、历史·地理类

阿古利可拉传日耳曼尼亚志/(古罗马)塔西佗

盎格鲁·撒克逊编年史

巴布尔回忆录/(印度)巴布尔

巴黎高等法院史/(法)伏尔泰

巴黎,19世纪的首都/(德)瓦尔特·本雅明

比较城市化:20世纪的不同道路/(美)布赖恩·贝利

伯罗奔尼撒战争史/(古希腊)修昔底德

草原帝国/(法)勒内·格鲁塞

查理大帝传/(法兰克)艾因哈德;圣高尔修道院僧侣

长征记/(古希腊)色诺芬

大陆和海洋的形成/(德)阿·魏根纳

德国的浩劫/(德)迈内克

德国南部中心地原理/(德)沃尔特·克里斯塔勒

地理学的性质:当前地理学思想述评/(美)理查德·哈特向

地理学:它的历史、性质和方法/(德)阿尔夫雷德·赫特纳

地理学性质的透视/(美)R.哈特向

地理学与地理学家/(英)R.J.约翰斯顿

地理学中的解释/(英)大卫·哈维

地中海与菲利普二世时代的地中海世界/(法)费尔南·布罗代尔

东方的文明/(法)勒内·格鲁塞

东南亚的贸易时代:1450–1680年/(澳)瑞德

东南亚的印度化国家/(法)G·赛代斯

多桑蒙古史/(瑞典)多桑

俄国革命史/(苏)托洛茨基

俄国史教程/(俄)瓦·奥·克柳切夫斯基

发现乡土景观/(美)约翰·布林克霍夫·杰克逊

法国大革命讲稿/(英)阿克顿

法国革命史/(法)乔治·勒费弗尔

法国革命史/(法)马迪厄

法国革命史/(法)米涅

法国文明史/(法)基佐

法兰克人史/(法兰克)格雷戈里

风俗论/(法)伏尔泰

封建社会/(法)马克·布洛赫

佛罗伦萨史/(意)尼科洛·马基雅维里

高卢战记/(古罗马)凯撒

哥特史/(拜占庭)约达尼斯

革命节日/(法)莫娜·奥祖夫

工业区位论/(德)阿尔弗雷德·韦伯

工作与时日神谱/(古希腊)赫西俄德

古代的地理学/(苏联)波德纳尔斯基

古代民主与现代民主/(英)M.I.芬利

古代世界的政治/(英)M.I.芬利

何为封建主义/(比利时)弗朗索瓦·冈绍夫

劫余录/(法)阿伯拉尔

经济空间秩序/(德)奥古斯特·乐施

旧制度与大革命/(法)托克维尔

君士坦丁传/(古罗马)尤西比乌斯

喀提林阴谋朱古达战争/(古罗马)撒路斯提乌斯

克拉维约东使记/(西班牙)克拉维约

莱茵河/(法)吕西安·费弗尔

李希霍芬中国旅行日记/(德)费迪南德·冯·李希霍芬著;E.蒂森选编

理论地理学/(美)威廉·邦奇

历史的地理枢纽/(英)哈·麦金德

历史的观念/(英)柯林武德

历史的辉格解释/(英)赫伯特·巴特菲尔德

历史是什么?/(英)E.H.卡尔

历史学的理论和实际/(意)贝奈戴托·克罗齐

历史著作史/(美)汤普森

恋地情结/(美)段义孚

两次世界大战之间的国际关系：1919－1939/（英）E.H.卡尔

琉璃宫史

路易十四时代/（法）伏尔泰

论《独立宣言》：政治思想史研究/（美）卡尔·贝克尔

论李维罗马史/（意）马基雅维里

论一元论历史观的发展问题/（俄）普列汉诺夫

罗马帝国衰亡史/（英）爱德华·吉本

罗马革命/（英）罗纳德·塞姆

罗马共和国政制/（英）安德鲁·林托特

罗马十二帝王传/（古罗马）苏维托尼乌斯

罗马史/（德）特奥多尔·蒙森

罗马史/（古罗马）阿庇安

罗芒狂欢节/（法）勒华拉杜里

马戛尔尼使团使华观感/（英）约翰·巴罗乔治·马戛尔尼

马可波罗行纪 /（意）马可·波罗

马唐草边疆/（美）肯尼斯·杰克逊

美国文明的兴起/（美）比尔德夫妇

美国宪法的经济观/（美）比尔德

蒙古帝国史/（法）雷纳·格鲁塞

蒙塔尤/（法）勒华拉杜里

秘鲁征服史/（美）普雷斯科特

面对死亡的人/(法)菲利普·阿里耶斯

明日的田园城市/(英)埃比尼泽·霍华德

摩奴法典

拿破仑时代/(法)乔治·勒费弗尔

内战记/(古罗马)恺撒

欧洲文明史/(法)基佐

气候与生命/(苏联)C.贝尔格

区位和土地利用:地租的一般理论/(美)威廉·阿朗索

人文地理学问题/(法)阿·德芒戎

日本文化史研究/(日)内藤湖南

三十年战争史/(德)席勒

沙乡年鉴/(美)奥尔多·利奥波德

神圣罗马帝国/(英)詹姆斯·布赖斯

圣路易/(法)雅克·勒高夫

十九世纪历史学与历史学家/(英)G.P.古奇

十九世纪欧洲史/(意)克罗齐

十六世纪的无信仰问题/(法)吕西安·费弗尔

十五至十八世纪的物质文明、经济和资本主义/(法)布罗代尔

史集/(波斯)拉施特主编

世界历史与救赎历史/(德)洛维特

世界征服者史/(伊朗)志费尼

试谈另一个中世纪:西方的时间、劳动和文化/(法)雅克·勒高夫

思想自由史/(英)伯里

塔西佗《编年史》/(古罗马)塔西佗

塔西佗历史/(古罗马)塔西佗

屠猫狂欢:法国文化史钩沉/(美)罗伯特·达恩顿

往年纪事/(俄)拉夫连季编

伟大的德国农民战争/(德)威美尔曼

文明中的城市/(英)彼得·霍尔

西印度毁灭述略/(西)巴托洛海·德拉斯·卡萨斯

西域考古记/(英)斯坦因

希腊史:迄至公元前322年/(英)N.G.L.哈蒙德

希罗多德历史/(古希腊)希罗多德

宪章运动史/(英)R.G.甘米奇

新科学/(意)维柯

新史学/(美)詹姆斯·鲁滨孙

亚历山大远征记/(古希腊)阿里安

一六四〇年英国革命史/(法)基佐

意大利文艺复兴时期的文化/(瑞士)布克哈特

印度与世界文明/(印)D.P.辛加尔

印卡王室述评/(秘鲁)印卡·加西拉索·德拉维加

英国的家庭、性与婚姻1500–1800/(英)劳伦斯·斯通

英吉利教会史/(英)比德

战争史/(拜占庭)普洛柯皮乌斯

哲学与人文地理学/(英)R. J. 约翰斯顿

征服新西班牙信史/(西班牙)贝尔纳尔·迪亚斯·德尔·卡斯蒂略

制造路易十四/(英)彼得·伯克

治国策/(波斯)尼扎姆·莫尼克

中国伊朗编/(美)劳费尔

中世纪的城市/(比利时)亨利·皮雷纳

中世纪史学史/(俄)叶·阿·科斯敏斯基

中世纪与文艺复兴/(意)欧金尼奥·加林

宗教改革史/(英)托马斯·林赛

作为思想和行动的历史/(意)克罗齐

四、经济学类

经济论雅典的收入/(古希腊)色诺芬

英国得自对外贸易的财富/(英)托马斯·孟

配第经济著作选集/(英)配第

国民财富的性质和原因的研究/(英)亚当·斯密

李嘉图著作和通信集(第一卷)/(英)斯拉法主编

魁奈经济著作选集/(法)魁奈

关于财富的形成和分配的考察/(法)杜阁

政治经济学新原理/(瑞士)西斯蒙第

政治经济学原理/(英)麦克库洛赫

政治经济学的国民体系/(德)李斯特

资本实证论/(奥)庞巴维克

财富的分配/(美)克拉克

有闲阶级论/(美)凡勃伦

制度经济学/(美)康芒斯

经济学原理/(英)马歇尔

就业、利息和货币通论/(英)凯恩斯

经济学(第十九版)/(美)萨缪尔森;诺德豪斯

论农业/(古罗马)瓦罗

贸易论(三种)/(英)托马斯·孟,巴尔本,达德利·诺思

论降低利息和提高货币价值的后果/(英)约翰·洛克

亚当·斯密关于法律、警察、岁入及军备的演讲/(英)坎南编

政治经济学概论/(法)萨伊

关于德国国家经济状况的认识/(德)卡·洛贝尔图斯

自然价值/(奥)维塞尔

利息与价格/(瑞典)魏克赛尔

货币和资本理论的研究/(瑞典)林达尔

货币均衡论/(瑞典)缪尔达尔

现代经济学导论/(英)琼·罗宾逊,约翰·伊特韦尔

价值与资本/(英)希克斯

布阿吉尔贝尔选集/(法)布阿吉尔贝尔

休谟经济论文选/(英)休谟

论财富的分配/(英)拉姆塞

俄国工人阶级状况/(俄)弗列罗夫斯基

穆勒政治经济学概述/(俄)车尔尼雪夫斯基

中世纪经济社会史/(美)汤普逊

农业志/(古罗马)加图

论货币和贸易/(英)约翰·罗

商业性质概论/(爱尔兰)坎蒂隆

李嘉图著作和通信集(第三卷)/(英)斯拉法主编

最能促进人类幸福的财富分配原理的研究/(英)威廉·汤普逊

孤立国同农业和国民经济的关系/(德)杜能

政治经济学大纲/(英)西尼尔

历史方法的国民经济学讲义大纲/(德)罗雪尔

货币、信用与商业/(英)马歇尔

罗马帝国社会经济史/(美)罗斯托夫采夫

现代英国经济史/(英)克拉潘

货币论/(英)凯恩斯

政治经济学原理/(俄)巴拉诺夫斯基

纯粹经济学要义/(法)瓦尔拉斯

政治经济学研究/(瑞士)西斯蒙第

富兰克林经济论文选集/(美)富兰克林

论英国本土的公共福利/(英)伊丽莎白·拉蒙德

货币万能/(美)雅各布·范德林特

论影响社会上劳动阶级状况的环境/(英)约翰·巴顿

十八世纪产业革命/(法)保尔·芒图

经济发展理论/(美)熊彼特

用商品生产商品/(英)斯拉法

法国农村史/(法)马克·布洛赫

论决定自然利息率的原因/(英)约瑟夫·马西

通货原理研究/(英)托马斯·图克

人口原理/(英)马尔萨斯

中世纪晚期欧洲经济社会史/(美)汤普逊

经济分析史/(美)熊彼特

财富理论的数学原理的研究/(法)奥古斯丹·古诺

论财富的分配和赋税的来源/(英)理查德·琼斯

金融资本/(德)希法亭

资本主义、社会主义与民主/(美)熊彼特

经济史理论/(英)约翰·希克斯

经济史上的结构和变革/(英)道格拉斯·诺思

经济和谐论/(法)巴斯夏

人类交换规律与人类行为准则的发展/(德)戈森

经济科学的性质和意义/(英)莱昂内尔·罗宾斯

资本主义发展论/(美)保罗·斯威齐

贫困与饥荒/(印度)阿马蒂亚·森

资本主义经济制度/(美)威廉姆森

食利者政治经济学/(俄)布哈林

福利经济学/(英)庇古

改造传统农业/(美)舒尔茨

资本主义的法律基础/(美)康芒斯

各国的经济增长/(美)库兹涅茨

风险、不确定性与利润/(美)奈特

国民经济学基础/(德)欧肯

企业的性质/(美)奥利弗·威廉姆森;西德尼·温特主编

施蒂格勒论文精粹/(美)库尔特·勒布;托马斯·盖尔·穆尔编

阿克洛夫、斯彭斯和斯蒂格利茨论文精选/(美)阿克洛夫彭斯,斯蒂格利茨

政治经济学要义/(英)詹姆斯·穆勒

进步与贫困/(美)亨利·乔治

资本与利息/(奥)庞巴维克

早期经济思想/(美)门罗编

财产、法律与政府/(法)巴斯夏

企业论/(美)凡勃伦

科学在现代文明中的地位/(美)凡勃伦

商业循环问题及其调整/(美)韦斯利·米契尔

经济落后的历史透视/(美)亚历山大·格申克龙

亚当·斯密通信集/(英)欧内斯特?莫斯纳;伊恩·辛普森·罗斯编

官僚体制的政治/(美)戈登·塔洛克

经济周期理论研究/(美)小罗伯特·卢卡斯

利息理论/(美)欧文·费雪

倾销/(美)雅各布·瓦伊纳

动态经济学/(英)罗伊·哈罗德

经济学展望/(英)约翰·希克斯

经济学的三个世界/(美)劳埃德·雷诺兹

福利经济及国家理论/(美)鲍莫尔

增长、短缺与效率/(匈牙利)雅诺什·科尔奈

新左派政治经济学/(瑞典)阿萨·林德贝克

民主与资本主义/(美)塞缪尔·鲍尔斯;赫伯特·金蒂斯

资本主义、价值和剥削/(英)杰弗·霍奇森

论政治经济学的若干未定问题/(英)约翰·穆勒

统制经济学/(美)勒讷

经济哲学/(英)琼·罗宾逊

经济学与经济政策/(英)阿列克·凯恩克劳斯

最优化规划论文集/(苏)康托罗维奇

国际经济秩序的演变/(英)阿瑟·刘易斯

福利经济学评述/(英)李特尔

公共选择/(美)戈登·塔洛克

经济等级制、组织与生产的结构/(美)戈登·塔洛克

货币、就业和通货膨胀/(美)罗伯特·巴罗

看得见的手/(美)小阿尔弗雷德·钱德勒

蜜蜂的寓言/(荷)伯纳德·曼德维尔

产业经济学/(英)马歇尔

财富的科学/(英)霍布森

亚洲的戏剧/(瑞典)缪尔达尔

经济科学的最终基础/(奥)米塞斯

现代经济周期理论/(美)罗伯特·巴罗

伦理学与经济学/(印度)阿马蒂亚·森

货币和信用理论/(奥地利)米塞斯

繁荣与萧条/(美)欧文·费雪

增长的政治经济学/(美)保罗·巴兰

资本积累论/(英)琼·罗宾逊

资本和收入的性质/(美)欧文·费雪

五、语言学类

汉语的本质和历史/(瑞典)高本汉

普遍唯理语法/(法)安托尼·阿尔诺克洛德·朗斯洛

论语言的起源/(德)J.G.赫尔德

论人类语言结构的差异及其对人类精神发展的影响/(德)威廉·冯·洪堡特

语法哲学/(丹麦)奥托·叶斯柏森

语言分析纲要/(美)B.布洛赫,G.L.特雷杰

语言论/(美)布龙菲尔德

普通语言学教程/(瑞士)费尔迪南·德·索绪尔

语言论—言语研究导论/(美)爱德华·萨丕尔

语言/(法)约瑟夫·房德里耶斯

“格”辨/(美)C.J.菲尔墨

比较语音学概要/(法)保尔·巴西

人类沟通的起源/(美)迈克尔·托马塞洛

语言学概论/(英)L.R.帕默尔

语言演化生态学/(美)萨利科科·S.穆夫温

65.7大领域90本不容错过的经典之作(节选)

人民日报推荐了哲学、经济、教育、社会、历史、文学等七个领域中的经典作品。不同的领域,可能会为读者开启不同的视野。以下选列了书目中的外国著作部分。

大问题:简明哲学导论/(美国)罗伯特·所罗门

西方哲学史/(英国)罗素

斯坦福极简经济学/(美国)蒂莫西·泰勒

重新定义公司/(美国)埃里克·施密特

共享经济/(美国)罗宾·蔡斯

牛奶可乐经济学/(美国)罗伯特·弗兰克

好奇者的经济学/罗伯特·索洛,詹尼斯·默里

童话心理学/河合隼雄

爱弥儿/(法国)卢梭

魔法岁月/(法国)塞尔玛·弗雷伯格

世界秩序/(美国)亨利·基辛格

拷问法国大革命/(法国)雅克·索雷

单身社会/(美国)艾里·克里南伯格

鸦片战争/(美国)蓝诗玲

全球通史:从史前史到21世纪/(美国)L.S.斯塔夫里阿诺斯

追忆似水年华/(法国)马塞尔·普鲁斯特

源氏物语/(日本)紫式部

远大前程/(英国)查尔斯·狄更斯

了不起的盖茨比/(美国)菲茨杰拉德

高老头/(法国)巴尔扎克

梦的解析/(奥地利)西格蒙德·弗洛伊德

人格心理学/(美国)伯格

发展心理学/(美国)罗伯特费尔德曼

社会性动物/(美国)艾略特·阿伦森

心理学与生活/(美国)理查德·格里格、菲利普·津巴多

积极情绪的力量/(美国)芭芭拉·弗雷德里克森

自控力/(美国)凯利·麦格尼格尔

66. 人民日报推荐书目(2017年)(节选)

2017年人民日报推荐了45本新年经典阅读书目,涵盖小学、初中、高中、大学各个阶段。以下是外国书目的部分。

猜猜我有多爱你/山姆·麦克布雷尼

小王子/安托万·德·圣埃克

兔子坡/罗伯特·罗素

活了100万次的猫/佐野洋子

长袜子皮皮/阿斯特里德·林格伦

安徒生童话选/安徒生

我的爸爸叫焦尼/波·R.汉伯格

汤姆索亚历险记/马克·吐温

老人与海/海明威

简·爱/夏洛蒂·勃朗特

欧·亨利短篇小说精选/欧·亨利

假如给我三天光明/海伦·凯勒

麦田里的守望者/杰罗姆·大卫·塞林格

飞鸟集/泰戈尔

居里夫人自传/玛丽·居里

苏菲的世界/乔斯坦·贾德

大问题/罗伯特·所罗门、凯思林·希金斯

西方哲学史/伯特兰·罗素

论犯罪与刑罚/切萨雷·贝卡里亚

社会学的想象力/C.赖特·米尔斯

政治学核心概念/安德鲁·海伍德

经济学原理/N.格里高利·曼昆

经济学/保罗·萨缪尔森

人生的智慧/叔本华

全球通史:从史前史到21世纪/L.S.斯塔夫里阿诺斯

心理学与生活/理查德·格里格、菲利普·津巴多

社会心理学/戴维·迈尔斯

百年孤独/加西亚·马尔克斯

67. 人民日报推荐书目(2018年)(节选)

人民日报在2018年时为大学生推荐了20本经典书目,鼓励大学生多读经典之书,多积累、拓展自己的视野。以下是推荐书目中的外国名著部分。

全球通史/斯塔夫里阿诺斯

西方哲学史/伯特兰·罗素

时间简史/史蒂芬·霍金

资本论/马克思

经济学原理/曼昆

心理学与生活/理查德·格里格、菲利普·津巴多

人类群星闪耀时/斯蒂芬·茨威格

百年孤独/加西亚·马尔克斯

瓦尔登湖/梭罗

如何阅读一本书/莫提默·J.艾德勒、查尔斯·范多伦

枪炮、细菌与钢铁：人类社会的命运/贾雷德·戴蒙德

大数据时代：生活、工作与思维的大变革/迈尔·舍恩伯格、库克耶

人性的弱点/戴尔·卡耐基

68. 学习经典(节选)

人民日报海外版"学习小组"编著，人民出版社出版发行，2019年6月。

阅读经典是进步的捷径。人民日报海外版"学习小组"对古今中外的经典书籍进行筛选，精心整理了140多种图书，分为人文学科、社会科学、自然科学三大篇目。以下是外国篇中的书目。

理想国/(古希腊)柏拉图

政治学/(古希腊)亚里士多德

神义论/(德国)莱布尼茨

哲学辞典/(法国)伏尔泰

社会契约论/(法国)卢梭

法哲学原理/(德国)黑格尔

存在与虚无/(法国)萨特

单向度的人/(美国)赫伯特·马尔库塞

历史的起源与目标/(德国)卡尔·雅斯贝斯

历史的教训/(美国)威尔·杜兰特,阿里尔·杜兰特

世界秩序/(美国)亨利·基辛格

上尉的女儿/(俄国)普希金

叶甫盖尼·奥涅金/(俄国)普希金

克雷洛夫寓言/(俄国)克雷洛夫

死魂灵/(俄国)果戈理

父与子/(俄国)屠格涅夫

罪与罚/(俄国)陀思妥耶夫斯基

当代英雄/(俄国)莱蒙托夫

战争与和平/(俄国)列夫·托尔斯泰

安娜·卡列尼娜/(俄国)列夫·托尔斯泰

复活/(俄国)列夫·托尔斯泰

怎么办? /(俄国)车尔尼雪夫斯基

静静的顿河/(苏联)肖洛霍夫

钢铁是怎样炼成的/(苏联)奥斯托洛夫斯基

蒙田随笔全集/(法国)蒙田

巨人传/(法国)拉伯雷

拉封丹寓言/(法国)拉·封丹

悭吝人/(法国)莫里哀

红与黑/(法国)司汤达

人间喜剧/(法国)巴尔扎克

巴黎圣母院/(法国)雨果

悲惨世界/(法国)雨果

九三年/(法国)雨果

基督山伯爵/(法国)大仲马

魔沼/(法国)乔治·桑

包法利夫人/(法国)福楼拜

茶花女/(法国)小仲马

莫泊桑短篇小说/(法国)莫泊桑

约翰·克利斯朵夫/(法国)罗曼·罗兰

哈姆雷特/(英国)莎士比亚

奥赛罗/(英国)莎士比亚

李尔王/(英国)莎士比亚

麦克白/(英国)莎士比亚

鲁滨逊漂流记/(英国)笛福

唐璜/(英国)拜伦

西风颂/(英国)雪莱

双城记/(英国)狄更斯

雾都孤儿/(英国)狄更斯

简·爱/(英国)夏洛蒂·勃朗特

圣女贞德/(爱尔兰)萧伯纳

瓦尔登湖/(美国)梭罗

草叶集/(美国)惠特曼

百万英镑/(美国)马克·吐温

野性的呼唤/(美国)杰克·伦敦

老人与海/(美国)海明威

少年维特之烦恼/(德国)歌德

浮士德/(德国)歌德

阴谋与爱情/(德国)席勒

新诗集/(德国)海涅

荷马史诗/(古希腊)荷马

神曲/(意大利)但丁

十日谈/(意大利)乔万尼·薄伽丘

歌集/(意大利)彼特拉克

堂吉诃德/(西班牙)塞万提斯

吉檀迦利/(印度)泰戈尔

飞鸟集/(印度)泰戈尔

园丁集/(印度)泰戈尔

共产党宣言/(德国)马克思,恩格斯

资本论/(德国)马克思

1844经济学哲学手稿/(德国)马克思

政治经济学批判/(德国)马克思

哥达纲领批判/(德国)马克思

反杜林论/(德国)恩格斯

唯物主义和经验批判主义/(苏联)列宁

谈谈辩证法问题/(苏联)列宁

帝国主义论/(苏联)列宁

乌托邦/(英国)托马斯·莫尔

太阳城/(意大利)托马斯·康帕内拉

政府论/(英国)约翰·洛克

论法的精神/(法国)孟德斯鸠

联邦党人文集/(美国)亚历山大·汉密尔顿,约翰·杰伊,詹姆斯·麦迪逊

常识/(美国)托马斯·潘恩

国富论/(英国)亚当·斯密

就业、利息和货币通论/(英国)凯恩斯

经济发展理论/(奥地利)熊彼特

经济学/(美国)萨缪尔森

资本主义与自由/(美国)米尔顿·弗里德曼

各国的经济增长/(美国)库兹涅茨

一个日内瓦居民给当代人的信/(法国)圣西门

人口原理/(英国)马尔萨斯

战争论/(普鲁士)克劳塞维茨

笛卡尔几何/(法国)笛卡尔

百科全书/(法国)狄德罗

人类在自然界的位置/(爱尔兰)赫胥黎

海陆的起源/(德国)魏格纳

狭义与广义相对论浅说/(美国)爱因斯坦

李比希文选/(德国)李比希

薛定谔讲演录/(奥地利)薛定谔

二、国外学者推荐

69. 影响列夫·托尔斯泰的书

列夫·托尔斯泰，俄国作家，《战争与和平》、《复活》的作者。

1891年，托尔斯泰应俄国圣彼得堡一家出版社之邀，按其成长历程开出了这份书单，他在评价这些书对自己的影响时，都写下了“影响极大”、“影响巨大”、“非常巨大”、“巨大”和“极大”之类的赞语。

（1）童年时代：

圣经（约瑟的故事）

一千零一夜（四十大盗）

加麦尔王子

小黑白马/（俄罗斯）波戈列尔斯基

拿破仑/（俄国）普希金

（2）14岁至20岁：

忏悔录/（法国）卢梭

爱弥尔/（法国）卢梭

叶甫根尼·奥涅金/（俄国）普希金

强盗/（德国）席勒

外套/（俄国）果戈理

两个伊凡/(俄国)果戈理

涅瓦大街/(俄国)果戈理

死魂灵/(俄国)果戈理

大卫·科波菲尔/(英国)狄更斯

《当代英雄》中的《塔曼》/(俄国)莱蒙托夫

(3)20岁至35岁:

赫尔曼与窦绿苔/(德国)歌德

巴黎圣母院/(法国)维克多·雨果

菲多篇/(古希腊)柏拉图

乡宴篇/(古希腊)柏拉图

(4)35岁至50岁:

奥德赛/(古希腊)荷马

伊利亚特/(古希腊)荷马

悲惨世界/(法国)雨果

伍德夫人的各种小说

乔·艾略特的各种小说

(5)50岁至63岁:

希腊文的各种福音书

创世纪

进步与贫困/(美国)亨利·乔治

思想录/(法国)巴思卡尔

70.影响美国文化的十二本书

1929年,美国文学评论家、作家考利(M. Cowley,1898~?)同史密斯(B. Smith)在其合著的《改变我们心灵的书》中,公布了一批当时美国名人推选的书目,共有134本书被提名,《梦的解析》等12本书得票最多,是“对于当代美国精神影响最为重大的书籍”。

梦的解析/弗洛伊德

爱的教育/亚当斯

美国历史上的边疆/杜纳

社会传统/森摩纳

产业论/魏布兰

逻辑研究/杜威

原始心灵/鲍亚士

美国宪法的经济解释/贝尔德

文学批评原理/理察德

美国思想/巴林敦

国家与革命/列宁

西方的没落/斯宾格勒

71.震撼世界的十本书

1945年英国作家奚普(HaraceShipp)就世界历史范围最重要的书选出如下十本书,被称为“震撼世界的书”。

圣经

理想国/(古希腊)柏拉图

上帝之城/(古罗马)圣·奥古斯丁

古兰经/(阿拉伯)穆罕默德

神曲/(意大利)但丁

莎士比亚戏剧集/(英国)莎士比亚

天路历程/(英国)班扬

为英国人民呼吁/(英国)弥尔顿

物种起源/(英国)达尔文

资本论/(德国)马克思

72. 海明威开列的文学书目

海明威，美国作家，1954年获诺贝尔文学奖，《老人与海》、《永别了，武器》的作者。在20世纪50年代初，海明威为青年女作家丽莲·洛斯开列了旨在“提高艺术水平”的书目，依次为：

羊脂球/（法国）莫泊桑

红与黑/（法国）司汤达

恶之花/（法国）查理·波德莱尔

包法利夫人/（法国）福楼拜

追忆似水年华/（法国）普鲁斯特

布登勃洛克一家/（德国）托马斯·曼

塔拉斯·布尔巴/（俄国）果戈里

卡拉马佐夫兄弟/（俄国）陀思妥耶夫斯基

安娜·卡列尼娜/（俄国）托尔斯泰

战争与和平/（俄国）列夫·托尔斯泰

哈克贝利·芬历险记/（美国）马克·吐温

白鲸/（美国）麦尔维尔

红字/（美国）霍桑

红色勇敢勋章/（美国）斯蒂芬·克莱恩

德·莫甫夫人/（英国）亨利·詹姆士

73.人类有史以来的二十本最佳书

1985年美国《生活》杂志社在百万读者中开展评选“人类有史以来的最佳书”的活动，结果有二十种书名列前茅。其书目依次为：

唐吉诃德/(西班牙)塞万提斯

鲁滨逊漂流记/(英国)笛福

匹克威克外传/(英国)狄更斯

傲慢与偏见/(英国)简·奥斯丁

德伯家的苔丝/(英国)哈代

悲惨世界/(法国)雨果

包法利夫人/(法国)福楼拜

约翰·克利斯朵夫/(法国)罗曼·罗兰

西线无战事/(德国)雷马克

白鲸/(美国)麦尔维尔

格利佛游记/(英国)斯威夫特

哈克贝利·芬历险记/(美国)马克·吐温

浮士德/(德国)歌德

仲夏夜之梦/(英国)莎士比亚

奥德赛(即奥德修记)/(古希腊)荷马

希腊史/(爱尔兰)伯利

罗马帝国之衰亡/(英国)吉本

圣经

培根论文集/(英国)弗兰西斯·培根

进化论/(英国)达尔文

74.改变世界的十六本书

唐斯(RobertB.Downs)著。1986年上海文化出版社出版了节译本,译名为《影响世界历史的十六本书》(缨军编译)。作者从文艺复兴到20世纪中叶这段时期内甄选了16本对人类历史、经济、文化、政治和科学的发展进程产生过深远、持久、广泛影响的书籍,旨在"向人们显示书籍所蕴藏的巨大力量"。

君主论/(意大利)尼科罗·马基雅维利

常识/(美国)托马斯·潘恩

国富论/(英国)亚当·斯密

人口论/(英国)托马斯·马尔萨斯

不服从论/(美国)索罗

汤姆叔叔的小屋/(美国)斯托夫人

资本论/(德国)马克思

海军战略论/(美国)马汉

地缘政治论/(英国)哈尔福德·麦金德

我的奋斗/(德国)阿道夫·希特勒

天体运行论/(波兰)N.哥白尼

血液循环论/(英国)威廉·哈维

数学原理/(英国)伊萨克·牛顿

物种起源/(英国)达尔文

梦的解析/(奥地利)弗洛伊德

相对论/(德国)爱因斯坦

75. 美国历史上里程碑式的三十二本书

《美国历史上里程碑式的三十二本书》,美国柯恩(HenningCohen)编。柯恩是宾夕法尼亚大学教授,曾任广播电台新闻报导主持人。本书编选了从布雷德福《普利茅斯历史》到肯尼迪《勇者画像》的32部著作。这些作品包括的范围很广,有文学、语言、历史、传记、科学、政治、社会学、经济学、建筑和音乐等。编者认为这32部著作"在立国精神的表现上,代表国家创造方面的成就上,历史过程方面的变化的指示上,都有代表性的资格"。

这个书单是按出版的先后顺序排列的,每一部入选作品,由一位学者撰文进行介绍和评论。这些论文最初是为美国之音对外广播之用，后来结集出版，便是这本“Land marks of American Writing”。朱立民等将它译为中文时，译作《美国划时代作品评论集》(北京：三联书店1988年5月出版)。

普利茅斯历史/威廉·布雷德福

自传/富兰克林

一个美国农夫的信/克雷夫科尔

联邦论集/汉密尔顿等

见闻札记/华盛顿·欧文

大草原/库珀

俄勒冈小径/派克曼

道格拉斯自述/道格拉斯

怪谭奇闻故事集/爱伦·坡

七角大厦/霍桑

骗子/梅尔维尔

沃尔登或林中生活/(美国)亨利·戴维·梭罗

自我之歌/惠特曼

汤姆·索耶历险记/马克·吐温

神女玛琪/斯蒂芬·克莱恩

专使/亨利·詹姆斯

科罗拉多大江探测记/鲍威尔

自2000年回顾1887年(即回顾)/爱德华·贝拉米

有闲阶级的理论/(美国)凡勃伦

黑人魂/杜波依斯

实用主义:某些旧思想的新名称/詹姆斯

教育/亨利·亚当斯

美国语言/门肯

奏鸣曲前的随笔/查尔斯·艾甫斯

一个信念的自传/路易斯·沙利文

巨室/肯明斯

太阳照样升起/海明威

白毕特/辛克莱·刘易斯

我们现在来赞美名人/詹姆斯·艾吉

熊/福克纳

卖冰的人来了/尤金·奥尼尔

勇者画像/肯尼迪

76. 毛姆推荐的文学名著

《书与你》,毛姆著。毛姆(WilliamS. Maugham, 1874~1965),英国小说家、剧作家,著有《人性的枷锁》、《月亮和六便士》等。在《书与你》这本小册子中,毛姆为"你"(指那些业余有闲暇的成年人）介绍了他认为是真正的杰作的文学书，包括英国文学、欧洲大陆文学和美国文学三个部分。

载《阅读的艺术》68～110页。上海翻译出版公司，1988年6月。

（1）英国文学：

摩尔·弗兰德斯/（英国）笛福

格列佛游记/（英国）斯威夫特

弃婴托姆·琼斯的故事（即汤姆·琼斯）/（英国）菲尔丁

项笛传/（英国）斯特恩

约翰逊传/（英国）鲍斯韦尔

游赫布里底诸岛日记/（英国）鲍斯韦尔

诗人传/（英国）约翰逊

生平与写作回忆/（英国）吉本

大卫·科波菲尔/（英国）狄更斯

众生之路/（英国）勃特勒

曼斯菲尔德花园/（英国）简·奥斯丁

席间闲谈/（英国）哈兹里特

名利场/（英国）萨克雷

呼啸山庄/（英国）爱米丽·勃朗特

米罗马区/（英国）乔治·伊利奥特（即乔治·艾略特）

尤斯达丝的钻石/（英国）特罗洛普

利己主义者/(英国)梅瑞狄斯

英诗精华/(英国)帕尔格雷夫

牛津版英国诗选/(英国)帕尔格雷夫

英国短诗精华/(英国)杰拉德·巴莱特

(2)欧洲大陆文学:

唐·吉诃德(奥姆斯比1885年英译本)/(西班牙)塞万提斯

蒙田散文集(科顿英译本)

威廉·迈斯特(尤其是《威廉·迈斯特的学习时代》)/(德国)歌德

父与子/(俄国)屠格涅夫

战争与和平/(俄国)托尔斯泰

卡拉马佐夫兄弟/(俄国)杜思妥也夫斯基

克莱芙王妃/(法国)拉斐德夫人

曼侬·莱斯科/(法国)普雷沃

老实人或乐观主义/(法国)伏尔泰

忏悔录/(法国)卢梭

高老头/(法国)巴尔扎克

红与黑/(法国)斯丹达尔(即司汤达)

巴马修道院/(法国)司汤达

包法利夫人/(法国)福楼拜

阿道尔夫/(法国)本杰明·贡斯当

三个火枪手/(法国)大仲马

宝石箱/(法国)安纳托·法朗士

追忆似水年华/(法国)马塞·普鲁斯特

(3)美国文学:

自传/(美国)本杰明·富兰克林

红字/(美国)霍桑

在康科德与梅里马克河上一周/(美国)梭罗

英国人的性格/(美国)爱默生

金甲虫/(美国)埃德加·爱伦坡

一个美国人/(美国)亨利·詹姆斯

哈克贝里·费恩历险记/(美国)马克·吐温

俄勒冈小径/(美国)帕克曼(即派克曼)

白鲸/(美国)赫尔曼·梅尔维尔

草叶集/(美国)华特·惠特曼

77.哈佛大学教授推荐最有影响的书(节选)

《哈佛大学113位教授推荐最有影响的书》,(美)C·莫里·迪瓦恩等编;唐润华译,北京:华夏出版社,1990年10月。

本书由美国哈泼—罗出版社于1986年出版，原名为《哈佛大学有影响的书籍指南》（TheHarvardGuidetoInfluentialBooks）。在这本书中，世界著名学府——哈佛大学的113名教授现身说法，介绍了对他们的思想、事业和生活产生过重大影响的书。这些教授来自社会科学和自然科学领域的各个专业，在美国及国际上均有一定的声誉。他们的推荐和介绍具有广泛的代表性，对各行各业的读者均有一定的启发和帮助。这里选列其中的外国名著部分。

这113位推荐者是：

丹尼尔·阿伦（哈佛大学名誉教授）

詹姆斯·阿克曼（哈佛大学教授）

詹姆斯·阿德尔斯坦（哈佛大学教授）

威廉·阿尔弗雷德（哈佛大学教授）

格雷厄姆·T·阿利森（哈佛大学教授）

肯尼思·安德鲁斯（哈佛大学教授）

克拉丽莎·阿特金森（哈佛大学教授）

伯纳德·贝林（哈佛大学教授）

沃尔特·杰克逊·贝特（哈佛大学教授）

丹尼尔·贝尔（哈佛大学教授）

尼古拉斯·布隆伯根（哈佛大学教授）

威廉·博瑟特（哈佛大学教授）

艾伦·布林克利(哈佛大学副教授)
罗伯特·布鲁斯坦(哈佛大学教授)
康斯坦斯·H·布坎南(哈佛大学教授)
珍妮·S·查尔(哈佛大学教授)
黑尔·钱皮恩(哈佛大学教授)
艾尔弗雷德·D·钱德勒(哈佛大学教授)
玛丽·V·查特菲尔德(哈佛大学教授)
C·罗兰·克里斯坦森(哈佛大学教授)
罗伯特·科尔斯(哈佛大学教授)
约翰·威廉斯·科林斯第三(哈佛大学图书馆员)
理查德·N·库珀(哈佛大学教授)
克莱尔·多尔顿(哈佛大学副教授)
丹特·德拉—泰尔扎(哈佛大学教授)
保罗·M·多蒂(哈佛大学教授)
约翰·T·邓洛普(哈佛大学教授)
黛安娜·埃克(哈佛大学教授)
克里斯托弗·埃德利(哈佛大学教授)
阿奇·C·埃普斯(哈佛大学学生督导)
迈伦·菲尔林(哈佛大学教授)
富兰克林·福特(哈佛大学教授)
霍华德·弗雷泽(哈佛大学教授)

伊曼纽尔·A.弗里德曼(哈佛大学教授)

杰拉尔德·E.弗鲁克(哈佛大学教授)

约翰·肯尼思·加尔布雷思(哈佛大学名誉教授)

卡尼·加文(哈佛大学犹太人博物馆副馆长)

谢尔登·格拉肖(哈佛大学教授)

内森·格莱泽(哈佛大学教授)

斯蒂芬·J.古尔德(哈佛大学教授)

奥列格·格拉巴(哈佛大学教授)

帕特里夏·阿尔布杰格·格雷厄姆(哈佛大学教授)

霍华德·格林(哈佛大学教授)

肯尼思·W.哈斯金斯(哈佛大学高级讲师)

休·赫克罗(哈佛大学教授)

理查德·赫伦斯坦(哈佛大学教授)

霍华德·希亚特(哈佛大学教授)

詹姆斯·霍奇森(哈佛大学设计研究院弗朗西丝·洛布图书馆馆长)

斯坦利·霍夫曼(哈佛大学教授)

杰拉尔德·霍尔顿(哈佛大学教授)

马蒂娜·霍纳(哈佛大学副教授)

哈罗德·豪第二(哈佛大学高级讲师)

杰罗姆·卡根(哈佛大学教授)

约翰·高(哈佛大学教授)

戈登·D.考夫曼(哈佛大学教授)

约翰·V.凯莱赫(哈佛大学教授)

邓肯·肯尼迪(哈佛大学教授)

弗朗西丝·凯佩尔(哈佛大学高级讲师)

温思罗普·诺尔顿(哈佛大学教授)

马丁·A.林斯基(哈佛大学讲师)

戴维·M.利文斯顿(哈佛大学教授)

乔治·C.洛奇(哈佛大学教授)

艾伯特·洛德(哈佛大学名誉教授)

罗德里克·麦克法夸尔(哈佛大学教授)

约翰·E.麦克(哈佛大学教授)

小哈维·C.曼斯菲尔德(哈佛大学教授)

欧内斯特·R.梅(哈佛大学教授)

科林·麦卡德尔(哈佛大学副教授)

托马斯·K.麦克劳(哈佛大学教授)

伊丽莎白·麦金西(哈佛大学副教授)

玛格丽特·R.迈尔斯(哈佛大学教授)

D.奎因·米尔斯(哈佛大学教授)

马撒·米诺(哈佛大学教授)

约翰·D.蒙哥马利(哈佛大学教授)

马克·穆尔(哈佛大学教授)

理查德·E.诺伊施塔特(哈佛大学教授)

理查德·R.尼布尔(哈佛大学教授)

罗伯特·诺齐克(哈佛大学教授)

小约瑟夫·S.奈(哈佛大学教授)

劳里·D.奥林(哈佛大学教授)

理查德·D.帕克(哈佛大学教授)

奥兰多·帕特森(哈佛大学教授)

雷金纳德·费尔普斯(哈佛大学教授)

理查德·派普斯(哈佛大学教授)

威拉德·V.奎因(哈佛大学名誉教授)

霍华德·赖法(哈佛大学教授)

罗伯特·B.赖克(哈佛大学教授)

戴维·里斯曼(哈佛大学名誉教授)

马克·罗伯茨(哈佛大学教授)

杰弗里·萨克斯(哈佛大学教授)

摩西·萨夫迪(哈佛大学教授)

迈克尔·J.桑德尔(哈佛大学副教授)

托马斯·C.谢林(哈佛大学教授)

布鲁斯·斯科特(哈佛大学教授)

伊沃尔·谢夫琴科(哈佛大学教授)

朱迪思·施克拉(哈佛大学教授)

B.F.斯金纳(哈佛大学名誉教授)

安妮·惠斯顿·斯珀恩(哈佛大学副教授)

泽弗·斯图尔特(哈佛大学教授)

约翰·R.斯蒂尔戈(哈佛大学教授)

塞缪尔·索恩(哈佛大学名誉教授)

C.彼得·蒂默(哈佛大学教授)

海伦·温德勒(哈佛大学教授)

西德尼·维巴(哈佛大学图书馆馆长)

阿维斯·C.维达尔(哈佛大学副教授)

埃兹拉·F.沃格尔(哈佛大学教授)

路易斯·沃斯格切恩(哈佛大学教授)

劳埃德·温雷布(哈佛大学教授)

弗雷德·R.惠普尔(哈佛大学名誉教授)

戈登·R.威利(哈佛大学名誉教授)

爱德华·O.威尔逊(哈佛大学教授)

詹姆斯·Q.威尔逊(哈佛大学教授)

亚伯拉罕·扎莱兹尼克(哈佛大学教授)

阿克塞尔的城堡:1870~1930的想象文学研究/埃德蒙德·威尔逊

阿罗史密斯/辛克莱·刘易斯

爱尔兰农民/康拉德·M.阿伦斯伯格

爱德华一世时代以前的英国法律史/爱德华·波洛克,F.W.梅特兰

埃米莉·迪金森诗歌全集/埃米莉·迪金森

奥德赛/(古希腊)荷马

奥狄浦斯王/索福克勒斯

奥狄浦斯在科洛诺斯/索福克勒斯

傲慢与偏见/简·奥斯汀

安妮·弗兰克:一个少女的日记/安妮·弗兰克

安提戈涅/索福克勒斯

安德罗玛克/让·巴蒂斯特·拉辛

安达曼岛民/阿尔弗雷德·R.拉德克利夫—布朗

巴切斯特塔/安东尼·特罗洛普

巴黎的房子/伊丽莎白·鲍恩

巴塞特的最后纪事/安东尼·特罗洛普

把它留给珀史密斯/P.G.沃德豪斯

白捡的钱/P.G.沃德豪斯

伴随时代音乐起舞/安东尼·鲍威尔

悲剧的诞生/弗里德里希·尼采

悲惨世界/维克托·雨果

被遗忘竞赛/赫伯特·F.约克

被控诉的正义:反对奴隶制与司法程序/罗伯特·M.科弗

比一千个太阳更亮/罗伯特·容克

辩证理性批判/让—保罗·萨特

变革社会的政治秩序/塞缪尔·P.亨廷顿

波士顿人/亨利·詹姆斯

伯罗奔尼撒战争史/修昔底德

薄迦梵歌

不确定状况的决策分析/罗伯特·施莱弗

不该烧死她/克里斯托弗·弗赖

不朽的夏娃/艾萨克·H.弗拉克

利己主义者,超人集/詹姆斯·吉本斯·亨内克

拉文格洛/乔治·亨利·博罗

参考书指南/尤金·保罗·希伊

残局:第二阶段限制战略武器会谈内幕/斯特罗伯·塔尔博特

苍白的火/弗拉基米尔·纳波科夫

差别的未来/赫斯特·艾森斯坦,艾丽斯·贾丁

查特莱夫人的情人/D.H.劳伦斯

查尔斯·詹姆斯·福克斯的早期历史/乔治·奥托·特里维廉

忏悔录/圣·奥古斯丁

禅与摩托车维修艺术/罗伯特·M.皮尔西格

超越圣父:建立一门妇女解放的哲学/玛丽·戴利

沉默的塔/保罗·斯科特

沉思录/奥里留斯

城堡/卡夫卡

冲突战略/托马斯·C.谢林

冲突中的种族集团/唐纳德·L.霍罗威茨

纯粹理性批判/康德

《创世纪》里的刑事陪审法庭/布隆内尔

从一个动物学家的观点看系统论和物种起源/恩斯特·迈尔

从一个社会行为学家的立场来看心灵、自我与社会/乔治·H.米德

从行为主义者的观点看心理学/约翰·B.沃森

大卫·科波菲尔/(英国)狄更斯

大学时代的学术自由/沃尔特·P.梅茨格

大地/赛珍珠

代价/阿瑟·米勒

戴高乐战争回忆录/夏尔·戴高乐

丹尼尔·德龙达/乔治·艾略特

道德形而上学的基本原理/伊曼纽尔·康德

到灯塔去/弗吉尼亚·伍尔夫

德雷朗索:美国黑人自画像/约翰·兰斯顿·格沃特尼

德普特福德三部曲/罗伯逊·戴维斯

《第二次世界大战》第一卷:聚集的风暴/温斯顿·S.丘吉尔

第五项业务/罗伯逊·戴维斯

地下室手记/陀思妥耶夫斯基

地球的命运/乔纳森·谢尔

地中海与腓力二世时代的地中海世界/费尔南德·布劳代尔

蒂博一家/罗歇·马丹·迪加尔

东西方之相遇/F.S.C.诺思罗普

动物与人的有目的行为/爱德华·C.托尔曼

独角兽/亨内克

独家新闻/埃夫林·沃

都柏林人/詹姆斯·乔伊斯

对策论与经济行为/约翰·冯·诺伊曼,奥斯卡·莫根斯特恩

对沉思的援助/塞缪尔·泰勒·柯勒律治

短得不能再短的绳子/唐纳德·霍尔

俄国人/赫德里克·史密斯

儿童读物的阅读困难/欧文·洛奇

儿童的心理发育/玛格丽特·马勒·弗雷德·派因,安妮·伯格曼

儿童故事集/艾萨克·巴谢维斯·辛格

反托拉斯悖论:一项自相矛盾的政策/罗伯特·H.博克

反偶像崇拜者,剧作家集/詹姆斯·吉本斯·亨内克

翻身:一个中国村庄的革命纪实/威廉·欣顿(即韩丁)

方言/(美国)舒泽特·黑登·埃尔金

方案:前方深浅莫测的水域/皮埃尔·瓦克

腓特烈二世/恩斯特·H.坎托罗维奇

分裂世界里的教育/詹姆斯·B.科南特

愤怒的葡萄/约翰·斯坦倍克

风俗史/诺伯特·伊莱亚斯

风格的要素/小威廉·斯特伦克,E.B.怀特

疯狂的奥兰多/卢多维科·阿里奥斯托

坟墓的闯入者/威廉·福克纳

弗洛斯河上的磨坊/乔治·艾略特

弗吉尼亚·伍尔夫书信集/弗吉尼亚·伍尔夫

弗兰尼和佐伊/J.D.塞林杰

弗雷德里克·威廉·梅特兰传略/H.A.L.费希尔

妇女、历史与理论/琼·凯利

妇女生态学:激进女权主义的伦理转变/罗伯特·H·博克

浮士德/歌德

浮士德博士/托马斯·曼

富有的人们:经济富裕与美国的特性/戴维·M.波特

富裕社会/约翰·肯尼思·加尔布雷思

富有洞察力的形象:西方基督教和世俗文化中的形象悟觉/玛

格丽特·迈尔斯

改革的时代:从布赖恩到罗斯福/理查德·霍夫施塔特

概率、统计学与真理/理查德·冯·米泽斯

甘地自传/甘地

感觉的抑制/格奥尔格·冯·贝凯西

高卢战记/尤利乌斯·恺撒

高效率的管理/玛丽·帕克·福莱特

戈尔德贝格变奏曲/J.S.巴赫

鸽翼/亨利·詹姆斯

个人主义与经济秩序/弗里德里希·奥古斯特·冯·哈耶克

个人影响:人在大众传播媒介中的作用/保罗·拉扎斯菲尔德,埃利胡·卡茨

更高的读写能力:埃德加·戴尔博士文选/埃德加·戴尔

工业发展、贸易与日本经济的动力模式/筱原美代平

公祷书

共和国/柏拉图

孤独的人群/戴维·里斯曼,鲁埃尔·丹尼,内森·格拉泽

古利伯尔的旅行/林·拉德纳

瓜分猎物/保罗·斯科特

管理与工人/F.J.罗特利斯伯格,威廉·J.迪克森

光明之书/哈伊姆·波托克

广岛/约翰·赫西

国王的人马/罗伯特·佩恩·沃伦

国际政治:为权力与和平而斗争/汉斯·J.摩根索

国会制定法律:1946年就业法内幕/斯蒂芬·K.贝利

过去的与将来的国王/T.H.怀特(即白修德)

哈克贝利·芬历险记/(美国)马克·吐温

哈珀现代思想词典/艾伦·L.布洛克

哈维·库欣传/约翰·F.富尔顿

海洋元帅:哥伦布传/塞缪尔·艾略特·莫里森

好兵/福特·马多克斯·福特

好兵帅克/亚诺斯拉夫·哈谢克

豪斯曼诗选/A.E.豪斯曼

黑人的灵魂/W.E.B.杜波依斯

黑猩猩政治学:类人猿中的权力与性/弗兰斯·德瓦尔

和平析/埃默里·里夫斯

和平与战争:国际关系论/雷蒙·阿龙

何为历史?/爱德华·H.卡尔

亨利·法布尔的昆虫世界/埃德温·韦·蒂尔

亨利·亚当斯的教育/亨利·亚当斯

亨利四世/(英国)莎士比亚

亨利五世/(英国)莎士比亚

红与黑/(法国)司汤达

后工业社会的来临/丹尼尔·贝尔

欢乐的鸟儿夜间歌唱的地方/卡特·威廉

幻觉的未来/西格蒙德·弗洛伊德

洪堡的礼物/索尔·贝娄

荒凉山庄/查尔斯·狄更斯

皇冠上的珠宝/保罗·斯科特

回忆录/乔治·F.凯南

回忆、梦想、思考/卡尔·容格

回到笑声中去/埃莉诺尔·史密斯·鲍恩(劳拉·博安南)

化身博士/罗伯特·路易斯·斯蒂文生

怀河/戴维·J.邓肯

吉尔迦美什史诗/(古巴比伦)(最早见于前18世纪)

吉迪恩的喇叭/安东尼·刘易斯

基督山伯爵/(法国)大仲马

基督教的本质/路德维希·费尔巴哈

激进的一神教与西方文化/理查德·尼布尔

纪律与惩罚:一座监狱的诞生/米歇尔·福考尔特

贾斯廷的教区长/路易斯·奥金克洛斯

简·爱/夏洛特·勃朗特

简单的正义/理查德·克鲁格

街头社会/威廉·F.怀特

结构主义/让·皮亚杰

教育与国家/E.G.韦斯特

教育的目的及其他论文/阿尔弗雷德·诺思·怀特海

经济学/保罗·萨缪尔森

精神现象学/黑格尔

精神分析引论/西格蒙德·弗洛伊德

进步、共存及知识自由/安德烈·D.萨哈罗夫

进化的意义/乔治·G.辛普森

进化观的起源与发展初探/约翰·B.伯里

进入黑夜的漫长旅程/尤金·奥尼尔

居里夫人/夏娃·居里

决策的要素:古巴导弹危机分析/格雷厄姆·J.阿利森

君主论/尼科罗·马基雅维利

卡拉玛佐夫兄弟/费奥多尔·陀思妥耶夫斯基

开放社会及其敌人/卡尔·R.波普尔

凯尔特人的爱尔兰/约恩·麦克尼尔

坎特伯雷故事集/杰弗里·乔叟

看电影的人/沃尔克·珀西

看守/安东尼·特罗洛普

看得见的手/小阿尔弗雷德·D.钱德勒

考察中的发展项目/艾伯特·O.赫尔曼

科学与共同理解/J.罗伯特·奥本海默

科学与现代世界/阿尔弗雷德·诺思·怀特海

科学研究的艺术/威廉·I.贝弗里奇

科学的美国人(杂志)

科学革命的结构/托马斯·S.库恩

科德角/亨利·戴维·梭罗

克里斯汀·拉夫伦斯达特/西格里德·昂德塞特

空间、时间与建筑/西格弗里德·吉尔迪恩

拉吉四部曲/保罗·斯科特

拉克伦特堡/玛丽亚·埃奇沃恩

莱博维茨顿/小沃尔特·M.米勒

赖纳·马里亚·里尔克诗选/赖纳·马里亚·里尔克

立法者:加入和适应立法生涯/詹姆斯·D.巴伯

李尔王/(英国)莎士比亚

理查二世/(英国)莎士比亚

力学/恩斯特·马赫

礼仪的相互作用:面对面的行为论文集/欧文·戈夫曼

历史、人与理性:19世纪思想研究/莫里斯·H.曼德尔鲍姆

历史观念/R.G.科林伍德

联盟政治/理查德·E.诺伊施塔特

联邦党人/亚历山大·汉密尔顿，约翰·杰伊，詹姆斯·麦迪逊

量子力学基础/约瑟夫·马里亚·约奇

领导者的用人之道/亚伯拉罕·扎莱兹尼克

鲁拜集/欧玛尔·海亚姆

绿野仙踪/弗兰克·鲍姆

罗斯福：狮子与狐狸/詹姆斯·麦格雷戈·伯恩斯

罗马帝国和中世纪的建筑象征主义/厄尔·鲍德温·史密斯

罗密欧与朱丽叶/（英国）莎士比亚

洛莉塔/弗拉基米尔·纳波科夫

裸者与死者/诺曼·梅勒

论自由的四篇论文/艾赛亚·伯林爵士

论形式的综合/克里斯托弗·亚历山大

论文集：1965～1980/温德尔·伯里

论道德/菲利普·维利

论宗教感情/乔纳森·爱德华兹

论自由/约翰·斯图亚特·穆勒

伦理学/贝内迪克特·斯宾诺莎

马尔科姆·艾克斯自传/马尔科姆·艾克斯

马克·吐温作品选/马克·吐温

马基雅维利与圭契阿迪尼/费利克斯·吉尔伯特

马杰里·肯普之书/马杰里·肯普

马克斯·韦伯社会学论文选/马克斯·韦伯

马鹿荒原:穆里夫妇在怀俄明州杰克逊洞的生活/玛格丽特·穆里,奥劳斯·穆里

玛格丽特·富勒:美国传奇:作品与书信选/佩里·米勒

麦克白/(英国)莎士比亚

曼蒂科尔/罗伯逊·戴维斯

曼纳斯小姐行为矫正指南/朱迪思·马丁

美人鱼与人身牛头怪物/多萝西·迪纳斯坦

美国的民主/亚历克西·德·托克维尔

美国教育/劳伦斯·A.克雷明

美国民主思想的进程/拉尔夫·亨利·加布里埃尔

美国的困境:黑人问题与现代民主/冈纳·默代尔,理查德·斯特纳,阿诺德·罗斯

美国黑人的改造/W.E.B.杜波依斯

美国/弗朗茨·卡夫卡

美国的自由传统/路易斯·哈茨

美国与中国/费正清

美国革命的思想起源/伯纳德·贝林

美国生活中的反知识分子倾向/理查德·霍夫施塔特

美国建筑/弗兰克·劳埃德·赖特

美国政治:不和谐的前景/塞缪尔·P.亨廷顿

美国风情/亨利·詹姆斯

美国在世界经济中的竞争力/乔治·C.洛奇,布鲁斯·R.斯科特

美国古典文学研究/D.H.劳伦斯

美国的竞争优势/理查德·W.博林,约翰·鲍尔斯

美学分析/D.W.普劳尔

没有财产的权力:美国政治经济的一个新发展/小阿道夫·A.伯利

没有建筑师的建筑/伯纳德·鲁多夫斯基

梦的解析/西格蒙德·弗洛伊德

米德尔马契/乔治·艾略特

面包和酒/伊尼亚齐奥·西洛内

名利场/威廉·萨克雷

魔山/托马斯·曼

莫比·迪克(即白鲸)/赫尔曼·麦尔维尔

墨西哥征服史/威廉·H.普雷斯科特

母性的再生产:精神分析与性别社会学/南希·乔多罗

内容的形式/本·莎恩

尼采文集/弗里德里希·尼采

尼可马亥伦理学/亚里士多德

农业的萎缩:印度尼西亚的生态变化过程/克利福德·格尔茨

农业发展的国际前景/早见与次郎,弗农·W.拉坦

诺丁希尔区的拿破仑/G.K.切斯特顿

欧洲文明史/弗朗索瓦·P.基佐

派迪亚:希腊文化的典范/沃纳·W.耶格尔

培根是莎士比亚/埃德温·德宁—劳伦斯爵士

皮诺乔历险记/卡洛·罗伦齐尼

皮裹腿故事集/詹姆斯·费尼莫尔·库柏

漂流生活片断/胡申

偏见:哲学词典/罗伯特·尼斯比特

骗子及其伪装/赫尔曼·麦尔维尔

普通法/小奥利弗·温德尔·霍姆斯

葡萄牙十四行诗/伊丽莎白·芭蕾特·勃朗宁

七根智慧之柱/T.E.劳伦斯

奇异世界/罗伯逊·戴维斯

启示的意义/理查德·尼布尔

千头万绪/玛丽亚·德茂特

桥头眺望/阿瑟·米勒

秋天四重奏/巴巴拉·皮姆

去芬兰车站/埃德蒙德·威尔逊

权利哲学/黑格尔

权利的复仇女神:政治中的德国军队/约翰·惠勒·贝内特

扰乱宇宙/弗里曼·J.戴森

人有人的用途:控制论与社会/诺伯特·维纳

人可以被改变吗?/琼·罗斯坦德

人类团体/乔治·C.霍曼斯

人类枷锁/威廉·萨默塞特·毛姆

人类美德的来源/亨利·N.威曼

人类状况/汉纳·阿伦特

日本第一:美国的教训/(美国)/傅高义

日本的工业政策/经济合作与发展组织

日常生活精神病理学/西格蒙德·弗洛伊德

瑞典女王克里斯蒂娜作品集/瑞典人、哥特人和汪达尔人的女王克里斯蒂娜

萨基短篇小说选/H.H.芒罗

塞缪尔·约翰逊传/詹姆斯·博斯韦尔

三个几尼/弗吉尼亚·伍尔夫

三个士兵/约翰·多斯·帕索斯

三个火枪手/大仲马

散文与戏剧精选/亨里克·易卜生

杀手天使/迈克尔·沙拉

莎士比亚全集/(英国)莎士比亚

上帝之城/圣·奥古斯丁

社会制度/塔尔科特·帕森斯

社会行为及其基本形式/乔治·C.霍曼斯

社会选择与个人价值/肯尼思·J.阿罗

社会科学方法论/马克斯·韦伯

社会主义心理学/亨德里克·德曼

社会主义/路德维希·冯·米泽斯

社会组织与经济组织论/马克斯·韦伯

社会行为的结构/塔尔科特·帕森斯

社会契约论/让·雅克·卢梭

神曲/(意大利)但丁

神经脊/尼科勒·勒杜阿连

神经质的类型/戴维·夏皮罗

审判/弗朗茨·卡夫卡

生命中枢:自由的政治/小约瑟·M.施莱辛格

生命是什么?/薛定谔

生长与形态/达西·W.汤普森爵士

生态学诸要素/乔治·L.克拉克

生物学思想的发展/恩斯特·E.迈尔

圣经

圣徒的革命:激进政治的起源研究/迈克尔·沃尔泽

圣诞节/W.萨默塞特·毛姆

胜负未决的战斗/约翰·斯坦倍克

诗集/塞缪尔·泰勒·柯勒律治

诗作全集/珀西·比希·雪莱

施拉谢弗罗腾堡与党派政治/埃卡特·科尔

失去的世界/阿瑟·柯南·道尔爵士

十的威力/菲利普·莫里森,菲利斯·莫里森

十日谈/薄迦丘

十三个故事/(英国)戴罗娜·赛特菲尔德

实用主义/威廉·詹姆斯

实验医学研究导言/克劳德·贝尔纳

实践理性批判/伊曼纽尔·康德

史前多瑙河/维尔·戈登·蔡尔德

世界的逻辑结构/鲁道夫·卡纳普

世界大战的起源/西德尼·B.费伊

事物的本来面目/珀西·W.布里奇曼

书中的乐趣/罗兰·巴特斯

书目学新知/菲利普·加斯克尔

鼠、虱与历史:细菌传/汉斯·津瑟

数学原理/伯特兰·罗素

数学纲要/怀特海,罗素

衰竭的自由/理查德·哈里斯

衰落与崩溃/埃夫林·沃

双城记/查尔斯·狄更斯

双螺旋/詹姆斯·D.沃森

说服论/约翰·梅纳德·凯恩斯

斯尼奇及其他故事/西奥多·索伊斯·盖泽尔

斯大林:用批判的眼光观察布尔什维主义/鲍里斯·苏瓦林

撕毁的誓约:患难时期的美国民间宗教/罗伯特·N.贝拉

四个四重奏/托马斯·斯特恩斯·艾略特(即托·史·艾略特)

49批邮票的拍卖/托马斯·平钦

送火:一个宇航员的旅行/迈克尔·科林斯

随笔集/蒙田

索琼纳·特鲁思自述/索琼纳·特鲁思

她/H.赖德·哈格德爵士

他们自以为自由:1935～1945年的德国人/密尔顿·S.迈耶

他们的眼睛注视着上帝/佐拉·尼尔·赫斯顿

太空警察的旅行/A.E.范福格特

天赋权利与历史/列奥·施特劳斯

田纳西流域管理局:行进中的民主/戴维·E.利连撒尔

条件反射:大脑皮层的生理研究/伊万·P.巴甫洛夫

汤姆·索耶历险记/马克·吐温

通商产业省与日本奇迹:工业政策的发展,1925～1975/查默斯·A.约翰逊

同党/鲍勃·伍德沃德,斯科特·阿姆斯特朗

推销员之死/阿瑟·米勒

通过法律的社会控制/罗斯科·庞德

图腾与禁忌/西格蒙德·弗洛伊德

陀思妥耶夫斯基选集/陀思妥耶夫斯基

完美无缺的女人/巴巴拉·皮姆

威廉·特雷佛小说集/威廉·特雷佛

危险性最小的分支:政治法庭上的最高法院/亚历山大·M.比克尔

微生物探求者/保罗·H.德克鲁夫

伟大的转变/卡尔·波拉尼

伟大的攀登:我们时代谋求经济发展的斗争/罗伯特·L.海尔布罗内

伟大的思想:西方名著大全/莫蒂默·J.阿德勒

伟大的盖茨比/F.斯科特·菲茨杰拉尔德

为什么要研究古典哲学/奥托·伊密奇

瘟疫与民族/威廉·H.麦克尼尔

文化模式/鲁思·F.本尼迪克特

文明与资本主义:15世纪至18世纪/费尔南德·布劳代尔

文明及其不满/西格蒙德·弗洛伊德

我记忆中的他/汉斯·津瑟

我的名字叫阿舍·列夫/哈伊姆·波托克

我的安东尼亚/维托·卡瑟

我们对物质世界的认识/伯兰特·罗素

沃尔登/亨利·戴维·梭罗

沃特兰/格雷厄姆·斯威夫特

无敌舰队/加勒特·马丁利

伍德布鲁克/戴维·汤姆森

物理学的发展/艾伯特·爱因斯坦,利奥波德·因菲尔德

物理世界的特性/阿瑟·S.爱丁顿爵士

物种起源/达尔文

西方的兴起:人类社会史/戴维·H.麦克内尔

西方的没落/奥斯瓦尔德·斯宾格勒

西方世界的花花公子/约翰·米林顿·辛格

西太平洋的亚尔古/布罗尼斯瓦夫·马利诺夫斯基

西格蒙德·弗洛伊德的生活与工作/欧内斯特·琼斯

西线无战事/埃里希·马里亚·雷马克

西奥多·罗斯福书信集/西奥多·罗斯福

西西弗的神话/艾伯特·加缪

希望与希望/纳德兹达·曼杰利什塔姆

戏剧与书信集/安东·契诃夫

细胞分子生物学/布鲁斯·艾伯茨等

现代物理学的逻辑/珀西·W.布里奇曼

现代诗及传统/克里思·布鲁克斯

现代政治理论入门/C.E.M.乔德

现在让我们赞颂名人/詹姆斯·阿吉，沃尔克·埃文斯

献给风的歌/西奥多·罗特克

乡村编辑/亨利·比特尔·霍夫

想象与构图/罗杰·弗赖

向家乡看吧，安琪尔/托马斯·沃尔夫

项狄传/劳伦斯·斯特恩

象牙、类人猿和孔雀/詹姆斯·吉本斯·亨内克

小公主/安托万·德·圣埃克萨佩里

小杜丽/查尔斯·狄更斯

小墓地/厄斯金·考德威尔

小路上的树/霍林·C.霍林

蝎子的日子/保罗·斯科特

邪恶的躯体/埃夫林·沃

写作学/雅克·德里达

心理学著作全集/西格蒙德·弗洛伊德

心系中国：50年的回忆/费正清

新阶级：共产主义制度分析/米罗万·德热拉斯

新政与垄断问题：1934～1938/埃利斯·W.霍利

新教伦理与资本主义精神/马克斯·韦伯

新英格兰和纽约游记/蒂莫西·德怀特

信徒的代价/狄特里希·朋谔斐尔

形而上学论/R.G.科林伍德

行为主义/约翰·B.沃森

行政领导:社会学分析/菲利普·塞尔兹尼克

袖珍诗集/莫里斯·埃德蒙德·斯皮尔

喧嚣与愤怒/威廉·福克纳

选拔精英/罗伯特·E.克利特加德

学院时代的学术自由/理查德·霍夫施塔特

押沙龙！押沙龙！/威廉·福克纳

亚伯拉罕·林肯/本杰明·P.托马斯

演讲与新书信集/亨里克·易卜生

耶茨诗选/威廉·巴特勒·耶茨(即叶芝)

业余望远镜制作/艾伯特·G.英戈尔斯

1845～1890的铁路领导人:行动中的商业头脑/托马斯·C.科克伦

1919年的调解/哈罗德·G.尼科尔森

1844年经济学哲学手稿/卡尔·马克思

一个乡村教士的日记/乔治·贝尔纳诺斯

一个物理学家的思考/珀斯·W.布里奇曼

一个哲学家的旅行日记/赫尔曼·亚历山大·凯泽林

一种共同语言的梦想:诗歌/艾德里安娜·里奇

一九一九/约翰·多斯·帕索斯

一种导致多功能中心的语言模式/亚历山大等

一代奸佞/菲利浦·维利

伊利亚特/(古希腊)荷马

伊万·伊里奇之死/列夫·托尔斯泰

伊万·杰尼索维奇的一天/亚历山大·I.索尔仁尼琴

遗产/西比尔·贝德福德

遗传及其变异/李森科

以历史观看经济落后/亚历山大·格申克龙

艺术与幻觉:绘画心理学研究/E.H.冈布里奇

艺术与现实:创造性进程之路/乔伊斯·卡里

意志生态学入门/格雷戈里·贝特森

意识的起源及历史/埃里希·诺伊曼

意识形态与乌托邦/卡尔·曼海姆

英语民族史/温斯顿·S.丘吉尔

英语语源词典/沃尔特·W.斯基特

英格兰园林的发展/W.G.霍斯金斯

英格兰史/艾伦·J.P.泰勒

英国议会及其无上权威/C.H.麦基尔韦恩

蝇王/威廉·G.戈尔丁

影子和动作/拉尔夫·埃利森

永无尽头的旅程/洛伦·C.艾斯利

永不动怒/琼·L.布里格斯

永恒的笑/佩尔·拉格奎斯特

永别了,武器/海明威

永恒与变化/肯尼思·伯克

用第三只耳朵倾听/西奥多·赖克

幽灵长途电话亭/诺顿·贾斯特

尤利西斯/詹姆斯·乔伊斯

犹太法学博士和妻子/哈伊姆·格雷德

有闲阶级论/索尔斯坦·B.凡勃伦

有限数学入门/约翰·G.凯梅尼等

舆论/沃尔特·李普曼

与众不同的世界:家庭与学校的关系/萨拉·劳伦斯·莱特富特

与总祭司的相遇/约翰·A.麦克菲

语言学与诗学/罗曼·雅各布森

语言、真理与逻辑/阿尔弗雷德·J.艾尔

语言的逻辑结构法/鲁道夫·卡纳普

语言心理生物学/乔治·K.齐普夫

源氏物语/紫式部

约翰·梅纳德·凯恩斯传/罗伊·F.哈罗德

约翰逊传/博斯韦尔

夜叉/阿南达·K.库马拉斯瓦采

约瑟和他的兄弟们/托马斯·曼

运筹与决策:介绍和评价/R.邓肯·卢斯,霍华德·赖法

在父亲的法院里/艾萨克·巴谢维斯·辛格

在路上/杰克·凯鲁亚克

怎样经营一家巴松管制造厂/马克·斯佩德

占有个人主义的政治理论/克雷福德·B.麦克弗森

战争与和平/列夫·托尔斯泰

战略与结构/小阿尔弗雷德·D.钱德勒

战斗形势/约翰·基根

哲学的问题/伯特兰·罗素

哲学研究/路德维希·维特根斯坦

哲学与真理/弗里德里希·尼采

增长的社会限制/弗雷德·赫希

真正的信徒:关于群众运动的本质的思考/埃里克·霍弗

真理的复苏/赫尔曼·亚历山大·凯泽林

正义论/约翰·罗尔斯

正午的黑暗/阿瑟·凯斯特勒

政治学中的理性主义和其他论文/迈克尔·J.奥克肖特

政治学/亚里士多德

政府程序/戴维·B.杜鲁门

知识与政治/罗伯托·M.昂格尔

直上云霄/乔治·奥威尔

植物怎样生长:植物学简介/阿萨·格雷

殖民者与殖民地/阿尔贝特·梅米

殖民化大运动:一个新计划纪实/汤姆·帕尔默

致一位青年诗人/雷纳·马里亚·里尔克

致罗马人的圣使徒书/卡尔·巴特

中国科学与文明/李约翰,王林

钟声为谁而鸣/欧内斯特·海明威

州和国家的南方政治/小V.O.基,亚历山大·赫德

诸神渴了/阿纳托尔·法朗士

主管人员的职能/切斯特·I.巴纳德

传记文学/塞缪尔·泰勒·柯勒律治

追求美德:伦理学研究/阿拉斯代尔·C.麦金太尔

追踪消逝的时光/马赛尔·普鲁斯特

资本论/马克思

资本主义与奴隶制:加勒比/埃里克·E.威廉斯

资本主义、社会主义与民主主义/约瑟夫·A.熊彼特

自由政体/弗里德里希·奥古斯特·冯·哈耶克

自由的想象/莱昂内尔·特里林

自己的位置/弗吉尼亚·伍尔夫

自然设计/伊恩·L.麦克哈格

自传/乔瓦尼·巴蒂斯塔·维科

宗教经验的多样性/威廉·詹姆斯

宗教的含义与目的/威尔弗雷德·坎特韦尔·史密斯

宗教哲学/哈里·A.沃尔夫森

总统的权力/理查德·E.诺伊施塔特

最佳小说集/肖恩·奥法莱恩

最后一个正直的人/安德烈·施瓦茨·巴尔

最后的与最早的人/奥拉夫·斯特普尔顿

最后一个绅士/沃尔克·珀西

最优秀的与最明亮的/戴维·哈伯斯塔姆

作为经验的艺术/约翰·杜威

作为谈判者的经理/戴维·拉克斯,詹姆斯·谢纽斯

作品及其他/马克斯·比尔博姆爵士

作品选/拉迪亚德·吉卜林

作一个美国人的荣幸/乔·迪·马吉奥

78. 塑造现代文明的111本书

(美)唐斯(RobertB. Downs)著;金文英等译,天津:天津人民出版社,1990年。

唐斯博士,美国前全国图书馆学会主席、伊利诺大学图书馆馆长。本书原名《自1492年以来塑造现代文明的111种杰出名著提要》,译者将该书介绍到我国时,将希特勒《我的奋斗》从正文移作附录,中译本便更名为《塑造现代文明的110本书》。

本书鉴别和分析了过去500年间,塑造现代文明的经典力作,并对这些巨著的广泛影响和学术价值作了清晰的展示和公允的评价,从而使文史哲精品尽收眼底,数理化佳作皆在箧中。

C.哥伦布关于新近发现的岛屿的信件/C.哥伦布

愚笨颂/伊拉斯谟

乌托邦/(英国)莫尔

致德意志基督教徒贵族书/马丁·路德

君主论/(意大利)尼科罗·马基雅维利

基督教要义/加尔文

论天体之变革/N.哥白尼

人体结构/A.维萨里

论国家的六篇论文/J.博丹

随笔/(法国)蒙田

论天然磁石·磁性物体和大磁铁地球/(英国)W·吉尔伯特

哈姆雷特/(英国)莎士比亚

学术、神、人的成熟和进展/(英国)培根

堂·吉诃德/(西班牙)塞万提斯

《新天文学》、《世界的和谐》/(德国)开普勒

论战争与和平法/(荷兰)格劳秀斯

关于动物体内心脏和血液运动的解剖实验/(英国)哈维

关于世界的两种主要学说:托勒密体系和哥白尼体系的对话/(意大利)伽利略

方法谈/(法国)笛卡尔

致最高法院书/(英国)弥尔顿

利维坦/(英国)霍布斯

怀疑的化学家:或化学—物理的疑虑和矛盾/(英国)玻意尔

显微镜学/(英国)胡克

天路历程/(英国)班扬

自然哲学的数学原理/(英国)牛顿

政府论两篇/(英国)洛克

历史与批判词典/(法国)培尔

鲁宾逊漂流记/(英国)笛福

新科学/(意大利)维柯

格列佛游记/(英国)斯威夫特

自然系统/(瑞典)林奈

论法的精神/(法国)孟德斯鸠

科学、艺术、工艺百科全书/(法国)狄德罗

英语语言词典/(英国)约翰逊

社会契约论/(法国)卢梭

哲学辞典/(法国)伏尔泰

论罪与罚/(意大利)贝卡利亚

论英格兰法学/(英国)布莱克斯通

英属美洲权力概述/(美国)杰斐逊

国富论/(英国)亚当·斯密

常识、向美利坚居民呼吁/(美国)潘恩

罗马帝国衰亡史/(英国)吉本

联邦主义者:拥护新宪法论文集/(美国)汉密尔顿等

地球理论/(英国)赫顿

化学基础教程/(法国)拉瓦锡

道德和立法的原理导论/(英国)边沁

法国大革命感言/(英国)伯克

自传/(美国)富兰克林

女权辩护/(英国)玛丽·沃斯通克拉夫特

政治上正义原则之研究，以及对一般道德和幸福的影响/（英国）戈德温

人类精神进步史梗概/（法国）孔多塞

永久和平，一个哲学家的主张/（德国）康德

对天花牛痘疫苗的成因及其效果的研究/（英国）詹纳

人口原理/（英国）马尔萨斯

天体力学/（法国）拉普拉斯

格屈德是如何教育孩子的/（瑞士）裴斯泰洛齐

对德意志民族的讲演/（德国）费希特

化学科学新体系/（英国）道尔顿

新社会观，或论人类性格的形成/（英国）欧文

法哲学/（德国）黑格尔

美国英语大词典/（美国）韦伯斯特

地质学原理/（英国）赖尔

实证哲学教程/（法国）孔德

战争论/（普鲁士）克劳塞维茨

论美国的民主/（法国）托克维尔

读物/（美国）麦加菲

电学实验研究/（英国）法拉第

冰川研究/（美国）阿加西斯

什么是财产？或关于法和权力的原理的研究/（法国）蒲鲁东

论英雄和英雄崇拜/(英国)卡莱尔

随想录/(美国)埃默森

宇宙论/(德国)洪堡

论能量守恒/(德国)亥姆霍兹

共产党宣言/(德国)卡尔·马克思,弗里德里希·恩格斯

反抗国民政府/(美国)索罗

汤姆叔叔的小屋/(美国)斯托夫人

艰难时世/(英国)狄更斯

关于乳酸发酵的论文/(法国)巴斯德

论自然选择的物种起源,或生存斗争中优种的保存/(英国)达尔文

在受人传颂的1858年竞选运动中在伊利诺斯州举行的政治辩论/(美国)林肯,道格拉斯

论自由/(英国)穆勒

悲惨世界/(法国)雨果

植物杂交实验/(奥地利)孟德尔

从地球到月球/(法国)凡尔纳

论外科临床中的防腐原则/(英国)利斯特

衣衫褴褛的狄克/(美国)阿尔杰

民主的前景/(美国)惠特曼

不均匀物质的平衡/(美国)吉布斯

进步与贫困/(美国)乔治

玩偶之家/(挪威)易卜生

结核病病原学/(德国)科赫

人与国家/(英国)斯宾塞

善恶的彼岸/(德国)尼采

展望过去,2000~1887(即回顾)/(美国)贝拉米

费边社会主义文集/(爱尔兰)萧伯纳等

海上力量对1660~1783年历史的影响(即海军战略论)/(美国)马汉

金枝/(英)詹姆斯·乔治·弗雷泽

边疆在美国历史上的重要性/(美国)特纳

性心理学研究/(英国)埃利斯

有闲阶级理论/(美国)凡勃伦

学校与社会/(美国)杜威

历史的地理中枢/(英国)麦金德

科学管理原理/(美国)泰罗

新自由/(美国)威尔逊

狭义和广义相对论/(德国)爱因斯坦

国家与革命/(德国)列宁

凡尔赛和约的经济后果/(德国)凯恩斯

条件反射:大脑皮层生理活动研究/(苏联)巴甫洛夫

文明及其不满/(奥地利)弗洛伊德

我的奋斗/(德国)希特勒

79. 全世界20世纪80年代十部杰出的文学作品

由美国《时代》周刊1990年第1期评出。

兔子,富了/(美国)约翰·万厄普代克

胡莉娅姨妈与作家/(秘鲁/西班牙)巴尔加斯·略萨

短篇小说集/(美国)伊·巴·辛格

他口不择言惹事生非/(美国)索尔·贝洛

生命中不能承受之轻/(捷克)米兰·昆德拉

不速之客/(美国)安妮·泰勒

受缚的朱克曼/(美国)菲利普·罗斯

虚荣之火/逆向火箭

霍乱时期的爱情/(哥伦比亚)加西亚·马尔克斯

比利·巴斯盖特/(美国)埃·道克托罗

80. 日本学者推荐的世界古典名著

《世界古典名著总解说》,(日)长谷川国雄编,日本自由国民社1978年7月出版；天津编译中心译，译名为《世界名著便览》。北京：世界知识出版社，1992年9月。

这是日本组织大量学者为1000万读者编纂的《古典名著总解说》丛书中的一册，在此之前，已出版《日本古典名著总解说》和《中国古典名著总解说》。所以这本书不包括日本和中国部分。

本书评述了世界上有关政治、经济、法学、文学等方面著作291部，涉及人文科学大部分领域，上起公元前，下迄20世纪80年代，以17世纪至现代为主。所选录的都是在时代发展过程中、在学术思想的开创和流派的建立上发挥它应有的作用，对后世的发展产生了一定的影响，在历史上有它自己位置的名著。

推荐者：

城冢登（东京大学教授）

市川达人（东京理科大学讲师）

栗田充治（东京大学教师）

須藤自由儿（东京大学大学院）

日野文人（东京大学大学院）

大庭健（东京大学大学院）

富田容甫（日本北海道大学教授）

小川晃一（日本北海道大学教授）

谷隆一郎（日本法政大学讲师）

佐藤康邦(东京大学教师)

星野勉(东京大学大学院)

佐藤晃(日本文艺评论家)

宫崎犀一(东京女子大学教授)

和田重司(日本中央大学教授)

藤田胜次郎(日本国学院大学教授)

吉泽芳树(日本专修大学教授)

上野格(日本成城大学教授)

久场嬉子(东京学艺大学副教授)

绪方俊雄(日本中央大学副教授)

饭田裕康(日本庆应义熟大学教授)

鹤田满彦(日本中央大学教授)

浅野荣一(日本中央大学教授)

村松安子(东京女子大学副教授)

斋藤义介(日本高崎经济大学讲师)

村田稔(日本中央大学教授)

饭田晶夫(日本国学院栃木短大讲师)

清水嘉治(日本关东学院大学教授)

长尾龙一(东京大学副教授)

佐佐木毅(东京大学教授)

堀部政男(日本一桥大学教授)

尾崎重义（东京大学教授）

上原行雄（日本一桥大学副教授）

笹仓秀夫（日本大阪市立大学副教授）

藤田勇（东京大学教授）

生松敬三（日本中央大学教授）

小仓志祥（东京大学教授）

小妻精（日本成蹊大学教授）

吉泽传三郎（东京都立大学教授）

龟尾利夫（日本弘前大学教授）

木田元（日本中央大学教授）

渡边二郎（东京大学教授）

市仓宏祐（日本专修大学教授）

大川瑞穗（日本专修大学副教授）

高币秀和（东京大学大学院）

福田睦子（日本兽医畜产大学讲师）

新畑耕作（东京理科大学讲师）

松田幸子（日本信州大学讲师）

藤枝澪子（日本社会评论家）

工藤喜作（日本神奈川大学教授）

铃木慎一（日本早稻田大学副教授）

三浦一郎（日本上智大学教授）

长谷川博隆(日本名古屋大学教授)

矶见辰典(日本上智大学教授)

出崎澄男(日本白百合女子大学讲师)

堀越考一(日本学习院大学教授)

秀村欣二(东京大学名誉教授)

泷田毅(日本湘南白百合高校教谕)

山上正太郎(日本电气通讯大学教授)

长泽和俊(日本早稻田大学教授)

高间直道(东京医科大学教授)

平田次三郎(日本中央大学教授)

水田圭子(日本文教大学讲师)

花本金吾(日本早稻田大学副教授)

石井清司(日本文艺评论家)

田中裕(日本中央大学副教授)

社会契约论/(法国)卢梭

共产党宣言/(德国)马克思,恩格斯

论自由/(英国)J·S·穆勒

暴力论/(法国)索列尔

国家与革命/(苏联)列宁

上帝与国家/(俄国)巴枯宁

社会主义的前提和社会民主党的任务/(德国)伯恩施坦

马克思主义和民族问题/(苏联)斯大林

统治社会学/(德国)韦伯

不断革命/(苏联)托洛茨基

政治典范/(英国)拉斯基

美国的民主/(法国)托克维尔

国家篇/(古希腊)柏拉图

政治学/(古希腊)亚里士多德

乌托邦/(英国)莫尔

君主论/(意大利)马基雅维里

利维坦/(英国)霍布斯

两篇关于政府的论文/(英国)洛克

人的权利/(美国)潘恩

第三等级是什么? /(法国)西哀士

四种运动和普遍命运的理论/(法国)傅立叶

新社会观/(英国)欧文

实业家问答/(法国)圣西门

工人纲领/(德国)拉萨尔

唯一者及其所有物/(德国)施蒂纳

论方法/(法国)笛卡尔

纯粹理性批判/(德国)康德

精神现象学/(德国)黑格尔

德意志意识形态/(德国)马克思,恩格斯

查拉斯图拉如是说/(德国)尼采

逻辑:探索的理论/(美国)杜威

精神分析引论/(奥地利)弗洛伊德

新教伦理与资本主义精神/(德国)韦伯

欧洲科学的危机和先验现象学:现象学哲学导论/(奥地利)胡塞尔

存在与时间/(德国)海德格尔

历史与阶级意识/(匈牙利)卢卡奇

原始人的思想/(法国)莱维·斯特劳斯

存在与虚无/(法国)萨特

申辩篇/(古希腊)苏格拉底

形而上学/(古希腊)亚里士多德

忏悔录/(古希腊)奥古斯丁

新工具论/(英国)培根

伦理学/(荷兰)斯宾诺莎

思想录/(法国)帕斯卡

哲学辞典/(法国)伏尔泰

人是机器/(法国)拉·梅特里

哲学思想录/(法国)狄德罗

人性论/(英国)休谟

人类理智论/(英国)洛克

全部知识学基础/(德国)费希特

对人类自由本质的哲学探讨/(德国)谢林

基督教的本质/(德国)费尔巴哈

致死的疾病/(丹麦)克尔凯郭尔

哲学笔记/(苏联)列宁

时间与自由意志/(法国)柏格森

精神科学序论/(德国)狄尔泰

宗教生活的基本方式/(法国)涂尔干

群众的反抗/奥尔特加·伊·加塞特

人生观/(德国)西梅尔

观念的历险/(英国)怀特海

理性与生存/(德国)雅斯贝尔斯

公社与社会/(德国)特尼斯

数理哲学导论/(英国)罗素

哲学研究/(奥地利)维特根斯坦

知觉现象学/(法国)梅洛·庞蒂

逃出自由/(德国)弗罗姆

人在宇宙中的地位/(德国)舍勒

狱中笔记/(意大利)葛兰西

辩证理性批判/(法国)萨特

爱欲和文明/(美国)马尔库塞

女性的解放/(英国)J·S·穆勒

妇女与社会主义/(德国)倍倍尔

第二性/(法国)博瓦尔

性政治/(美国)米利特

神学大全/(意大利)托马斯·阿奎那

愚蠢颂/(德国)伊拉斯谟

论基督徒的自由/(德国)马丁·路德

基督教原理/(法国)加尔文

梨俱吠陀/(印度)(成书于公元前15世纪左右)

圣经

阿维斯陀(波斯古经)/(波斯)作者不详(三至七世纪成书)

古兰经/(阿拉伯)穆罕默德

爱弥尔,或论教育/(法国)卢梭

葛笃德怎样教育她的子女/(瑞士)裴斯泰洛齐

人的教育/(德国)福禄培尔

民主主义与教育/(美国)杜威

比较列传/(古希腊)普卢塔克

高卢战记/(古罗马)恺撒

日耳曼尼亚志/(古罗马)塔西佗

罗马帝国衰亡史/(英国)吉本

欧洲文明史/基佐

世界史/兰克

意大利文艺复兴时期的文化/布克哈特

法国革命史/卡莱尔

法国大革命史/马迪厄

人类精神进步历史概略/孔多塞

历史研究/汤因比

俄国退出战争/凯南

第二次世界大战/丘吉尔

希腊神话/阿波罗多罗斯

历史/希罗多德

历史/修昔的底斯

罗马自建城以来的历史/李维

编年史及两个国家的历史/弗赖辛

罗马史/尼布尔

19世纪德国史/特赖奇克

德国史/朗普勒西特

法国革命史/克鲁泡特金

中世纪的衰落/赫伊津哈

历史主义的成立/迈内克

希腊化世界的社会经济史/罗斯托夫采夫

比利时史/皮朗

世界简史/韦尔斯

红星照耀中国/斯诺

中国的战歌/史沫特莱

毛泽东与中国革命/陈志让

毛泽东/斯图尔特·施拉姆

马可·波罗行记/马可·波罗

世界环航记/皮加费塔

世界航行记/詹姆斯·库克

横贯黑暗大陆/斯坦利

世界上最恶劣的旅程/加拉德

游动的湖/斯文海定

随笔集/蒙田

道德箴言录/拉罗什福科

一个孤独的散步者的梦想/卢梭

论妇女及伦理/叔本华

幸福论/希尔提

自省录/马可·奥勒留

论爱情/司汤达

论文集/爱默生

为年轻人/史蒂文生

论生命/托尔斯泰

寄语青年/尼采

从深处/王尔德

论幸福/阿兰

论友情/勃纳尔

写给年轻诗人的信/里尔克

给青年们/海塞

论幸福/罗素

婚姻·友谊·幸福/莫洛亚

论人生/博瓦尔

哈姆莱特/(英国)莎士比亚

奥赛罗/(英国)莎士比亚

失乐园/弥尔顿

鲁滨逊漂流记/笛福

格列佛游记/斯威夫特

湖上美人/司各特

唐璜/拜伦

简·爱/夏洛蒂·勃朗特

呼啸山庄/艾米蒂·勃朗特

名利场/萨克雷

双城记/狄更斯

化身博士/史蒂文生

道林·格雷的肖像/王尔德

德伯家的苔丝/哈代

亨利·赖伊克罗夫特文钞/吉辛

人和超人/肖伯纳

福尔赛世家/高尔斯华绥

月亮和六便士/毛姆

尤利西斯/乔伊斯

查特利夫人的情人/劳伦斯

权力与荣耀/格林

见闻札记/欧文

厄舍古屋的倒塌/坡

红字/霍桑

白鲸/梅尔维尔

美国的悲剧/德莱塞

奇妙的插曲/尤金·奥尼尔

美国(三部曲)/帕索斯

大地/珀尔·布克夫人

圣殿/威廉·福克纳

飘/米切尔

南回归线/H.米勒

愤怒的葡萄/斯坦贝克

丧钟为谁而鸣/海明威

裸者与死者/梅勒

巨人传/拉伯雷

愤世嫉俗/莫里哀

克莱芙王妃/拉法耶特夫人

曼侬·莱斯戈/普雷沃

红与黑/司汤达

幽谷百合/巴尔扎克

基度山伯爵/大仲马

茶花女/小仲马

包法利夫人/福楼拜

悲惨世界/雨果

娜娜/左拉

一生/莫泊桑

苔依丝/法朗士

约翰·克利斯朵夫/罗曼·罗兰

窄门/纪德

天上生活的回忆/迪阿梅尔

追忆逝水年华/普鲁斯特

谛波父子/马丁·杜·加尔

多尔热伯爵的舞会/拉迪盖

黛累丝·台斯盖鲁/莫里亚克

王家大道/马尔罗

局外人/加缪

自由之路/萨特

偷儿日记/热内

共产党员们/阿拉贡

你好,哀愁/萨冈

少年维特之烦恼/歌德

强盗/席勒

浮士德/歌德

绿衣亨利/凯勒

白马骑士/施托姆

日出之前/豪普特曼

儿戏恋爱/施尼茨勒

马尔特·劳里茨·布里格记事/里尔克

德米安/海塞

魔山/托马斯·曼

城堡/卡夫卡

比格尔医生的结局/卡罗萨

三个铜子的歌剧/布莱希特

叶甫盖尼·奥涅金/普希金

当代英雄/莱蒙托夫

死魂灵/果戈理

父与子/屠格涅夫

罪与罚/陀思妥耶夫斯基

战争与和平/列夫·托尔斯泰

安娜·卡列尼娜/列夫·托尔斯泰

卡拉玛佐夫兄弟/陀思妥耶夫斯基

红花/迦尔洵

底层/高尔基

樱桃园/契诃夫

德·叶·托拉斯/爱伦堡

静静的顿河/肖洛霍夫

青年近卫军/法捷耶夫

癌病房/索尔仁尼琴

伊利亚特/(古希腊)荷马

伊索寓言/(古希腊)伊索

奥狄浦斯王/索福克勒斯

一千零一夜

神曲/但丁

十日谈/薄伽丘

唐吉诃德/塞万提斯

玩偶之家/易卜生

尼尔斯·伦奈/雅科布森

朱丽小姐/斯特林堡

青鸟/梅特林克

政治经济学原理研究/斯图亚特

经济表/魁奈

国富论/(英国)亚当·斯密

政治经济学及赋税原理/大卫·李嘉图

政治经济学原理/J.S.穆勒

政治经济学的国民体系/李斯特

资本论/马克思

经济学原理/马歇尔

企业论/凡勃伦

福利经济学/庇古

金融资本论/希法亭

帝国主义是资本主义的最高阶段/列宁

就业、利息和货币通论/凯恩斯

经济学/保罗·A.萨缪尔森

人口论/马尔萨斯

政治经济学新原理/西斯蒙第

劳动保护论/霍奇金

经济矛盾的体系,或贫困的哲学/蒲鲁东

纯粹政治经济学纲要/瓦尔拉

国民经济学原理/门格尔

资本主义、社会主义与民主/熊彼特

新工业国/加尔布雷思

帝国主义,一个研究/霍布森

共和六书/J.博丹

英国法释义/布莱克斯通

战争与和平法/格劳秀斯

论法的精神/孟德斯鸠

论人类不平等的起源和基础/卢梭

道德形而上学·法论/康德

道德和立法原则导论/边沁

法哲学原理/黑格尔

罗马法的精神/耶林

犯罪论/龙勃罗梭

法哲学/拉德勃鲁赫

自然法论和法实证主义/凯尔森

法的一般理论与马克思主义/帕舒坎尼斯

罗马法大全/(东罗马)查士丁尼安

英国法总论/柯克

论犯罪与刑罚/贝卡里亚

现代罗马法制度/萨维尼

为权利而斗争/耶林

古代法/梅因

德意志公社法/祁克

法律和舆论的关系演讲集/戴西

国家、客观法和实在法/狄骥

法律社会学的基本原理/埃利希

宪法论/施密特

法律之路/霍姆斯

81.理想藏书(节选)

《理想藏书》,(法)贝·皮沃、皮·蓬塞纳编著,余中先译,光明日报出版社,1996年10月。

1986年,法国《读书》杂志为帮助读者选择值得阅读的书,拟定了以文学作品为主的49个专题,每一专题推出49种图书,并将49种图书分为三个等级,最重要的列入前10本,次等重要的列入前25本(含前10本),其余列入前49本(含前25本)。

该书是在上述书目的基础上编成的。这里所收的是每个专题中的前10本书目。

维吉尔之死/(奥)赫尔曼·布罗赫

沃伊采克/(德)乔治·毕希纳

亲和力/(德)约翰·沃尔夫冈·歌德

审判/(奥)弗朗茨·卡夫卡

米夏埃尔·科尔哈斯/(德)海恩里希·冯·克莱斯特

魔山/(德)托马斯·曼

没有个性的人/(奥)罗伯特·穆西尔

马尔特·劳里茨·布里格纪事/(奥)莱纳·马利亚·里尔克

查拉图斯特拉如是说/(德)弗里德里克·尼采

拉德茨基进行曲/(奥)约瑟夫·罗特

曼哈顿中转站/(美)约翰·多斯·帕索斯

喧哗与骚动/(美)福克纳

了不起的盖茨比/(美)司各特·菲茨杰拉德

老人与海/(美)海明威

大使/(美)亨利·詹姆斯

白鲸/(美)赫尔曼·梅尔维尔

洛丽塔/(美)弗拉基米尔·纳博科夫

述异集/(美)埃德加·爱伦·坡

麦田里的守望者/(美)杰罗姆·塞林格

哈克贝里·芬历险记/(美)马克·吐温

在底层的人们/(墨)马里亚诺·阿苏埃拉

诗集/(阿根廷)豪尔赫·路易斯·博尔赫斯

作品选/(尼加拉瓜)鲁文·达里奥

百年孤独/(哥伦比亚)加西亚·马尔克斯

天堂/(古)何塞·莱萨马·利马

要素之歌/(智)巴勃罗·聂鲁达

短暂的生命/(乌拉圭)胡安·卡洛斯·奥内蒂

孤独的迷宫/(墨)奥克塔维奥·帕斯

佩德罗·帕拉莫/(墨)胡安·鲁尔福

城市与狗/(秘鲁)马利奥·巴尔加斯·略萨

爱玛/(英)简·奥斯汀

呼啸山庄/(英)艾米莉·勃朗特

水仙号上的黑家伙/(英)约瑟父·康拉德

远大前程/(英)狄更斯

尤利西斯/(爱尔兰)詹姆斯·乔伊斯

诗集/(英)约翰·济慈

查特莱夫人的情人/(英)劳伦斯

在火山下/(英)马尔科姆·劳里

十四行诗/(英)威廉·莎士比亚

海浪/(英)弗吉尼娅·伍尔夫

俳谐集/(日)松尾芭蕉

睡美人/(日)川端康成

一个野蛮人在亚洲/(法)亨利·米肖

源氏物语/(日)紫式部

家庭与世界/(印)罗·泰戈尔

摩诃婆罗多

地中海/费尔南德·布劳代尔

光面包/(摩洛哥)穆罕默德·舒克里

先知/(黎巴嫩)哈里尔·纪伯伦

赛义德奇遇记/(巴勒斯坦)艾米尔·哈比比

我的同胞们的群像/(土耳其)纳齐姆·希克梅特

娜吉玛/(阿尔及利亚)亚辛·卡梯伯

阿勒克西·佐尔巴的一生/(希腊)尼科斯·卡赞扎基斯

瘦子麦麦德/(土耳其)亚沙尔·凯马尔

宫间街/(埃及)纳吉布·马哈福兹

晚来的离婚/(以色列)阿弗拉汗·耶和舒阿

碧眼以及其他传奇故事/(西)古斯塔夫·阿道夫·贝克尔

奥克诺斯/(西)路易斯·塞尔努达

堂吉诃德/(西班牙)塞万提斯

庭长夫人/(西)克拉林

诗人在纽约、伊格纳西奥·桑切斯·梅希亚斯挽歌、塔玛利的沙发/(西)费德里科·加西亚·洛尔迦

羊泉村/(西)费利克斯·洛贝·德·维加·卡尔皮奥

为亡父而作的对偶体诗/(西)豪尔赫·曼里克

福尔图纳达和哈辛达/(西)贝尼托·佩雷斯·加尔多斯

她的一生/(西)特雷莎·德·塞佩达·阿胡玛达

塞维利亚的嘲弄者/(西)蒂尔索·德·莫利纳

特拉夫尼克纪事/(塞尔维亚)伊沃·安德里奇

流星/(捷克)卡雷尔·恰佩克

禁林/(罗马尼亚)米尔恰·埃里亚德

费尔迪杜克/(波兰)维托德·贡布罗维奇

好兵帅克/(捷克)雅罗斯拉夫·哈谢克

被俘的思想/(波兰)切斯瓦夫·米沃什

边境线上一学校/(匈牙利)奥特利克·格佐

月桂商店/(波兰)布鲁诺·舒尔茨

大迁徙/(塞尔维亚)米洛什·茨尔年斯基

告别秋天/(波兰)斯·伊·维特凯维奇

人间喜剧/(法)巴尔扎克

局外人/(法)阿尔贝·加缪

茫茫黑夜漫游/(法)路易·菲尔迪南·塞利纳

拉摩的侄儿/(法)德尼·狄德罗

包法利夫人/(法)福楼拜

伪币制造者/(法)安德烈·纪德

笑面人/(法)维克多·雨果

马丽安娜的生活/(法)皮·德·马里沃

追忆似水年华/(法)马塞尔·普鲁斯特

红与黑/(法)司汤达

疯狂的爱情/(法)安德烈·布勒东

主的美女/(法)阿·柯恩

情感教育/(法)居斯塔夫·福楼拜

菲尔米娜·马尔克斯/(法)瓦莱里·拉尔博

爱的启蒙/(法)奥斯卡·弗拉第斯拉·德·鲁比茨·米渥茨

斯万的爱情/(法)马塞尔·普鲁斯特

魔鬼附体/(法)雷蒙·拉迪盖

阿丽娜与瓦尔库尔/(法)萨德侯爵

巴玛修道院/(法)司汤达

特里斯坦和绮瑟

醇酒集/(法)纪尧姆·阿波利奈尔

恶之花/(法)查理·波德莱尔

秋叶集/(法)维克多·雨果

寓言集/(法)让·德·拉封丹

内部的空间/(法)亨利·米肖

幻景集/(法)钱拉尔·德·奈瓦尔

诗集/(法)阿瑟·兰波

情歌集/(法)皮埃尔·德·龙沙

智慧集/(法)保尔·魏尔伦

遗嘱集/(法)弗·维庸

疯狂的罗兰/(意)卢道维柯·阿里奥斯托

十日谈/(意大利)薄伽丘

神曲/(意大利)但丁

谎言与占卜/(意)艾尔莎·莫兰苔

美好的夏天/(意)切塞雷·帕韦泽

已故的帕斯卡尔/(意)路易吉·皮兰德娄

城市,我在聆听你的心声/(意)阿尔贝尔托·萨维尼奥

塞诺的意识/(意)意·斯维沃

豹/(意)朱塞佩·托·迪·兰佩杜萨

一个人的生活/(意)朱塞佩·翁加雷蒂

失落的爱/(葡)卡米洛·布兰科

卢西塔尼亚人之歌/(葡)路易斯·德·卡蒙斯

腹地/(巴西)欧克里德斯·达·库尼亚

堂卡斯穆罗/(巴西)若·马·马查多·德·阿西斯

阿瓦罗·德·坎波斯的诗/(葡)费尔南多·佩索亚

阿马罗神甫的罪恶/(葡)埃萨·德·克罗兹

狱中回忆/(巴西)格拉西里亚诺·拉穆斯

广阔的腹地:条条小路/(巴西)若昂·吉马朗埃斯·罗萨

卢西奥的忏悔/(葡萄牙)马里奥·德萨·卡内罗

火的信号/(葡萄牙)若热·德·塞纳

童话故事集/(丹麦)汉斯·安徒生

走出非洲/(丹麦)卡伦·布利克森

一个养蜂人之死/(瑞典)拉尔斯·古斯塔夫松

潘神/(挪威)克尼特·哈姆生

欢欣的光芒/(丹麦)威廉·海纳森

玩偶之家群鬼/(挪威)亨里克·易卜生

古斯泰·贝林的故事/(瑞典)塞尔玛·拉格洛芙

冰岛之钟/(冰岛)哈·奇·拉克斯内斯

一个疯子的自辩/(瑞典)约翰·斯特林堡

尼雅尔传说

大师和玛格丽特/(苏)米哈伊尔·布尔加科夫

科雷玛故事集/(苏)瓦尔拉姆·沙拉莫夫

白痴/(俄)陀思妥耶夫斯基

死魂灵/(俄苏)果戈理

当代英雄/(俄)米哈伊尔·莱蒙托夫

日瓦戈医生/(俄苏)帕斯捷尔纳克

上尉的女儿/(俄)亚历山大·普希金

癌病房/(苏)亚历山大·索尔仁尼琴

草原/(俄)安东·契诃夫

安娜·卡列尼娜/(俄)托尔斯泰

吉姆爷/(英)约瑟夫·康拉德

鲁滨逊漂流记/(英)笛福

基度山伯爵/(法)大仲马

奥德修纪/(古希腊)荷马

方帆/(法)约瑟夫·凯塞尔

吉姆/(英)鲁德亚德·吉卜林

荒野的呼唤/(美)杰克·伦敦

金银岛/(英)罗·斯蒂文森

马德雷山脉的宝藏/(美)B.特拉文

米哈伊尔·斯特罗戈夫/(法)儒勒·凡尔纳

三个火枪手/(法)大仲马

萨朗波/(法)居斯塔夫·福楼拜

屋顶上的轻骑兵/(法)让·季奥诺

巴黎圣母院/(法)维克多·雨果

亨利四世/(德)亨利希·曼

飘/(美)米切尔

博马尔佐/(阿根廷)曼努埃尔·穆西卡·莱内斯

昆丁·达沃德/(英)瓦尔特·司各特

战争与和平/(俄)托尔斯泰

周游世界/(法)路易·安托万·德·布甘维尔

到处旅游/(瑞士)布莱兹·桑德拉尔

发现美洲/(意大利)克里斯朵夫·哥伦布

历史/(古希腊)希罗多德

苦闷的热带/(法)克洛德·列维·斯特劳斯

铁路上的流浪汉/(美)杰克·伦敦

东方之行/(法)钱拉尔·德·奈瓦尔

马可波罗游记/(意大利)马可波罗

罗马、那不勒斯、佛罗伦萨:罗马漫步/(法)司汤达

环球八十天/(法)儒勒·凡尔纳

瓦提克/(英)威廉·贝克福德

莫雷尔的发明/(阿根廷)阿·比奥伊·卡萨雷斯

阿莱夫/(阿根廷)豪·路·博尔赫斯

故事集/(德)霍夫曼

奥蕾莉娅/(法)钱拉尔·德·奈瓦尔

故事集/(法)夏尔·贝洛

新述异集/(美)埃德加·爱伦·坡

在萨拉戈萨发现的手稿/(波兰)扬·波托茨基

仲夏夜之梦/(英)威廉·莎士比亚

一千零一夜/(阿拉伯)纳训译

城市沉睡之际/(美)威廉·赖利·伯内特

邮差总是摁两次铃/(美)詹姆斯·马拉汗·凯恩

长眠不醒/(美)雷蒙德·钱德拉

圈套/(英)詹姆斯·哈德利·蔡斯

罗杰·阿克劳埃德谋杀案/(英)阿加莎·克里斯蒂

巴斯克维尔的猎犬/(英)阿瑟·柯南道尔

红色的收获/(美)塞缪尔·达·哈米特

北方快车上的陌生人/(美)帕特里夏·海史密斯

尸衣没有口袋/(美)霍勒斯·麦科伊

十字路口之夜/(比利时)乔治·西默农

基础/(美)伊萨克·阿西莫夫

浩劫/(法)勒内·巴尔雅维尔

大地/(意大利)斯泰法诺·贝尼

火星纪事/(美)雷·布雷德伯里

沙星/(英)弗兰克·赫伯特

黑夜的左手/(美)于尔苏拉·勒甘

颠倒的世界/(英)克里斯托弗·普里斯特

杰克·巴伦和永恒/(美)诺曼·斯平赖德

从地球到月球/(法)儒勒·凡尔纳

星际战争/(英)赫伯特·乔治·威尔斯

交叉小径的花园/(阿根廷)豪·博尔赫斯

去吧，摩西/（美）威廉·福克纳

三故事/（法）居斯塔夫·福楼拜

白象似的群山/（美）欧内斯特·海明威

螺丝在拧紧/（美）亨利·詹姆斯

在流放地/（奥）弗兰茨·卡夫卡

想当皇帝的人/（英）鲁德亚德·吉卜林

短篇小说与故事集/（法）居伊·德·莫泊桑

可笑的和严肃的故事/（美）埃德加·爱伦·坡

短篇小说集/（俄）安东·契诃夫

巴黎的忧郁/（法）夏尔·波德莱尔

人间/（英）艾利亚斯·卡内蒂

分解概论/（罗马尼亚）E.M.齐奥朗

故事与叙事片段集/（奥）弗兰茨·卡夫卡

格言与反驳/（奥）卡尔·克劳斯

道德箴言录/（法）拉罗什富科

格言集/（德）格·克·利希腾贝格

在善与恶的彼岸道德的系谱学/（德）弗里德里希·尼采

思想录/（法）布莱斯·帕斯卡尔

图画诗/（法）纪尧姆·阿波利奈尔

小毛孩阿尔托/（法）安托南·阿尔托

斯纳克之猎/（英）刘易斯·卡罗尔

法语的儿歌/(法)J.博克蒙

弗斯特罗尔医生的言行/(法)阿尔弗雷德·雅里

为芬尼根守灵/(爱尔兰)詹姆斯·乔伊斯

骰子一掷永远取消不了偶然/(法)斯特凡·马拉美

诗章/(美)艾兹拉·庞德

文体练习/(法)雷蒙·格诺

非洲印象/(法)雷蒙·鲁塞尔

获救之舌/(英)艾利亚斯·卡内蒂

我生命的历史/(意大利)乔·卡萨诺瓦

自传/(意大利)本维努托·切利尼

墓中回忆录/(法)弗朗索瓦·勒内·德·夏多布里昂

记忆吧,说吧/(美)弗拉基米尔·纳博科夫

回忆录/(法)雷斯枢机主教

忏悔录/(法)让·雅克·卢梭

忏悔录/(古罗马)圣奥古斯丁

回忆录/(法)圣西门公爵

亨利·布吕拉尔的生活/(法)司汤达

一个忧郁者的私人日记/(苏格兰)詹姆斯·鲍斯威尔

日记/(法)安德烈·纪德

日记/(波兰)维托德·贡布罗维奇

日记/(奥)弗兰茨·卡夫卡

日记/(丹麦)瑟伦·克尔恺郭尔

文学日记/(法)保尔·莱奥托

日记/(奥)罗伯特·穆西尔

日记/(法)儒勒·勒纳尔

日记/(法)司汤达

笔记/(意大利)列奥纳多·达·芬奇

致莎菲·伏朗的信/(法)德尼·狄德罗

通信集/(法)居斯塔夫·福楼拜

致米莱娜的信/(奥)弗兰茨·卡夫卡

通信集/(德)沃·阿·莫扎特

致一个青年诗人的信/(奥)莱纳·马利亚·里尔克

在万森监狱和巴士底狱写的书信和文学杂文/(法)弗·德·萨德

书信集/(法)塞维涅夫人

通信集/(法)司汤达

致弟弟提奥的信/(荷)文森特·凡·高

哲学通信/(法)伏尔泰

等待戈多/(爱尔兰)萨缪尔·贝凯特

缎子鞋/(法)保尔·克洛代尔

波斯人/(古希腊)埃斯库罗斯

培尔·金特/(挪威)亨利克·易卜生

爱情与机遇的游戏/(法)皮埃尔·德·马里沃

达尔杜弗/(法)莫里哀

安德洛玛克费德尔/(法)让·拉辛

哈姆雷特

俄狄浦斯王/(古希腊)索福克勒斯

三姐妹/(俄)安东·契诃夫

塞万提斯/(法)让·卡纳瓦乔

兰波的神话/(法)勒内·艾琼伯

威廉·莎士比亚/(法)维克托·雨果

但丁/(法)雅克·马多勒

伏尔泰/(法)让·奥里厄

马塞尔·普鲁斯特/(英)乔治·佩因特

陀思妥耶夫斯基和他的作品/(法)皮埃尔·帕斯卡尔

司汤达的创造/(法)让·普雷伏

家庭的白痴/(法)让·保尔·萨特

卢梭,透明与障碍/(瑞士)让·斯塔罗宾斯基

诗学/(古希腊)亚里士多德

模仿/(德)埃利克·奥尔巴赫

幻想诗学/(法)加斯东·巴什拉尔

文学与恶/(法)乔治·巴塔耶

浪漫派艺术/(法)夏尔·波德莱尔

诗艺/(法)尼古拉·布瓦洛

伟大的经典/(加)诺思罗普·弗莱

阅读:不受处罚的恶习/(法)瓦莱里·拉尔博

驳圣伯甫/(法)马塞尔·普鲁斯特

杂集/(法)保尔·瓦雷里

美学珍品/(法)夏尔·波德莱尔

与塞尚的谈话/(法)P.M.多朗编

艺术史/(法)艾利·福尔

日记/(瑞士)保尔·克利

寂静之声/(法)安德烈·马尔罗

关于艺术/(法)亨利·马蒂斯

艺术论/(法)奥居斯特·罗丹

绘画论/(意)列奥纳多·达·芬奇

文艺复兴与巴罗克/(瑞士)海因利希·沃尔夫林

回忆录/(法)埃克托尔·柏辽兹

巴罗克音乐会/(古巴)阿莱霍·卡彭铁尔

克罗士先生——一个反对“音乐行家”的人/(法)克洛德·德彪西

约翰·塞巴斯蒂安·巴赫/(美)卡尔·盖林格

音乐词典/(法)马克·奥涅格

夜曲/(法)弗·扬克莱维奇

浮士德博士/(德)托马斯·曼

日记/(德)罗伯特·舒曼,(德)克克拉·舒曼

日记/(德)科西玛·瓦格纳

莫扎特的音乐生涯和作品/(法)泰·德·维兹瓦,(法)乔·德·圣弗瓦

都市景色/(法)让·欧仁·阿特热

电影是什么/(法)安德烈·巴赞

光之影/(英)比尔·布兰特

关于电影家的笔记/(法)罗贝尔·布雷松

电影的形式与意义/(苏)谢尔盖·爱森斯坦

反纳粹合成摄影/(德)约翰·哈特菲尔德

希区柯克——特吕弗对话录/(英)阿·希区柯克,(法)弗朗索瓦·特吕弗

电影三百年/(法)亨利·朗格卢瓦

卓别林作品大全/(法)让·米特里

二十世纪的人们/(德)奥古斯特·桑德尔

匹诺曹(木偶奇遇记)/(意)卡尔洛·科洛迪

奥立佛·退斯特(雾都孤儿)/(英)查尔斯·狄更斯

悲惨世界/(法国)雨果

一条船上的三个人/(英)杰罗姆·K.杰罗姆

丛林之书/(英)鲁德亚德·吉卜林

苦儿流浪记/(法)埃克托·马洛

胡萝卜须/(法)儒勒·勒纳尔

小王子/(法)安东尼·德·圣埃克絮佩里

汤姆·索亚历险记/(美)马克·吐温

海底两万里/(法)儒勒·凡尔纳

特里和海盗们/(美)米尔顿·卡尼夫

米老鼠和飞行岛/(美)沃尔特·迪斯尼

拉伽夫把我们惯坏了/(比)安德烈·弗朗甘

阿斯泰里克斯与克莉奥佩特拉/(法)勒内·哥欣尼,(法)阿尔贝尔·乌德佐

蓝荷花/(比)埃尔热

布莱克和摩尔迪梅大金字塔的秘密/(比)埃德加·雅各布斯

小尼莫/(美)温泽·麦凯

走运的吕克柔脚/(比)莫里斯·摩里斯,(法)勒·哥欣尼

女人们万岁/(法)让·马克·雷塞

齐格和普斯/(法)阿兰·圣·奥冈

面对死神的人/(法)菲利浦·阿里埃斯

发现者/(美)丹尼尔·布尔斯廷

菲利浦二世时代的地中海和地中海世界/(法)费尔南德·布劳代尔

大教堂的时代/(法)乔治·杜比

风俗的文明/(德)诺尔贝特·埃利亚斯

中世纪的衰落/(荷兰)约翰·赫伊津哈

法国史/(法)儒勒·米什莱

世界历史词典/(法)米歇尔·穆尔

希腊罗马名人比较列传/(古希腊罗马)普卢塔克

路易十四时代/(法)伏尔泰

米拉波/(法)居伊·肖希南·诺伽莱

斯塔尔夫人/(法)基斯兰·德·迪耶巴赫

灰衣主教(约瑟夫神甫传)/(英)奥尔德斯·赫胥黎

圣路易史/(法)让·德·儒安维尔

腓特烈二世/(德)恩斯特·肯托洛维茨

路易十一/(美)保罗·默里·肯德尔

彼得大帝/(英)罗伯特·K.马西

迪斯雷利传/(法)安德烈·莫洛亚

富凯,或被遮蔽的太阳王/(法)保尔·莫朗

塔列朗传/(法)让·奥里厄

圣经·旧约

戏剧全集/(古希腊)阿里斯托芬

戏剧集/(古希腊)埃斯库罗斯,(古希腊)索福克勒斯

希腊罗马神话词典/(法)皮埃尔·格里马尔

伊利昂纪/(古希腊)荷马

全集/(古希腊)希罗多德,(古希腊)修昔底德

物性论/(古罗马)卢克莱修

萨蒂利孔/(古罗马)佩特罗尼乌斯

对话集/(古希腊)柏拉图

埃涅阿斯纪/(古罗马)维吉尔

克劳塞维茨,战争之思考/(法)雷蒙·阿隆

高卢战纪/(古罗马)尤利乌斯·凯撒

布汶的星期日/(法)乔治·杜比

战略大师/(美)爱德华.M.厄尔

可咒的死亡/(美)麦克尔·希尔

钢铁的暴风雨/(德)恩斯特·容格尔

孙子兵法/孙子

伯罗奔尼撒战争史/(古希腊)修昔底斯

战争与文明/(英)阿诺德·汤因比

1804-1815年的大帝国/(法)让·图拉尔

叛逆的人/(法)阿尔贝·加缪

世界末日的盲信者/(英)诺曼·科恩

群魔/(俄)费·陀思妥耶夫斯基

现代欧洲社会中造反的原始形式/(英)埃里克·J.霍布斯鲍姆

九三年/(法)维克多·雨果

人类的境遇/(法)安德烈·马尔罗

法国大革命史/(法)儒勒·米什莱

向卡塔洛尼亚致敬/(英)乔治·奥威尔

一个革命者的回忆录/(俄)维克托·谢尔盖

萌芽/(法)埃米尔·左拉

总统的全班人马/(美)卡尔·伯恩斯坦,(美)鲍勃·伍德沃德

叛变之灾/(英)安德鲁·博伊尔

德雷福斯事件/(法)让·德尼·布勒丹

圣殿骑士团的生死存亡/(法)阿兰·德穆尔热

约瑟夫·巴尔萨莫/(法)大仲马

我所认识的斯塔维斯基/(法)约瑟夫·凯塞尔

亨利四世的被杀/(法)罗兰·穆尼埃

圣女贞德/(法)蕾·佩尔努,(法)玛丽·薇洛妮克·克林

卡拉事件/(法)伏尔泰

都灵的尸衣:基督的裹尸布/(美)伊恩·威尔逊

极权主义的起源/(美)汉娜·阿伦特

群众与权势/(英)艾里亚斯·卡内蒂

英雄论/(西)巴尔塔萨尔·格拉西安

论自愿奴役/(法)埃蒂安纳·德·拉波埃西

君主论/(意)尼科罗·马基雅维利

论法的精神/(法)孟德斯鸠男爵,(法)夏尔·路易·瑟贡达

1984/(英)乔治·奥威尔

理想国/(古希腊)柏拉图

理查三世/(英)威廉·莎士比亚

古拉格群岛/(俄)亚·索尔仁尼琴

形而上学/(古希腊)亚里士多德

哲学史/(法)埃米尔·布雷伊耶

方法谈/(法)勒内·笛卡尔

历史中的理性/(德)格奥尔格·威廉·弗里德里希·黑格尔

论文与讲座集/(德)马丁·海德格尔

纯粹理性批判/(德)伊曼努尔·康德

随笔集/(法)米歇尔·德·蒙田

快乐的科学/(德)弗里德里希·尼采

会饮篇/(古希腊)柏拉图

伦理学/(荷兰)巴鲁赫·斯宾诺莎

在撒旦的阳光下/(法)乔治·贝尔纳诺斯

宗教信仰与宗教思想的历史/(罗马尼亚)米尔恰·埃里亚代

幻觉的未来/(奥)西格蒙德·弗洛伊德

迷醉于上帝的人们/(法)雅克·拉卡里埃尔

耶酥的一生/(法)欧内斯特·勒南

神学政治论/(荷兰)斯宾诺莎

作品全集/(西)阿维拉的圣特蕾莎

薄伽梵歌

圣经/耶稣

古兰经/(阿拉伯)穆罕默德

社会学思想发展诸阶段/(法)雷蒙·阿隆

可咒的地方/(法)乔治·巴塔耶

印欧语系的社会机构词汇/埃米尔·本维尼斯特

与迪迪埃·埃里邦的谈话/(法)乔治·杜美齐尔

自杀论/(法)埃米尔·涂尔干

梦的解析/(奥地利)弗洛伊德

野性思维/(法)克·列维·施特劳斯

资本论/(德)卡尔·马克思

普通语言学教程/(瑞士)费尔迪南·德·索绪尔

国富论/(英国)亚当·斯密

菊与刀/(美)露丝·本尼迪克特

具有奇术的国王/(法)马克·布洛赫

伟大之言:瓜拉尼印第安人的神化与歌/(法)皮埃尔·克拉斯特尔

金枝/(英国)詹姆斯·乔治·弗雷泽

十四和十五世纪巴黎的社会边缘人/布罗尼斯拉夫·格雷梅克

非洲的幻影/(法)米歇尔·莱里斯

生食与熟食/(法)列维·斯特劳斯

桑切斯的孩子们/(美)奥斯卡·刘易斯

大洋洲诸国的风俗和性/(美)玛格丽特·米德

法国的民间文化/(法)保尔·塞比罗

美洲鸟类图谱/(美)约翰·詹姆斯·奥杜邦

论无限、宇宙与诸世界/(意大利)乔尔达诺·布鲁诺

自然史/(法)乔治·路易·勒克莱尔,布封伯爵

物种起源/(英)查尔斯·达尔文

百科全书,或科学、艺术和手工艺分类词典/(法)德尼·狄德罗,(法)让·勒隆·达朗贝尔等

狭义相对论与广义相对论/(美)阿尔伯特·爱因斯坦

宇宙万象解说/(法)贝尔纳·勒波维埃·德·丰特奈尔

两种新科学的对话/(意)伽利莱奥·伽利略

生者的逻辑:遗传的历史/(法)弗朗索瓦·雅各布

宇宙体系论/(法)皮埃尔·西蒙·拉普拉斯

口味生理学/(法)J.A.布里亚·萨瓦兰

拉露斯美食词典/(法)罗贝尔·库尔蒂纳

法国的地方菜肴/(法)奥斯坦·德·克罗泽

法国的葡萄种植与酒的历史/(法)罗歇·迪雍

我的烹调术/(法)奥古斯特·埃斯科费埃

环球烹调/迈克尔·菲尔丁

酒的味道/(法)埃米尔·佩诺

话语的盛宴/(法)让·弗朗索瓦·雷韦尔

圣昂热夫人的烹调/(法)圣昂热夫人

美食著作目录/(法)乔治·韦凯尔

黑色幽默作品选/(法)安德烈·布勒东

基饶尔的那一帮/(法)路易·费迪南·塞利纳

布瓦尔和佩居谢/(法)居斯塔夫·福楼拜

秃头歌女上课/(法)欧仁·尤内斯库

乌布合集/(法)阿尔弗雷德·雅里

贵人迷、女学究(女博士)、心病者(没病找病)/(法)莫里哀

扎齐在地铁中/(法)雷蒙·格诺

巨人传/(法)弗朗索瓦·拉伯雷

小客厅中的哲学/(法)多·阿·弗·德·萨德侯爵

作品集/(爱尔兰)乔纳森·斯威夫特

82.伟大的书

《伟大的书——我与西方世界不朽作家的历险记》,(美)大卫·丹比著,曹雅学译,江苏人民出版社,1998年3月。

这本书是作者返回母校哥伦比亚大学选修“文学人文”与“当代文明”两门课的记录。这两门课是该校为本科生开设的必修课,前者致力于提供一个欧洲文学名著的标准选目,后者提供一个哲学和社会理论名著选目。作者认为:“严肃的阅读或许是一种结束媒体生活对我的同化的办法,一种找回我的世界的办法。”

(《伟大的书·导言》)

荷马

萨福

柏拉图

索福克勒斯

亚里士多德

埃斯库罗斯和欧里庇德斯

维吉尔

旧约圣经

新约圣经

奥古斯丁

马基雅维里

霍布斯和洛克

但丁

薄伽丘

休谟和康德

蒙田

卢梭

莎士比亚

黑格尔

奥斯丁

马克思和穆勒

尼采

波伏瓦

康拉德

伍尔芙

83. 有史以来最具影响力的100本书

马丁·西摩·史密斯著，城堡出版社，1998年。

本书作者马丁·西摩·史密斯是一位英国诗人和评论家。书中所选取的书目年份均在1971年之前，并且宗教和哲学领域的书占比较重。

旧约

伊利亚特/(古希腊)荷马

奥德赛/(古希腊)荷马

奥义书

小阿维斯塔

伯罗奔尼撒战争史/(古希腊)修昔底德

希波克拉底文集/(古希腊)希波克拉底

亚里士多德文集/(古希腊)亚里士多德

历史/(古希腊)希罗多德

理想国/(古希腊)柏拉图

几何原本/(古希腊)欧几里得

埃涅阿斯记/(古罗马)维吉尔

物性论/(古罗马)提图斯·卢克莱修·卡鲁斯

论〈创世记〉--寓意的解释/(古罗马)亚历山大·斐罗

新约

希腊罗马名人传/(古希腊)普鲁塔克

编年史/(古罗马)普布利乌斯·塔西佗

真理福音

沉思录/(古罗马)马可·奥勒留

皮浪学说要旨/(古希腊)塞克斯都·恩披里柯

九章集/(古罗马)普罗提诺

忏悔录/(古罗马)奥古斯丁

古兰经/(阿拉伯)穆罕默德

迷途指津/(西班牙)摩西·迈蒙尼德

卡巴拉

神学大全/(意大利)托马斯·阿奎那

神曲/(意大利)但丁

愚人颂/(尼德兰)德西德里乌斯·伊拉斯谟

君主论/(意大利)马基雅维利

论教会的巴比伦之囚/(德国)马丁·路德

巨人传/(法国)弗朗索瓦·拉伯雷

基督教原理/(法国)约翰·加尔文

天体运行论/(波兰)尼古拉斯·哥白尼

蒙田随笔/(法国)米歇尔·德·蒙田

堂吉诃德/(西班牙)塞万提斯

世界的和谐/(德国)约翰尼斯·开普勒

新工具/(英国)培根

第一对开本/(英国)莎士比亚

两个世界体系的对话/(意大利)伽利略

方法论/(法国)笛卡尔

利维坦/(英国)托马斯·霍布斯

莱布尼兹文集/(德国)莱布尼兹

思想录/(法国)帕斯卡

伦理学/(荷兰)斯宾诺莎

天路历程/(英国)约翰·班扬

自然哲学的数学原理/(英国)艾萨克·牛顿

人类理解论/(英国)约翰·洛克

人类认识原理/(英国)乔治·贝克莱

新科学/(意大利)詹巴蒂斯塔·维柯

人性论/(英国)休谟

百科全书/(法国)狄德罗

英语大辞典/(英国)塞缪尔·约翰逊

老实人/(法国)伏尔泰

常识/(美国)托马斯·潘恩

国富论/(英国)亚当·斯密

罗马帝国衰亡史/(英国)爱德华·吉本

纯粹理性批判/(德国)伊曼纽尔·康德

忏悔录/(法国)卢梭

法国革命论/(英国)埃德蒙·伯克

女权辩护/(英国)玛丽·沃斯通克拉夫特

政治正义论/(英国)威廉·戈德温

人口原理/(英国)马尔萨斯

精神现象学/(德国)黑格尔

作为意志和表象的世界/(德国)叔本华

实证哲学教程/(法国)孔德

战争论/(普鲁士)克劳塞维茨

非此即彼/(丹麦)祁克果

共产党宣言/(德国)马克思,恩格斯

论公民的不服从权利/(美国)梭罗

物种起源/(英国)查尔斯·达尔文

论自由/(英国)约翰·斯图尔特·穆勒

第一项原则/(英国)赫伯特·斯宾塞

植物杂交试验/(奥地利)格雷戈尔·孟德尔

战争与和平/(俄国)列夫·托尔斯泰

电磁学通论/(英国)詹姆斯·克拉克·麦克斯韦

查拉图斯特拉如是说/(德国)尼采

梦的解析/(奥地利)西格蒙德·弗洛伊德

实用主义/(美国)威廉·詹姆斯

相对论/(美国)艾尔伯特·爱因斯坦

心灵与社会/(意大利)维尔弗雷多·帕累托

心理类型/(瑞士)卡尔·荣格

我与你/(德国)马丁·布伯

审判/(奥地利)卡夫卡

科学发现的逻辑/(英国)卡尔·波普尔

就业、利息和货币通论/(德国)凯恩斯

存在与虚无/(法国)让·保罗·萨特

通往奴役之路/(英国)弗里德里希·冯·哈耶克

第二性/(法国)西蒙娜·德·波伏娃

控制论/(美国)诺伯特·维纳

一九八四/(英国)乔治·奥威尔

魔鬼说给孙子的故事/(亚美尼亚)乔治·伊万诺维奇·葛吉夫

哲学研究/(奥地利)路德维希·维特根斯坦

句法结构/(美国)艾弗拉姆·诺姆·乔姆斯基

女性的奥秘/(美国)贝蒂·弗里丹

超越自由与尊严/(美国)斯金纳

84.挪威奥斯陆读书俱乐部推荐书目(节选)

挪威诺贝尔研究所的挪威读书俱乐部的编辑在2002年的时候调查了来自54个国家/地区的100位作者关于他们认为的“世界文学中最出色和最核心的作品”。该列表于2002年在卫报上转载。以下是列表中的外国文学部分。

堂吉诃德/(西班牙)塞万提斯

安徒生童话/(丹麦)安徒生

傲慢与偏见/(英国)简·奥斯汀

高老头/(法国)巴尔扎克

三部曲:莫洛伊、马龙之死、无可名状的人/(爱尔兰)萨缪尔·贝克特

十日谈/(意大利)乔万尼·薄伽丘

虚构集/(阿根廷)豪尔赫·路易斯·博尔赫斯

呼啸山庄/(英国)艾米莉·勃朗特

局外人/(法国)阿尔贝·加缪

策兰诗选/(德国)保罗·策兰

茫茫黑夜漫游/(法国)路易·费迪南·塞利纳

坎特伯雷故事集/(英国)杰弗雷·乔叟

诺斯特罗莫/(英国)约瑟夫·康拉德

神曲/(意大利)阿利盖利·但丁

远大前程/(英国)查尔斯·狄更斯

宿命论者雅克和他的主人/(法国)狄德罗

柏林,亚历山大广场/(德国)阿尔弗雷德·德布林

罪与罚/(俄国)费奥多尔·陀思妥耶夫斯基

白痴/(俄国)费奥多尔·陀思妥耶夫斯基

群魔/(俄国)费奥多尔·陀思妥耶夫斯基

米德尔马契/(英国)乔治·艾略特

隐形人/(美国)拉尔夫·埃里森

美狄亚/(古希腊)欧里庇得斯

押沙龙,押沙龙! /(美国)威廉·福克纳

喧哗与骚动/(美国)威廉·福克纳

包法利夫人/(法国)居斯塔夫·福楼拜

情感教育/(法国)居斯塔夫·福楼拜

吉普赛人谣曲集/(西班牙)费德里科·加西亚·洛尔迦

百年孤独/(哥伦比亚)加西亚·马尔克斯

霍乱时期的爱情/(哥伦比亚)加西亚·马尔克斯

吉尔伽美什史诗

浮士德/(德国)约翰·沃尔夫冈·冯·歌德

死魂灵/(俄国)尼古拉·果戈理

铁皮鼓/(德国)君特·格拉斯

广阔的腹地:条条小路/(巴西)若昂·吉马朗埃斯·罗萨

饥饿/克努特·汉姆生

老人与海/(美国)海明威

玩偶之家/(挪威)亨利克·易卜生

约伯记

尤利西斯/(爱尔兰)詹姆斯·乔伊斯

完整的故事/(奥地利)弗兰兹·卡夫卡

审判/(奥地利)弗兰兹·卡夫卡

城堡/(奥地利)弗兰兹·卡夫卡

沙恭达罗/(印度)迦梨陀娑

山之音/(日本)川端康成

希腊人左巴/(希腊)尼科斯·卡赞察基斯

儿子与情人/(英国)戴维·赫伯特·劳伦斯

独立之子/(冰岛)哈尔多尔·拉克斯内斯

诗歌全集/(意大利)莱奥帕尔迪

金色笔记/(英国)多丽丝·莱辛

长袜子皮皮/(瑞典)阿斯特丽德·林格伦

摩诃婆罗多/(印度)毗耶娑

我们街区的孩子们/(埃及)纳吉布·马哈福兹

布登勃洛克一家/(德国)托马斯·曼

魔山/(德国)托马斯·曼

白鲸/(美国)赫尔曼·梅尔维尔

蒙田随笔/(法国)蒙田

历史/(意大利)艾尔莎·莫兰黛

宠儿/(美国)托妮·莫里森

源氏物语/(日本)紫式部

没有个性的人/罗伯特·穆齐尔

洛丽塔/(美国)纳博科夫

尼亚尔萨迦史诗

1984/(英国)乔治·奥威尔

变形记/(古罗马)奥维德

惶然录/(葡萄牙)费尔南多·佩索阿

故事全集/(美国)埃德加·爱伦·坡

追忆似水年华/(法国)马赛尔·普鲁斯特

巨人传/(法国)拉伯雷

佩德罗·巴拉莫/(墨西哥)胡安·鲁尔福

玛斯纳维/(古罗马)贾拉尔丁·鲁米

午夜之子/(英国)萨尔曼·鲁西迪

果园/(波斯)萨阿迪

迁徙北方的季节/(苏丹)塔伊伯·沙里

失明症漫记/(葡萄牙)若泽·萨拉马戈

哈姆雷特/(英国)威廉·莎士比亚

李尔王/(英国)威廉·莎士比亚

奥赛罗/(英国)威廉·莎士比亚

俄狄浦斯王/(古希腊)索福克里斯

红与黑/(法国)司汤达

项狄传/(英国)劳伦斯·斯特恩

芝诺的告白/(意大利)伊塔洛·斯维沃

格列佛游记/(英国)乔纳森·斯威夫特

战争与和平/(俄国)列夫·托尔斯泰

安娜·卡列尼娜/(俄国)列夫·托尔斯泰

伊凡·伊里奇之死/(俄国)列夫·托尔斯泰

小说选/(俄国)契诃夫

一千零一夜

哈克贝利·费恩历险记/(美国)马克·吐温

罗摩衍那/(古印度)蚁垤

埃涅伊德/(古罗马)维吉尔

草叶集/(美国)沃尔特·惠特曼

达洛维夫人/(英国)弗吉尼亚·伍尔芙

到灯塔去/(英国)弗吉尼亚·伍尔芙

哈德良回忆录(法国)玛格丽特·尤瑟纳尔

85. 人类历史上最具影响力的50本书(节选)

安德鲁·泰勒,Quercus出版社,2008年。

《改变世界的书:50本人类历史上最具影响力的书籍》的作者安德鲁·泰勒是一位记者与作家。本书选取的领域从诗歌到政治,从小说到哲学,从神学到人类学,从经济学到物理学,均展现了人类创造力和智力努力,描绘了人类智力的成就如何造就了我们的社会,塑造了我们的价值观,增强了我们对世界本质的认识,促进了技术进步,反映了我们的关切和困境、优势和失败。以下是书中的外国著作部分。

伊利亚特/(古希腊)荷马

历史/(古希腊)希罗多德

理想国/(古希腊)柏拉图

圣经

颂歌/(古罗马)贺拉斯

地理学/(古希腊)托勒密

卡马经

古兰经

坎特伯雷故事集/(英国)乔叟

君主论/(意大利)马基雅维利

地图与记述/墨卡托

堂吉诃德/(西班牙)塞万提斯

第一对开本/(英国)莎士比亚

心血运动论/哈维

两个世界体系的对话/(意大利)伽利略

自然哲学的数学原理/(英国)牛顿

英语大辞典/塞缪尔·约翰逊

少年维特的烦恼/(德国)歌德

国富论/(英国)亚当·斯密

常识/(美国)托马斯·潘恩

抒情歌谣/华尔华斯,科尔里奇

傲慢与偏见/(英国)简·奥斯汀

圣诞颂歌/(英国)查尔斯·狄更斯

共产党宣言/(德国)马克思,恩格斯

白鲸/(美国)赫尔曼·梅尔维尔

汤姆叔叔的小屋/(美国)哈里特·斯托

包法利夫人/(法国)福楼拜

物种起源/(英国)查尔斯·达尔文

论自由/(英国)约翰·斯图尔特·米尔

战争与和平/(俄国)列夫·托尔斯泰

一千零一夜

福尔摩斯探案集/(英国)柯南·道尔

梦的解析/(奥地利)弗洛伊德

锡安长老会纪要

诗集/维尔浮莱德·欧文

相对论/(美国)阿尔伯特·爱因斯坦

尤利西斯/(爱尔兰)詹姆斯·乔伊斯

查特莱夫人的情人/(英国)劳伦斯

就业、利息和货币通论/(德国)凯恩斯

如果这是一个人/(意大利)普里莫莱维

一九八四/(英国)乔治·奥威尔

第二性/(法国)西蒙娜·德·波伏娃

麦田里的守望者/(美国)塞林格

瓦解/(尼日利亚)奇努阿·阿切贝

寂静的春天/(美国)蕾切尔·卡逊

哈利波特与魔法石/(英国)J.K.罗琳

86. 西方经典英汉提要(卷一)：古希腊罗马经典100部

雷立柏，世界图书出版公司，2010年出版。

作者为奥地利古典语文学家，北京大学博士，曾在中国社会科学院从事世界宗教翻译和研究，后在中国人民大学任教。本书是他在教授“拉丁语文学史”、“古希腊语文学史”、“古希腊文化概论”等课程时深感没有适合的教材可以使用而自己编写的，选取文献的标准是以它们对西方智识传统的贡献，优先录取那些提供了整全知识视野的“伟大叙事”。

伊利亚特/荷马

奥德赛/荷马

农作与时日/赫西奥德

神谱/赫西奥德

寓言集/伊索

波斯人/埃斯库罗斯

俄瑞斯特斯/埃斯库罗斯

安提戈涅/索福克勒斯

俄狄浦斯王/索福克勒斯

俄狄浦斯在科罗诺斯/索福克勒斯

厄勒克特拉/索福克勒斯

阿尔刻提斯/欧里庇得斯

希波吕托斯/欧里庇得斯

伊菲格涅亚在奥利斯/欧里庇得斯

美狄亚/欧里庇得斯

历史/希罗多德

伯罗奔尼撒战争史/修昔底德

阿卡奈人/阿里斯托芬

和平/阿里斯托芬

吕西斯忒拉忒/阿里斯托芬

云/阿里斯托芬

鸟/阿里斯托芬

黄蜂/阿里斯托芬

远征记/色诺芬

管理家庭/色诺芬

申辩篇/柏拉图

高尔吉亚篇/柏拉图

美诺篇/柏拉图

斐多篇/柏拉图

理想国/柏拉图

会饮篇/柏拉图

提迈欧篇/柏拉图

尼各马可理论学/亚里士多德

动物志/亚里士多德

工具论/亚里士多德

诗学/亚里士多德

物理学/亚里士多德

政治学/亚里士多德

形而上学/亚里士多德

修辞学/亚里士多德

品格论/泰奥弗拉斯托斯

恨世者/米南德

几何原本/欧几里得

阿戈远征记/阿波罗尼俄斯

安菲特律翁/普劳图斯

一坛黄金/普劳图斯

吹牛的军人/普劳图斯

通史/波利比奥斯

两兄弟/泰伦斯

自责者/泰伦斯

福尔米翁/泰伦斯

论拉丁语/瓦罗

布鲁图斯/西塞罗

论老年生活/西塞罗

论至善/西塞罗

论诸神的本性/西塞罗

论占卜/西塞罗

论义务/西塞罗

论国度/西塞罗

图斯库卢姆谈话录/西塞罗

高卢战记/恺撒

物性论/卢克莱修

建筑学/维特鲁威

喀提林叛乱记/萨卢斯特

成语集/普珀里琉斯

埃涅亚特/维吉尔

牧歌/维吉尔

农事诗/维吉尔

歌集/贺拉斯

诗艺/贺拉斯

讽刺诗集/贺拉斯

罗马通史/李维

爱的艺术/奥维德

岁时记/奥维德

女英雄/奥维德

变形记/奥维德

世界的创造/斐洛

法律的比喻/斐洛

论宽和/塞涅卡

论幸福的人生/塞涅卡

道德信笺/塞涅卡

博物志/(老)普林尼

演讲家的培训/昆体良

论罗马城的供水问题/弗朗蒂努斯

上古犹太史/约瑟夫斯

犹太战争史/约瑟夫斯

法尔萨莉亚/卢坎

警句诗集/马尔提阿里斯

阿喀琉斯记/斯塔提乌斯

希腊罗马人物对比传记/普卢塔克

道德论集/普卢塔克

手册/埃比克泰德

论集/埃比克泰德

信集/依纳爵

编年史/塔西佗

日耳曼志/塔西佗

讽刺诗集/朱文纳尔

十二恺撒传/苏埃托尼乌斯

圣经

论崇高

87.西方经典英汉提要(卷二):古代晚期经典100部

雷立柏,世界图书出版公司,2010年出版。

作者为奥地利古典语文学家,北京大学博士,曾在中国社会科学院从事世界宗教翻译和研究,后在中国人民大学任教。本书是他在教授"拉丁语文学史"、"古希腊语文学史"、"古希腊文化概论"等课程时深感没有适合的教材可以使用而自己编写的,选取文献的标准是以它们对西方智识传统的贡献,优先录取那些提供了整全知识视野的"伟大叙事"。

亚历山大远征记/阿里安

护教篇/犹斯丁

天文学大成/托勒密

希腊志/保萨尼阿斯

四部福音合参/塔提安努斯

驳希腊人/塔提安努斯

真实的故事/卢奇安

诸神对话/卢奇安

拍卖诸生命/卢奇安

沉思录/马可·奥勒留

变形记/阿普列乌斯

本人著作目录/盖伦

雅典之夜/格利乌斯

驳斥异端/依勒内

教导者/(亚历山大的)克雷芒

劝说/(亚历山大的)克雷芒

杂论/(亚历山大的)克雷芒

怀疑学派/塞克斯都·恩披里柯

护教篇/德尔图良

论斗兽场的表演/德尔图良

灵魂的见证/德尔图良

奥大维乌斯/米努其乌斯

培培图阿与菲里契塔斯遇难录/培培图阿

六文本合参/奥利金

驳凯尔索/奥利金

论基本的原理/奥利金

达夫尼斯和赫洛亚/朗格斯

埃塞俄比亚故事/赫利奥多鲁斯

书信集/西普里安

九章集/普罗提诺

著名哲学家的生平和学说/第欧根尼·拉尔修

凤凰之诗/拉克坦提乌斯

论上主之愤怒/拉克坦提乌斯

论迫害者之死/拉克坦提乌斯

神圣教规/拉克坦提乌斯

教会历史/优西比乌斯

反驳外邦人/亚大纳西

圣安托尼传/亚大纳西

教育手册/诺尼乌斯

书信集/奥索尼乌斯

教理教授/基里洛斯

拉丁语法基础/多纳图斯

拉丁语法中级/多纳图斯

历史/阿米阿努斯

修道生活教导/(大)巴西略

论六天创造/(大)巴西略

诗集/格列高列

讲道文集/格列高列

论人的准备/(尼撒的)格列高列

论贞洁/(尼撒的)格列高列

关于灵魂和复活的对话/(尼撒的)格列高列

论圣职人员的职务/安博罗修斯

信集/安博罗修斯

赞美诗集/安博罗修斯

报告/西马克斯

讲道稿/金口若望

论贞洁/金口若望

诸名人传/热罗尼摩

信集/热罗尼摩

圣经通行译本/热罗尼摩

殉道士行传/普鲁登蒂乌斯

灵魂之战/普鲁登蒂乌斯

忏悔录/奥古斯丁

论幸福生活/奥古斯丁

上帝/天主之城/奥古斯丁

论基督宗教的教导/奥古斯丁

论真实的宗教/奥古斯丁

独语/奥古斯丁

珀尔塞福涅的掠夺/克劳狄安

圣马丁传/塞维鲁斯

隐修者教规/卡西安

文摘/斯托拜乌斯

梅库利乌斯和语文学的婚姻/卡佩拉

评注<西皮欧的梦>/马克罗比乌斯

农神节说/马克罗比乌斯

赫拉克勒伊德斯之书/聂斯托里乌斯

反驳异教徒的世界史/奥罗修斯

致佛拉维安的信/利奥

论柏拉图的神学/普洛克鲁斯

圣塞维林传/欧基皮乌斯

复活节日期查订表/小狄奥尼修斯

哲学的慰藉/波伊提乌

教阶体系/(伪)狄奥尼修斯

天阶体系/(伪)狄奥尼修斯

会规/本笃

民法大全/优士丁尼

世界的创造/菲洛普诺斯

宗教文学与世俗文学的教学/卡西奥多鲁斯

圣歌/罗曼努斯·梅洛多斯

论纠正农民/马丁

诗集/维南蒂乌斯

法兰克人史/格列高列

对话集/(大)格列高列

约伯伦理记/(大)格列高列

牧民守则/(大)格列高列

隐修士会规/科伦班

语源学/伊西多尔

天堂之梯/梯子约翰

警句集/马克西摩斯

引入神秘/马克西摩斯

十二使徒/宗徒遗训

谈论自然者

爱笑者

艾格瑞亚的游记

88.西方经典英汉提要(卷三):中世纪经典100部

雷立柏,世界图书出版公司,2010年出版。

作者为奥地利古典语文学家,北京大学博士,曾在中国社会科学院从事世界宗教翻译和研究,后在中国人民大学任教。本书是他在教授"拉丁语文学史"、"古希腊语文学史"、"古希腊文化概论"等课程时深感没有适合的教材可以使用而自己编写的,选取文献的标准是以它们对西方智识传统的贡献,优先录取那些提供了整全知识视野的"伟大叙事"。本卷精选公元650年到1450年间经典著作100余部,内容涵盖文学、史学、哲学、法学和宗教学诸领域。

圣科伦班传/阿达梅南

赞美独身生活/阿尔德海姆

至阿基求斯的信/阿尔德海姆

巴兰和约沙法特/约翰内斯

智慧的泉源/约翰内斯

英格兰教会史/比德

信集/博尼法修斯

伦巴第人的历史/保禄

约克教会历代主教和圣人/阿尔库因

埃琳娜/基涅武甫

查理大帝传/艾因哈德

论教士的培养/拉班努

福音之书/奥特弗里德

园艺之书/瓦拉夫瑞德

维提的神视/瓦拉夫瑞德

论自然的区分/艾利基纳

万书之书/佛提乌斯

查理大帝言行录/诺特克尔

瓦尔塔里乌斯之诗/埃克哈德

论反基督的诞生和时期/阿德索

隐修者亚巴郎/赫若斯维塔

杜启修斯/赫若斯维塔

德欧斐路斯/赫若斯维塔

康复书/阿维森纳

康拉德二世皇帝传/维波

编年史/赫尔曼

八宗罪/赫尔曼

教宗的规定/额我略七世

上主为什么降生成人？/安瑟伦

独白篇/安瑟伦

对话篇/安瑟伦

波西米亚人的历史/布拉格的科斯玛斯

往年故事/涅斯托尔

是与否/阿伯拉尔

英国史/马梅斯布里

阿历克塞亚斯/阿纳·康尼纳

论反省/伯尔纳德

论爱神/伯尔纳德

反驳萨拉森人/伯铎禄

学问之阶/圣维克多的雨果

诸病因和治疗/圣希尔德加德

教会法汇编/格拉狄安

不列颠诸王纪/蒙默思的杰弗里

四部语录/彼得·隆巴

编年史或两个社会的历史/奥托

论政治/索尔兹伯里的约翰

论灵魂注/阿维罗伊

反克劳蒂安/阿兰

象征之书/约亚敬

艾莱克与艾尼德/克里蒂安·德·特鲁瓦

迷途指津/迈蒙尼德

丹麦历史/萨克索

可怜的亨利/哈特曼

论人生的悲惨情况/依诺森三世

帕尔齐法尔/沃尔夫拉姆·冯·埃申巴赫

埃达/斯诺里·司徒鲁松

圣方济各传/托马斯

知识宝鉴/博韦的樊尚

论用鸟去打猎/费德利希二世

英格兰的法律与习惯/布拉克顿

受造界大全/大阿尔伯特

逻辑学大全/西班牙的伯多禄(彼得)

玫瑰传奇/罗里斯

伟大著作/罗吉尔·培根

东方游记/鲁布鲁克

灵魂迈向天主的路程/波那文图拉

反驳异教大全/托马斯·阿奎那

神学大全/托马斯·阿奎那

金传/沃拉吉纳的雅各

宏大的技术/卢尔

巴奎纳/卢尔

马可·波罗游记/马可·波罗

神爱的使者/格尔特儒德

神慰之书/艾克哈特

神曲/但丁

论俗语/但丁

全部<圣经>注解集/利尔的尼古拉斯

语录注集/威廉·奥康

诸神视/布里吉特

两种不同命运之道/彼特拉克

歌集/彼特拉克

十日谈/薄伽丘

名人之堕落/薄伽丘

货币论/俄瑞斯梅的尼古拉斯

论世俗政权/威克利夫

耕者皮尔斯的梦/兰格朗

闻见录/傅华萨

坎特伯雷故事集/杰弗里·乔叟

波西米亚的耕夫/若望

神秘神学/杰尔松

师主篇/托马斯·肯璧斯

论有学识的无知/库撒的尼古拉

反驳柏拉图的诽谤者/贝萨里翁

回忆录/皮科罗米尼

巴黎受难剧/格雷邦

古兰经

亚历山大传奇

一千零一夜

贝奥武夫

救世主

罗兰之歌

熙德之歌

89.西方经典英汉提要(卷四):文艺复兴和巴罗克时期经典100部

雷立柏,世界图书出版公司,2010年出版。

作者为奥地利古典语文学家,北京大学博士,曾在中国社会科学院从事世界宗教翻译和研究,后在中国人民大学任教。本书是他在教授“拉丁语文学史”、“古希腊语文学史”、“古希腊文化概论”等课程时深感没有适合的教材可以使用而自己编写的,选取文献的标准是以它们对西方智识传统的贡献,优先录取那些提供了整全知识视野的“伟大叙事”。本卷精选1450年至1750年间经典著作100部，全面反映了这一时期经历的文艺复兴、宗教改革、地理大发现、哲学新思潮等重大历史事件。

论家庭/阿尔贝提

论儿童教育/维基欧

拉丁语的魅力/瓦拉

巫婆之锤/印斯提托里斯

论基督宗教/菲奇诺

孔普鲁托并排版圣经/吉麦内兹

词典/卡勒比诺

犹太神秘主义/罗伊希林

愚人船/布兰特

论人的尊严/彼科·德拉·米兰多拉

成语集/伊拉斯谟

论自由意志/伊拉斯谟

愚蠢颂/伊拉斯谟

神学大全注/卡耶坦

君主论/马基亚维利

天体运行论/哥白尼

遗嘱/梅里奇

疯狂的罗兰/阿里奥斯托

乌托邦/莫尔

侍臣论/卡斯蒂留内

论教会的巴比伦囚虏/路德

论战争的权利/维托里亚

征服墨西哥的信/科尔特斯

神操/罗耀拉

巨人传/拉伯雷

神学共同要点/梅兰希顿

基督宗教的制度/加尔文

最杰出建筑师、画家和雕塑家的传记/瓦撒里

人体结构/维萨里

七宝楼台/特蕾莎

小教理问答/卡尼修斯

颂歌集/龙萨

希腊语宝典/斯蒂反努斯

随笔集/蒙田

教会编年史/巴罗尼乌斯

关于基督宗教信仰的辩论/贝拉明

耶路撒冷的解放/塔索

堂吉诃德/赛万提斯

形而上学辩论/苏亚瑞斯

仙后/斯宾塞

论战争法/秦梯利

羊泉村/洛佩·德·维加

塞维利亚之星/洛佩·德·维加

新工具/培根

两个世界体系的对话/伽利略

帖木耳大帝/马娄

哈姆莱特/莎士比亚

罗密欧与朱丽叶/莎士比亚

神爱论/方济各

宇宙和谐律/开普勒

虚荣者/比德曼

战争与和平法/格劳秀斯

利维坦/霍布斯

大教学法/科梅纽斯

圣人文献集/博兰德

第一哲学沉思集/笛卡儿

哲学原理/笛卡儿

思想的指导规则/笛卡儿

德国诗论/奥皮茨

人生一梦/卡尔德隆

中国图说/基歇尔

一个医生的宗教信仰/布朗

失乐园/弥尔顿

故事诗/拉封丹

达尔杜夫/莫里哀

痴儿历险记/格里美尔斯豪森

沉思/帕斯卡

格鲁宾的旅游者/安格鲁斯

论普世历史/波舒哀

天路历程/班扬

一切为了爱情/德莱顿

自然法和万国法/普芬道夫

伦理学/斯宾诺莎

人类理解力论/洛克

古文书学/马比翁

虔敬的渴望/施佩纳

追求真理/马勒伯朗士

旧约的批判史/西蒙

菲德拉/拉辛

数学原理/牛顿

单子论/莱布尼茨

神正论/莱布尼茨

历史与批判辞典/培尔

忒勒马科斯历险记/费纳隆

鲁宾逊漂流记/笛福

格列佛游记/斯威夫特

新科学/维科

基督教并不神秘/托兰德

人论/蒲柏

真正的基督宗教/斯维登堡

帕美勒/理查森

法律的精神/孟德斯鸠

哲学书简/伏尔泰

老实人/伏尔泰

伦理神学/利古奥里

约瑟夫·安德鲁斯/菲尔丁

自然系统/林奈

无穷小分析引论/欧拉

圣经译本

浮士德博士

90.斯蒂芬·哈珀在读什么

马特尔著,郭国良等译,译林出版社,2014年6月。

《斯蒂芬·哈珀在读什么——扬·马特尔给总理和书虫荐书》是一部以书信的形式呈现的书。这101封书信由加拿大作家,《少年Pi的奇幻漂流》的作者扬·马特尔所写,寄给加拿大斯蒂芬·哈珀总理。每封信大多谈一部文学作品,这些作品体裁各异,有小说、戏剧、诗集、宗教文本、插画小说、儿童读物,几乎无所不包。虽然总理从未回信,但是对于爱书者以及众多追踪加拿大政治风云的人而言,这份书单不啻为一份极有价值的书目汇编。

伊凡·伊里奇之死/列夫·托尔斯泰著;埃尔默·莫德译

动物农场/乔治·奥威尔著

罗杰疑案/阿加莎·克里斯蒂著

我坐在中央车站旁哭泣/伊丽莎白·斯马特著

薄伽梵歌/胡安·马斯卡罗译

你好,忧愁/弗朗索瓦丝·萨冈著;艾琳·阿什译

老实人,伏尔泰著/约翰·巴特译自法语

简短而甜蜜的101首小诗/西蒙·阿米蒂奇主编

一桩事先张扬的谋杀案/加西亚·马尔克斯著;格雷戈里·拉巴

萨译

朱丽小姐/奥古斯特·斯特林堡著；彼得·沃兹译

沃森一家/简·奥斯汀著

鼠族/阿特·斯皮格曼著

杀死一只知更鸟/哈珀·李著

小王子/安东尼·德·圣·埃克苏佩里著

橘子不是唯一的水果/珍妮特·温特森著

给一个青年诗人的十封信/莱内·马利亚·里尔克著；M.D.赫特·诺顿译

这座岛叫米纳戈/弥尔顿·艾肯著

变形记/弗兰兹·卡夫卡著；迈克尔·霍夫曼译

狮心兄弟/阿斯特丽德·林格伦著；吉尔·M.摩根译

有教养的想象力/诺思洛普·弗莱著

萨拉热窝的大提琴手/斯蒂文·加洛韦著

沉思录/马可·奥勒留著；麦克斯韦尔·斯塔尼福思译

艺术家和模特/阿娜伊斯·宁著

等待戈多/塞缪尔·贝克特著

希库提米的蜻蜓/拉里·特朗布莱著

生日信札/泰德·休斯著

到灯塔去/弗吉尼亚·伍尔夫著

大声为孩子读书吧！/劳拉·布什和詹娜·布什著

溺水/朱诺特·迪亚兹著

克莱采奏鸣曲/列夫·托尔斯泰著;埃尔默·莫德译

他们眼望上苍/佐拉·尼尔·赫斯顿著

雷兹姐妹/汤姆森·海威著

我在伊朗长大/玛嘉·莎塔碧著;马蒂亚斯·里帕译

最蓝的眼睛/托妮·莫里森著

牛奶树下/迪伦·托马斯著

上升的一切必将汇合/弗兰纳里·奥康纳著

一个小小的建议/乔纳森·斯威夫特著

颂歌/安·兰德著

皮普先生/劳埃德·琼斯著

发条橙/安东尼·伯吉斯著

吉尔伽美什/斯蒂芬·米切尔译

吉尔伽美什/德瑞克·海因斯译

非普通读者/艾伦·贝内特著

大地/赛珍珠著

虚构集/豪尔赫·路易斯·博尔赫斯著;安德鲁·赫尔利译

黑鸟吟:诗歌与歌词1965年—1999年/保罗·麦卡特尼著

两害相权取其轻:恐怖主义时代的政治伦理/米哈伊尔·伊格纳季耶夫著

基列/玛丽莲·罗宾逊著

老人与海/欧内斯特·海明威著

简·奥斯汀的一生/卡罗尔·希尔兹著

凯撒大帝/威廉·莎士比亚著

燃冰:艺术与气候变化/大卫·巴克兰与CAPEFAREWELL基金会创办的合作组织

路易斯·瑞尔/切斯特·布朗著

午后曳航/三岛由纪夫著;约翰·内森译

礼物/路易斯·海德著

化身博士/罗勃特·路易斯·史蒂文森著

广岛之恋/玛格丽特·杜拉斯编剧;理查德·西佛译;阿伦·雷乃导演

逃离/爱丽丝·芒罗著

门/玛格丽特·阿特伍德著

锡笛/加布里埃尔·罗伊著;汉纳·约瑟夫森译

野兽家园/莫里斯·桑达克著及插图

厨房之夜狂想曲/莫里斯·桑达克著及插图

凡人/菲利普·罗斯著

福楼拜的鹦鹉/朱利安·巴恩斯著

新秘书和难处的上司/卡罗莱·莫蒂默著

鞑靼人沙漠/迪诺·布扎蒂著;斯图尔特·胡德译

斯蒂芬·哈珀在读什么? /由众多名家贡献

等待野蛮人/J.M.库切著

A世代/道格拉斯·柯普兰著

财产/瓦莱丽·马丁著

曲棍球回归线/戴维·比笛尼著

理财专家/R.K.纳拉扬著

书:回忆录/拉里·麦克默特里著

瓦解/钦努阿·阿契贝著

奇思妙想/克里斯汀·布克著

低地/赫塔·米勒著;西格林德·卢格译

伊凡·杰尼索维奇的一天/亚历山大·索尔仁尼琴著;贝拉·冯·巴洛克译

利里王/保罗·昆宁顿著

世纪/雷·史密斯著

夏洛的网/E.B.怀特著

谁猎杀了伤者/大卫·亚当斯·理查兹著

格雷岛/约翰·斯特夫勒著

卡里古拉/阿尔贝·加缪著;贾斯丁·奥布赖恩译

尼克尔斯基/尼古拉斯·迪克尔著;拉泽·莱德亨得勒译

我的生存之道/梅格·罗索夫著

被爱刺伤:诗篇与断章/萨福著;亚伦·蒲圻根译

甜蜜的家乡芝加哥/阿什顿·格雷著

红的自传/安妮·卡森著

帕洛马尔/伊塔洛·卡尔维诺著;威廉·韦弗译

三个女人/格特鲁德·斯泰因著

诗选/阿尔·珀迪著

尼伯龙根之歌/西里尔·爱德华兹译

象棋的故事/斯台芬·茨威格著;安西娅·贝尔译

诗选/叶夫盖尼·叶甫图申科著;罗宾·米尔纳·古兰德和彼得·利瓦伊译

印第安"白人"男孩儿绝对真实的日记/舍曼·亚历克西著

寻欢作乐/威廉·萨默赛特·毛姆著

六个寻找剧作家的角色/路伊吉·皮兰德娄著;约翰·林斯特拉姆译

蠢巨人/安德烈·弗朗甘著

蓝莲花/埃尔热著

保罗在魁北克/米歇尔·哈巴格丽娅提著

高文爵士和绿衣骑士/詹姆士·维尼编辑、翻译

一部阅读史/阿尔贝托·曼谷埃尔著

焦土之城/瓦迪基·穆阿瓦德著;琳达·加博里奥译

追忆似水年华/马塞尔·普鲁斯特著;C.K.司各特·孟克利夫和特伦斯·基尔马丁译;D.J.恩莱特修订

91. 一生的读书计划

克里夫顿·费迪曼，译林出版社，2018年2月。

《一生的读书计划》是美国家喻户晓的广播和电视节目主持人、著名的报人和专栏作家费迪曼教授为18岁到80岁的读书人推荐的一份规模宏大的读书计划，这个读书计划内有举世公认的欧美思想家与文学家的100册杰作，内容包括始于荷马，迄于现代的戏剧、诗歌、小说、散文、历史、传记、自传等。

伊利亚特/荷马

奥德赛/荷马

史记/希罗多德

伯罗奔尼撒战史/塔西陀

选集/柏拉图

伦理学/亚里士多德

政治学/亚里士多德

奥瑞斯忒亚/埃斯库罗斯

俄狄浦斯王/索福克勒斯

俄狄浦斯在科罗诺斯/索福克勒斯

安提戈涅/索福克勒斯

阿尔刻提斯/欧里庇得斯

美狄亚/欧里庇得斯

希波吕托斯/欧里庇得斯

特洛伊妇女/欧里庇得斯

伊莱克屈拉/欧里庇得斯

巴凯伊/欧里庇得斯

论万象的本质/鲁克雷提阿斯

埃涅阿斯纪/维吉尔

沉思录/奥勒留

忏悔录/奥古斯丁

神曲/但丁

坎特伯雷故事集/乔叟

全集/莎士比亚

戏剧选集/莫里哀

浮士德/歌德

戏剧选/易卜生

戏剧选与序文/萧伯纳

天路历程/班扬

鲁滨逊漂流记/笛福

格列佛游记/斯威夫特

贫民救济法案/斯威夫特

特雷斯特安·薛迪/史特恩

弃儿汤姆·琼斯史/菲尔丁

傲慢与偏见/简·奥斯丁

爱玛/简·奥斯丁

呼啸山庄/爱弥丽·勃朗特

匹克威克外传/狄更斯

雾都孤儿/狄更斯

荒屋/狄更斯

大遗产/狄更斯

艰难时代/狄更斯

我们共同的朋友/狄更斯

名利场/萨克雷

弗洛斯河上的磨坊/乔治·爱略特

爱丽丝漫游奇境记/刘易斯·卡洛尔

爱丽丝镜中奇遇记/刘易斯·卡洛尔

卡斯特桥市长/托玛斯·哈代

诺斯特罗莫/康拉德

儿子与情人/劳伦斯

尤利西斯/詹姆斯·乔伊斯

魔山/托马斯·曼

巨人传/拉伯雷

老实人/伏尔泰

红与黑/司汤达

高老头/巴尔扎克

欧也妮·葛朗台/巴尔扎克

包法利夫人/福楼拜

追忆似水年华/普鲁斯特

红字/霍桑

短篇小说集/霍桑

白鲸/麦尔维尔

哈克贝利·芬历险记/马克·吐温

使节/亨利·詹姆斯

堂吉诃德/塞万提斯

死魂灵/果戈理

父与子/屠格涅夫

罪与罚/陀思妥耶夫斯基

卡拉马佐夫兄弟/陀思妥耶夫斯基

战争与和平/托尔斯泰

失乐园/弥尔顿

利西达/弥尔顿

基督降生的早晨/弥尔顿

十四行诗/弥尔顿

言论自由/弥尔顿

选集/威廉·布雷克

序曲/华兹华斯

抒情民谣集/华兹华斯

短诗选集/华兹华斯

老水手谣/柯勒律治

克利斯塔贝/柯勒律治

忽必烈汗/柯勒律治

文学评传/柯勒律治

莎士比亚论/柯勒律治

诗全集/叶芝

戏剧集/叶芝

自传/叶芝

诗集/惠特曼

民主主义展望/惠特曼

草叶集/惠特曼

回顾旅程/惠特曼

英国史/托雷维利安

忏悔录/卢梭

约翰生传/包斯威尔

亨利·亚当斯的教育/亨利·亚当斯

诗全集/弗洛斯特

喧哗与躁动/福克纳

弥留之际/福克纳

短篇小说集/海明威

人性的枷锁/毛姆

印度之旅/佛斯特

诗全集/艾略特

诗剧/艾略特

美妙的新世界/阿道斯·赫胥黎

评论集/阿道斯·赫胥黎

92. 改变美国的二十五本书

《改变美国的二十五本书》,唐斯(RobertB.Downs)著。这25本书的共同点是:"在美国历史上直接间接曾发生重大影响的书籍",它们是:

常识/(英国)潘恩

远征史/路易士·柯拉克

摩门经书/史密斯

胃液与消化生理/毕尤蒙

美国的民主/托克威尔

教育年度报告/曼恩

产褥热的传染性/霍姆斯

不服从论/索罗

汤姆叔叔的小屋/(美国)斯托夫人

回顾/白拉梅

海军战略论/(美国)马汉

美国历史上的边疆/杜纳

城市之羞/史蒂芬斯

丛林/辛克莱

美加两国医学教育/符莱斯纳

赫尔堂二十年/亚当斯女士

科学管理原理/泰勒

美国宪法的经济解释/贝尔德

偏见/门肯

司法程序的性质/卡铎佐

中城/林德夫妇

南方的心灵/凯西

美国的一个难局/麦达尔

丰足的社会/盖布瑞斯

寂静的春天/卡逊女士

93. 世界最伟大的三十份文献

美国麦克劳—希尔公司出版了一部名为《世界伟大文献汇编》的书，费特利克·凯尔主编，选收全世界范围内最重要的文献三十种。

汉谟拉比法典/(古巴比伦)汉谟拉比

十戒/(古埃及)摩西

梭伦法/(古希腊)梭伦

菩萨经：真理与启蒙/(古印度)释迦牟尼

理想国/(古希腊)柏拉图

山上布道

致罗马人书

古兰经/(阿拉伯)穆罕默德

英国大宪章/(英国)1215年通过

太阳礼赞/圣佛兰西斯

永恒的准则/(德国)古萨的尼古拉斯

抗议书/(美国)马丁·路德·金

论国际秩序/格罗梯乌斯

独立宣言/(美国)杰弗逊

美国宪法/1787年美国制宪会议通过

人权宣言/(法国)1789年通过

和平宣言/(德)康德

拿破仑法典/(法国)拿破仑

共产党宣言/(德国)卡尔·马克思,弗里德里希·恩格斯

非暴力权力运动/(印度)甘地

大西洋宪章/1941年罗斯福、丘吉尔会谈制订

联合国宪章/1945年通过

法兰克报告书

新年祝辞/(日)裕仁

第三世界和平书/法兰兹·氏隆

人类的和平/罗马教皇约翰二十三世

先锋十字号宇宙通迅图版

94.影响美国特性最大的十本书

《华盛顿邮报》专栏作家乔纳森·雅德利是“普利策评论奖”获得者之一,他曾经在美国历史学会会刊《美国传统》上撰文,公布其推选的10本对美国特性影响最大的书。雅德利甄选的原则是:(1)对美国文化、社会及家庭生活产生巨大影响,对微妙而迷人的美国特性的形成产生巨大作用;(2)是美国人写的;(3)不选小人

书、教科书、宗教书籍以及词典。

沃尔登或林中生活/(美国)亨利·戴维·梭罗

草叶集/(美国)惠特曼

哈克贝里·芬历险记/(美国)马克·吐温

在我们的时代(或海明威的其他小说,如《太阳照样升起》)/(美国)海明威

穿破衣服的迪克/(美国)雷瑞修·爱尔杰

美国大难题

有闲阶级的理论(美国)/索尔斯坦·凡勃伦

怎样赢得朋友,影响别人/(美国)戴尔·卡内基

婴孩护理常识/(美国)本杰明·斯波克

波士顿烹饪学校教科书/(美国)芬尼·法默

95. 卡尔·桑德堡喜爱的书

卡尔·桑德堡(CarlSandburg1878 ~ 1967),又译桑德伯格,美国诗人、历史学家、小说家,《林肯传》的作者。

孟治医生回忆录

我晚年的思想/克莱孟梭

物种起源/(英国)达尔文

日记/(英国)达尔文

散文集/(美国)爱默生

著作集/(美国)梭罗

心理学原理/(美国)威廉·詹姆士

草叶集/(美国)惠特曼

天文夜谭/(英国)巴顿

哈克贝利·芬历险记/(美国)马克·吐温

汤姆·索耶历险记/(美国)马克·吐温

书信集/(美国)马克·吐温

希腊文学选集

诗选集/圣·约翰·伯斯

短篇小说集/(美国)柴霍甫(即契诃夫)

昆虫世界/(法国)法希尔

作品集/(法国)拉伯雷

欧洲史/(英国)诺曼·戴维斯

美国文明的兴起/(美国)毕尔德

小王子/(法国)圣·艾克修培利

地球上的巨人/罗尔瓦格

如何去阅读报纸/艾尔嘉·达勒

戏剧与诗集/泌孤

进步与力量/贝克尔

这一代/华尔顿编

兰与灰/科曼格编

现代美国诗选/温特梅尔主编

现代英国诗选/温特梅尔主编

大英百科全书

美国传记大辞典/(美国)艾·约翰逊,杜·马隆主编

96.斯金娜喜爱的书

斯金娜(CorneliaOtisSkinner,1901~1979),美国女演员兼作家。

莎士比亚全集/(英国)莎士比亚

英国诗选(牛津版)/(英国)帕尔格雷夫

世界史纲/(英国)威尔斯

圣经

伊利亚特/(古希腊)荷马

爱丽丝梦游奇境记/(英国)卡洛尔

战争与和平/(俄国)列夫·托尔斯泰

全集/(英)济慈

戏剧集/(爱尔兰)萧伯纳

名利场/(英国)萨克雷

散文集/(英国)兰姆

远大前程/(英国)狄更斯

爱玛/(英国)奥斯汀

人性枷锁/(英国)毛姆

旁观者/(英国)阿迪生,史蒂尔

西洋哲学史话/(美国)威尔·杜兰特

散文集/(法国)蒙田

散文集/(美国)爱默生

97.阿岛士·赫胥黎喜爱的书

阿岛士·赫胥黎(AldousHuxley,1894~1963),英国文学家,著有《针锋相对》、《猿与本质》等。

莎士比亚的作品

卡拉马佐夫兄弟/(俄国)陀思妥耶夫斯基

沉思录/(古罗马)奥勒留

佛教禅宗手册/(日本)铃木大拙

历史研究/(英国)汤恩比(即汤因比)

散文集/(法国)蒙田

草叶集/(美国)惠特曼

诗集/(英国)华兹华斯

人类个性论/(美国)梅耶

宗教经验种种/(美国)威廉·詹姆士

人的个性/提威尔

98. 托马斯·曼喜爱的书

托马斯·曼(ThomasMann,1875～1955),德国作家,1929年获诺贝尔文学奖,《魔山》、《布登勃洛克一家》的作者。

短篇小说/(美国)爱伦·坡

草叶集/(美国)惠特曼

白鲸/(美国)麦尔维尔

名利场/(英国)萨克雷

利己主义者/梅理狄斯

吉姆爷/康拉德

散文故事集/(俄国)普希金

死魂灵/(俄国)果戈理

安娜·卡列尼娜/(俄国)托尔斯泰

迷惑/(俄国)陀斯妥耶夫斯基

故事集/尼古拉·莱斯可夫

父与子/(俄国)屠格涅夫

沉思录/(法国)帕斯卡

老实人/(法国)伏尔泰

高老头/(法国)巴尔扎克

雷尼·麦佩林/(法国)龚果尔兄弟

故事集/(法国)梅里美

情感教育/(法国)福楼拜

威廉·迈斯特的学徒时期/(德国)歌德

意志与表象世界/(德国)叔本华

超越善与恶/(德国)尼采

图腾与禁忌/(奥地利)弗洛伊德

童话集/(丹麦)安徒生

99.克卢蒂喜爱的书

克卢蒂(StuartCloete,1897~1976),南非小说家,主要作品有小说《车轮滚滚》、《支离破碎的荣誉》,传记《非洲人物肖像》等。

世界史纲/(英国)威尔斯

生命科学/(英国)威尔斯

新约

对话录/(古希腊)柏拉图

人口论/(英国)马尔萨斯

物种起源/(英国)达尔文

戏剧全集/(英国)莎士比亚

历史研究/(英国)汤恩比

著作集/(奥地利)弗洛伊德

痛、性与时间/赫德

白鲸/(美国)麦尔维尔

互助论/(俄国)克鲁泡特金

殉道者/李德

100. 诺曼·科温(NormanCorwin)喜爱的书

诺曼·科温(NormanCorwin,1910–2011)是美国作家、编剧、制片人、散文家和新闻和写作教师。他最早和最大的成就是在20世纪30年代和40年代在广播剧的写作和导演。他的剧本《梵高传》获得1956年奥斯卡最佳改编剧本的提名。

怒火之花/(美国)史坦贝克

墙/(法国)萨特

诗集/(英国)济慈

草叶集/(美国)惠特曼

格列佛游记/(英国)斯威夫特

自传/(美国)富兰克林

戏剧全集/(英国)莎士比亚

巨人传/(法国)拉伯雷

著作集/(美国)潘恩

白鲸/(美国)麦尔维尔

著作集/(奥地利)弗洛伊德

浪花文选集/马斯特士

林肯传/(美国)桑德堡

爱丽丝梦游奇境记/(英国)卡洛尔

生命的科学/(英国)威尔斯

湖滨散记/(美国)梭罗

戏剧集/(爱尔兰)萧伯纳

民族主义:理论、意识形态,历史/(英国)史密斯

莫里齐冤案/(德国)瓦塞曼

荒谬的自然史/伊文斯

圣经

101.托玛斯·克雷文(ThomasCraven)喜爱的书

托马斯·克雷文(ThomasCraven,1888-1969)是美国作家、评论家和讲师,曾宣介美国地区主义画家托马斯·哈特·本顿、约翰·斯图特·柯里和格兰特·伍德等人的作品。

诗集/彭斯

汤姆·琼斯/(英国)菲尔丁

哈克贝利·芬历险记/(美国)马克·吐温

高老头/(法国)巴尔扎克

白璧德/(美国)辛克莱·刘易斯

诗选集/(英国)济慈

草叶集/(美国)惠特曼

世界史纲/(英国)威尔斯

格列佛游记/(英国)斯威夫特

自传/(美国)富兰克林

德伯家的苔丝/(英国)哈代

安娜·卡列尼娜/(俄国)托尔斯泰

战争与和平/(俄国)托尔斯泰

永别了,武器/(美国)海明威

人性枷锁/(英国)毛姆

伊里亚特/(古希腊)荷马

奥德赛/(古希腊)荷马

唐·吉诃德/(西班牙)塞万提斯

大卫·科波菲尔/(英国)狄更斯

美国的悲剧/(美国)德莱塞

嘉莉妹妹/(美国)德莱塞

戏剧集/(美国)奥尼尔

小说集/(美国)福克纳

102. 卡尔·加摩(CarlCarmer)喜爱的书

卡尔·加摩(CarlCarmer)是美国非小说类书籍,回忆录和小说的作者,其中许多书籍都着眼于美国,例如神话,民间传说和故事。他最着名的著作《阿拉巴马州的星落》是他在阿拉巴马州度过的一段自传体故事。在1940年代和1950年代,他被认为是美国最受欢迎的作家之一。

金枝/(英国)佛莱泽

对话录/(古希腊)柏拉图

忏悔录/(法国)卢梭

汤姆·琼斯/(英国)菲尔丁

哈克贝利·芬历险记/(美国)马克·吐温

卡拉马佐夫兄弟/(俄国)陀思妥耶夫斯基

点对点/(英格兰)阿岛士·赫胥黎

草叶集/(美国)惠特曼

世界史纲/(英国)威尔斯

俄亥俄的温尼斯堡/薛伍德·安德生

企鹅岛/(法国)法朗士

罗马帝国衰亡史/(英国)吉本

包法利夫人/(法国)福楼拜

福尔赛世家/(英国)高尔斯华绥

浮士德/(德国)歌德

林肯传/(美国)桑德堡

爱丽丝梦游奇境记/(英国)卡洛尔

湖滨散记/(美国)亨利·戴维·梭罗